Kleines Lexikon
der biblischen Eigennamen

Kleines Lexikon der biblischen Eigennamen

Von Hans Schmoldt

Philipp Reclam jun. Stuttgart

Universal-Bibliothek Nr. 8632[3]

Gesamtherstellung: Reclam, Ditzingen. Printed in Germany 1990
RECLAM und UNIVERSAL-BIBLIOTHEK sind eingetragene
Warenzeichen der Philipp Reclam jun. GmbH & Co., Stuttgart
ISBN 3-15-008632-9

Einleitung

In der Bibel kommen etwa 2000 Namen von Personen oder Gruppen/Völkern vor. Darunter befinden sich die mächtigen Völker des Altertums – wie Assyrer, Babylonier, Perser, Römer – und Stämme und Sippen, von denen niemand mehr etwas weiß; Gruppen, deren Name noch heute vielen geläufig ist (z. B. Pharisäer), und kaum noch bekannte (z. B. Epikureer). Aber das Hauptinteresse der Bibel gilt Einzelpersonen. Vor den Augen des Lesers entfaltet sich ein bunter Reigen verschiedenartigster Gestalten: Könige und Bettler, Helden und Schurken und Feiglinge, Hirten und Handwerker, Profeten und Priester, anmutige Frauen wie Rebekka und Rut, finstere wie Isebel und Atalja, Heldinnen wie Debora und Judit. Manchen – wie David oder Salomo – räumt die biblische Darstellung einen breiten Raum ein; bei manchen – wie den Richtern in Richt 10,4; 12,8–14 – erscheint immerhin die Anzahl ihrer Töchter, Söhne oder Esel erwähnenswert; die meisten jedoch sind nur trocken aneinandergereihte Glieder von Listen oder Ahnengalerien. Hinter den Listen oder Ahnengalerien steht zuweilen ein durchdachtes System, wie in der Völkertafel 1Mose 10; vielfach aber bleibt uns ihr Sinn verborgen. Als Kuriosität sei angemerkt, daß in 1Chr 25,4 die Namen von »Hananja« bis »Mahasiot« einen Psalmtext ergeben.

Die Vielfalt all jener Namen ist Gegenstand dieses Lexikons. Dabei strebt es Vollständigkeit an, sofern der vorgegebene Rahmen das zuläßt. Deshalb sind nicht nur die Namen aller – irdischen und himmlischen – Einzelpersonen aufgeführt, sondern auch alle Namensträger (deren genaue Zahl jedoch nicht zu ermitteln ist; denn oft muß sich das Lexikon mit dem Hinweis begnügen: »vielleicht/vermutlich identisch mit ...«), ferner die fremdsprachigen Titel (z. B. *Pharao*, *Tetrarch*) und Beinamen (z. B. *Justus*, *Niger*) und schließlich die Völker, Stämme und Gruppen – bei letzteren allerdings nur in Ausnahmefällen solche Bezeichnungen, die sich von einer Person (z. B. *Bichriter*) oder von einem Ort (z. B. *Magdalene*) herleiten.

Wenn bei einem Stichwort alle Bibelstellen genannt sind, an denen es erscheint (abgesehen von den Stellen, an denen der Name auch einen Ort bezeichnet), ist dies mit einem * am Ende des Artikels vermerkt.

Grundlage für die Schreibweise der Eigennamen ist das *Ökumenische Verzeichnis der biblischen Eigennamen nach den Loccumer Richtlinien* (1971, ^{2}1981), und zwar in der von der »Einheitsübersetzung« (1980) verwendeten Form, die konsequenter ist als die der Lutherbibel. Die Abweichungen der Lutherbibel (revidierte Fassung von 1984) erscheinen als eigene Verweisstichwörter, wenn ihnen keine Namensform der »Einheitsübersetzung« entspricht, ansonsten innerhalb der betreffenden Stichwörter. Bei den Namen der Apokryphen (deren Text in der »Einheitsübersetzung« und in der Lutherbibel oft erheblich voneinander abweicht) liegt die »Einheitsübersetzung« zugrunde, sofern nicht ausdrücklich die Lutherbibel angeführt wird.

Die Anordnung der Namensträger richtet sich nach der Reihenfolge der biblischen Bücher, wobei die Apokryphen hinter die kanonischen Bücher des Alten Testaments eingeordnet sind.

Man darf annehmen, daß ursprünglich jeder Name – sei es einer Person, sei es einer Gruppe oder eines Volkes – eine Bedeutung hatte, die im Lauf der Zeit sehr oft verlorenging und die wiederzuentdecken die Forschung viel Fleiß und Scharfsinn aufgewendet hat. Dafür, zu welcher Meinungsvielfalt das führen kann, diene der Name *Mirjam* als Beispiel. Ansonsten bietet das Lexikon nur solche Namenserklärungen, die als gesichert gelten dürfen.

Die größte Anzahl biblischer Namen findet sich im Alten Testament und stammt überwiegend aus dem Hebräischen. Die hebräischen Namen zerfallen in zwei große Gruppen: die Wort- oder Bezeichnungsnamen, die aus einem

Wort, und die Satznamen, die aus einem Satz bestehen. Bezeichnungsnamen sind z. B. *Debora* (»Biene«), *Susanna* (»Lilie«), *Tamar* (»Palme«). Hierher gehören auch Spott- oder Spitznamen, die dem Namensträger nicht bei der Geburt von den Eltern, sondern nachträglich von anderen beigelegt wurden, z. B. *Bakbuk* (»Flasche«, d. h. dick), *Harumaf* (»Spaltnase«), *Lahad* (»langsam«, d. h. träge).
Bei den weitaus zahlreicheren Satznamen handelt es sich meistens um Aussagen über Gott, um Lobpreis, Dank oder Vertrauensbekenntnis. Hier erscheinen besonders häufig der Gottesname *Jahwe* oder die Wörter *El* (»Gott«) oder *Ab* (»Vater«), oft miteinander kombiniert, z. B. *Joab* und *Abija* (»Jahwe ist Vater«, d. h. Beschützer), *Joël* und *Elija* (»Jahwe ist Gott«), *Jonatan* und *Netanja* (»Jahwe hat gegeben«), letzterer Name auch in der Kurzform *Natan*, wie überhaupt Kurzformen recht häufig sind (z. B. *Abi*, *Bani*).
Die Satznamen sind – das zeigen die Beispiele – zweigliedrig (natürlich außer den Kurzformen). Hier gibt es neben dem Typ, der ein Substantiv mit einem Verb verbindet (*Jonatan*), den anderen, in dem zwei Substantive (*Joël*) oder ein Substantiv mit einem Adjektiv (*Joram* »Jahwe ist erhaben«) verbunden sind. Auch letztere sind Sätze, da im Hebräischen die verbindende Verbform »ist« oft fehlt (sog. Nominalsätze). Vor allem bei letzteren ist zwischen die beiden Elemente (Nomina) normalerweise ein »i« eingeschoben (*Abimelech*, *Elija*). Dieses »i« kann die Zugehörigkeit ausdrücken (sog. Possessivpronomen); so läßt sich der Name *Elimelech* deuten als »mein Gott ist König«. Aber manchmal ist das »i« offensichtlich nur ein Verbindungslaut (Bindevokal); so kann *Abdiël* nur bedeuten »Knecht Gottes« (nicht: »mein Knecht ist Gott«). In diesem Lexikon wird das »i« durchgehend als Bindevokal wiedergegeben (Ausnahme: *Eliël*).
Ein Großteil der hebräischen Eigennamen sind »Ersatznamen«, in denen die Anschauung zum Ausdruck kommt, daß der Namensträger ein verstorbenes Familienmitglied neu verkörpert oder daß dieses in jenem wieder lebendig ge-

worden sei. Dazu gehören die mit der Klage *I* (»wo [ist]?«) gebildeten Namen oder solche wie *Jaschobam* (»der Vatersbruder kehrt wieder«), *Eljaschib* (»Gott läßt [den Verstorbenen] zurückkehren«), *Eljakim* (»Gott läßt [den Verstorbenen wieder] erstehen«), *Meschelemja* (»Jahwe gibt Ersatz«), *Nehemja* (»Jahwe hat getröstet«).

Ein paar Bemerkungen zur Statistik. Der häufigste Name der Bibel ist der Gottesname *Jahwe* (6800mal); es folgen *Israel* (2760mal), *David* (1150mal) und *Jesus* (925mal). Die häufigsten Namensträger finden sich bei *Secharja* (29mal, dazu 1mal *Sacharja*), *Schemaja* (26mal), *Asarja* (25mal), *Johanan* (23mal), *Maaseja* und *Meschullam* (je 21mal), *Schimi* (19mal), *Jonatan* (18mal).

Inhaltlich beruht dieses Lexikon auf *Reclams Bibellexikon* (1978, ^{4}1987), aus dem ich die von mir stammenden Artikel – oft leicht abgeändert – übernommen habe. Herr Prof. Dr. Jürgen Roloff, der in *Reclams Bibellexikon* die meisten neutestamentlichen Artikel geschrieben hat, erlaubte mir, seine Artikel (die ich für dieses Lexikon bedauerlicherweise manchmal etwas kürzen mußte) zu übernehmen; dafür sei ihm herzlich gedankt. Mein Dank gilt auch den anderen Mitarbeitern an *Reclams Bibellexikon* (Prof. Dr. Jürgen Ebach, Prof. Dr. Klaus Koch, Wiss. Oberrat Dr. Martin Krause, Prof. Dr. Helmut Merkel, Prof. Dr. Eckart Otto, Privatdozent Dr. Udo Rüterswörden und Gustav S. Wendt) für die Zustimmung, daß ich ihre Artikel – auszugsweise oder abgewandelt oder gekürzt – übernehmen durfte.

Hans Schmoldt

Abkürzungen der biblischen Bücher

Altes Testament

Die Geschichtsbücher

Das erste Buch Mose (Genesis)	1Mose
Das zweite Buch Mose (Exodus)	2Mose
Das dritte Buch Mose (Leviticus)	3Mose
Das vierte Buch Mose (Numeri)	4Mose
Das fünfte Buch Mose (Deuteronomium)	5Mose
Das Buch Josua	Jos
Das Buch der Richter	Richt
Das Buch Rut	Rut
Das erste Buch Samuel	1Sam
Das zweite Buch Samuel	2Sam
Das erste Buch der Könige	1Kön
Das zweite Buch der Könige	2Kön
Das erste Buch der Chronik	1Chr
Das zweite Buch der Chronik	2Chr
Das Buch Esra	Esr
Das Buch Nehemia	Neh
Das Buch Tobit	Tob
Das Buch Judit	Jdt
Das Buch Ester	Est
Das erste Buch der Makkabäer	1Makk
Das zweite Buch der Makkabäer	2Makk

Die »Schriften«

Das Buch Ijob	Ijob
Die Psalmen	Ps
Die Sprüche	Spr
Der Prediger	Pred
Das Hohelied	Hld
Das Buch der Weisheit	Weish
Das Buch Jesus Sirach	Sir

Die Profetischen Bücher

Das Buch Jesaja	Jes
Das Buch Jeremia	Jer
Die Klagelieder des Jeremia	Klgl
Das Buch Baruch	Bar
Das Buch Ezechiel	Ez
Das Buch Daniel	Dan
Das Buch Hosea	Hos
Das Buch Joël	Joël
Das Buch Amos	Am
Das Buch Obadja	Obd
Das Buch Jona	Jon
Das Buch Micha	Mich
Das Buch Nahum	Nah
Das Buch Habakuk	Hab
Das Buch Zefanja	Zef
Das Buch Haggai	Hag
Das Buch Sacharja	Sach
Das Buch Maleachi	Mal

Neues Testament

Die Evangelien

Das Evangelium nach Matthäus	Mt
Das Evangelium nach Markus	Mk
Das Evangelium nach Lukas	Lk
Das Evangelium nach Johannes	Joh
Die Apostelgeschichte	Apg

Die Briefe des Paulus

Der Brief an die Römer	Röm
Der erste Brief an die Korinther	1Kor
Der zweite Brief an die Korinther	2Kor
Der Brief an die Galater	Gal
Der Brief an die Epheser	Eph
Der Brief an die Philipper	Phil
Der Brief an die Kolosser	Kol
Der erste Brief an die Thessalonicher	1Thess
Der zweite Brief an die Thessalonicher	2Thess
Der erste Brief an Timotheus	1Tim
Der zweite Brief an Timotheus	2Tim
Der Brief an Titus	Tit
Der Brief an Philemon	Phlm

Die übrigen Briefe

Der Brief an die Hebräer	Hebr
Der Brief des Jakobus	Jak
Der erste Brief des Petrus	1Petr
Der zweite Brief des Petrus	2Petr
Der erste Brief des Johannes	1Joh
Der zweite Brief des Johannes	2Joh
Der dritte Brief des Johannes	3Joh
Der Brief des Judas	Jud
Die Offenbarung des Johannes	Offb

Allgemeine Abkürzungen

afrikan.	afrikanisch
ägypt.	ägyptisch
alttest.	alttestamentlich
ammonit.	ammonitisch
antiochen.	antiochenisch
arab.	arabisch
aram.	aramäisch
assyr.	assyrisch
AT	Altes Testament
äthiop.	äthiopisch
babylon.	babylonisch
bibl.	biblisch
bzw.	beziehungsweise
chald.	chaldäisch
christl.	christlich
d. Ä.	der Ältere
d. Gr.	der Große
d. h.	das heißt
dt.	deutsch
edomit.	edomitisch
efraimit.	efraimitisch
eigtl.	eigentlich
exil.	exilisch
f.	folgende
galil.	galiläisch
griech.	griechisch
hebr.	hebräisch
hellenist.	hellenistisch
ind.	indisch
indogerman.	indogermanisch
iran.	iranisch
ismaelit.	ismaelitisch
israelit.	israelitisch
Jh.	Jahrhundert
Jt.	Jahrtausend
jordan.	jordanisch
jud.	judäisch
jüd.	jüdisch
kanaan.	kanaanäisch
Kap.	Kapitel
kleinasiat.	kleinasiatisch
lat.	lateinisch
mazedon.	mazedonisch
med.	medisch
mesopotam.	mesopotamisch
midianit.	midianitisch
moabit.	moabitisch
n. Chr.	nach Christus
neutest.	neutestamentlich
nördl.	nördlich
NT	Neues Testament
oriental.	orientalisch
östl.	östlich
palästin.	palästinisch
pers.	persisch
phöniz.	phönizisch
röm.	römisch
semit.	semitisch
sog.	sogenannt
südl.	südlich
sumer.	sumerisch
syr.	syrisch
u. a.	unter anderem
V.	Vers
v. Chr.	vor Christus
vgl.	vergleiche
westl.	westlich
z. B.	zum Beispiel
zypriot.	zypriotisch

A

Aaron, eine Gestalt der Frühzeit Israels. Nach dem alttest. Bericht war A. der Bruder des Mose (2Mose 4,14), der diesen in Ägypten (2Mose 5–14) sowie am Gottesberg und am Sinai begleitete (2Mose 18,12; 24,1f.9–11), ihm in der Schlacht gegen Amalek beistand (2Mose 17,10–12), unter dem Druck des Volkes das Goldene Kalb herstellte (2Mose 32) und sich mit seiner Schwester Mirjam gegen Mose auflehnte (4Mose 12). Wie Mose durfte er wegen seines Unglaubens das verheißene Land nicht betreten (4Mose 20,12) und starb auf dem Berg Hor (4Mose 20,23–29). – Außerdem gilt A. als der erste Hohepriester (2Mose 28; 3Mose 8–10), womit sich in exil.-nachexil. Zeit die Priesterschaft von Jerusalem, die ursprünglich → Zadok (1), dann A. als ihren Ahnherrn ansah (Esr 7,1–5), legitimieren wollte. – Der historische A. ist kaum greifbar; er könnte aufgrund von 2Mose 17,10–12 Volksheld einer israelit. Gruppe im Südland gewesen sein.

Im NT stellt der Hebräerbrief das vollkommene Hohepriestertum Christi dem des A. gegenüber (Hebr 5,4; 9,4).

Ab (hebr., »Vater«), häufiger Bestandteil hebr. Personennamen (z. B. *Abimelech*, *Joab*); dabei ist mit dem Vater meistens Gott – im Sinne von »Beschützer« – gemeint.

Abaddon (hebr., »Abgrund, Ort der Toten«), Offb 9,11 personifiziert als Name des Beherrschers der Unterwelt, wobei der Name »A.« mit griech. *Apollyon* »Verderber« gedeutet wird.*

Abagta, ein Beamter am Hof des Xerxes (Est 1,10).*

Abd (hebr., Form von *Ebed* [eigtl. *äbäd*] »Knecht«, vgl. *Ebed*, *Obadja*, *Obed*), Bestandteil hebr. Personennamen, mit dem der Namensträger als Gott dienend und unter seinem Schutz stehend gekennzeichnet wird.

Abda (aram., »Knecht«), **1.** Vater des Adoniram (1Kön 4,6); **2.** ein levitischer Sänger (1Chr 9,16; Neh 11,17), identisch mit *Obadja* (5) (Neh 12,25).*

Abdeel (hebr., »Knecht Els«), Vater des Schelemja (6), eines Ministers am Hof Jojakims (Jer 36,26).*

Abdi (hebr., Kurzform von *Abdiël*), **1.** ein Levit (1Chr 6,29); **2.** ein weiterer (2Chr 29,12); **3.** ein Mann der nachexil. Zeit (Esr 10,26).*

Abdiël (hebr., »Knecht Els«), ein Angehöriger des Stammes Gad (1Chr 5,15).*

Abdon (hebr., »Knechtlein«), **1.** ein Richter (Richt 12,13–15); **2.** ein Familienhaupt aus dem Stamm Benjamin (1Chr 8,23); **3.** ein anderer Benjaminiter (1Chr 8,30; 9,36); **4.** in 2Chr 34,20 steht »A.« wohl fälschlich für *Achbor* (2).*

Abed-Nego (vermutlich entstellt aus aram. *Abed-Nebo* »Knecht des [babylon. Gottes] Nebo«), babylon. Name für Daniels Freund Asarja (Dan 1,7).

Abel (hebr. *häbäl* »Hauch, Vergänglichkeit«), nach 1Mose 4,1–16 Sohn Adams und Evas, Hirt, dessen Opfergabe Gott annimmt und der von seinem älteren Bruder Kain aus Neid getötet wird.

Abi (hebr., Kurzform von *Abija*), Mutter des Königs Hiskija (2Kön 18,2; 2Chr 29,1).*

Abialbon, einer der Helden Davids (2Sam 23,31); dafür in 1Chr 11,32 fälschlich *Abiël*.*

Abiasaf (hebr., »der Vater hat aufgenommen«), ein Levit (2Mose 6,24; 1Chr 6,8.22; 9,19; 26,1).*

Abida (hebr., »der Vater hat [mich] erkannt«), ein Sohn Midians und der Ketura (1Mose 25,4; 1Chr 1,33).*

Abidan (hebr., »der Vater hat gerichtet«), Führer des Stammes Benjamin (4Mose 2,22).

Abiël (hebr., »Vater ist Gott«), **1.** Großvater des Königs Saul und des Abner (1Sam 9,1; 14,51); **2.** in 1Chr 11,32 fälschlich für *Abialbon*.*

Abiëser (hebr., »der Vater ist Hilfe«), **1.** Sohn des Gilead (4Mose 26,30; hier heißt er fälschlich *Iëser*; vgl. Jos 17,2); in 1Chr 7,18 wird er fälschlich als Neffe Gileads bezeichnet; **2.** ein Held Davids (2Sam 23,27; 1Chr 11,28; 27,12).*

Abigajil (hebr., »der Vater hat sich gefreut«), die kluge Frau des

Nabal, die nach dessen Tod von David geheiratet wurde (1Sam 25,3–42).

Abigal (andere Schreibweise für *Abigajil*), Schwester der Zeruja, der Schwester Davids: nach 1Chr 2,16 f. Tochter des Isai, des Vaters Davids; nach 2Sam 17,25 Tochter des Nahasch (2) und somit Davids Halbschwester.*

Abihajil (hebr. *Abichajil* »der Vater ist Stärke«), **1.** ein Levit (4Mose 3,35); **2.** ein Ahnherr der Gaditer (1Chr 5,14); **3.** Vater der Ester (Est 2,15; 9,29); ferner hebr. *Abihajil*: **4.** Frau des Abischur (1Chr 2,29); **5.** Schwiegermutter des Königs Rehabeam (2Chr 11,18).*

Abihu (hebr., »er ist Vater«), Sohn Aarons und Bruder Nadabs (1), mit dem er nach 3Mose 10,1–5 ein illegitimes Opfer darbringt und sterben muß.

Abihud (hebr., »der Vater ist Herrlichkeit«), **1.** in 1Chr 8,3 ist statt »Gera und A.« zu lesen: »Gera, Vater Ehuds«; **2.** ein Sohn Serubbabels und Ahnherr Jesu (Mt 1,13).*

Abija (hebr., »Vater ist Jahwe«), **1.** ein Sohn Samuels, bestechlicher Richter (1Sam 8,2); **2.** Sohn des Königs Jerobeam, jung gestorben (1Kön 14,1–18); **3.** zweiter König von Juda, der erfolgreich gegen das Nordreich Israel kämpfte (1Kön 15,7; 2Chr 13,2–20); **4.** ein Benjaminiter (1Chr 7,8); **5.** ein Priester, der mit Serubbabel aus dem Exil zurückkehrte (Neh 10,8; 12,4), wohl identisch mit dem von 1Chr 24,10.

Abimaël, einer der Söhne Joktans (1Mose 10,28; 1Chr 1,22), d. h. ein Stamm oder eine Gegend in Südarabien.*

Abimelech (hebr., »der Vater ist König«), **1.** König von Gerar, bei dem sich Isaak (1Mose 26), nach einer späteren Tradition Abraham (1Mose 20; 21,22–34) ansiedelte; **2.** Mann der Richterzeit, der sich nach Ermordung seiner Brüder in Sichem zum König ausrufen ließ, nach drei Jahren die unbotmäßig gewordene Stadt zerstörte und bei einer Belagerung getötet wurde (Richt 9). – In Ps 34,1 steht »A.« fälschlich für *Achisch*, in 1Chr 18,16 (in der Lutherbibel) für *Ahimelech*.

Abinadab (hebr., »der Vater hat sich freigebig gezeigt«), **1.** ein Bruder Davids (1Sam 16,8); **2.** dritter Sohn des Königs Saul

(1Sam 31,2; 1Chr 8,33); **3.** ein Mann in Kirjat-Jearim, bei dem die Lade zeitweilig untergebracht war (2Sam 6,3 f.); **4.** Vater eines Statthalters Salomos, dessen Name nicht überliefert ist (1Kön 4,11).

Abinoam (hebr., »der Vater ist Huld«), Vater des Barak (Richt 4,6).

Abiram (hebr., »der Vater ist erhaben«, gleichbedeutend mit *Abram*), **1.** Bruder des →Datan (4Mose 16); **2.** ältester Sohn des Hiël, gestorben (als Bauopfer?) beim Wiederaufbau Jerichos (1Kön 16,34).

Abischag, ein junges, schönes Mädchen, das den alten David pflegte (1Kön 1,3 f.15). Nach Davids Tod wollte dessen Sohn Adonija sie heiraten, was einem Anspruch auf den Thron gleichkam und ihm den Tod brachte (1Kön 2,17–22).

Abischai, Sohn der Zeruja und Bruder Joabs, Neffe Davids (1Chr 2,16), Führer der Eliteeinheit der Dreißig (2Sam 23,18 f.). In Kriegen hatte er nach Joab (1) die wichtigste Führerstellung (2Sam 10,10; 18,2). Trotz seines Einsatzes für David beklagte sich dieser mehrfach über die Rücksichtslosigkeit A.s und Joabs (2Sam 3,39; 16,10; 19,22 f.).

Abischalom, in der Lutherbibel in 1Kön 15,2.10; 2Chr 11,20 für *Abschalom* (2).*

Abischua (hebr., »der Vater ist Hilfe«), **1.** Ahnherr des Priesters Zadok (1) (1Chr 5,30 f.); **2.** Sohn des Bela (2), des Erstgeborenen Benjamins (1Chr 8,4).

Abischur (hebr., »der Vater ist [schützende] Mauer«), ein Nachkomme Judas (1Chr 2,28 f.).*

Abital (hebr., »der Vater ist Tau«), eine der Frauen Davids (2Sam 3,4; 1Chr 3,3).*

Abitub (hebr., »der Vater ist Güte«), ein Benjaminiter (1Chr 8,11).*

Abjatar (hebr., »der Vater gibt reichlich«), Sohn Ahimelechs (1), Priester aus Nob, der als einziger einem Blutbad Sauls entging und sich David anschloß (1Sam 22,20–23). Er nahm im Streit um Davids Nachfolge Partei für Adonija (1) (1Kön 1,7) und wurde deshalb von Salomo verbannt (1Kön 2,26).

Abner (hebr., »der Vater ist Leuchte«), Vetter und Heerführer Sauls (1Sam 14,50 f.). Nach dessen Tod sorgte A. dafür, daß Sauls Sohn Ischbaal im israelit. Norden König wurde (2Sam 2,8–10), knüpfte aber bald insgeheim Verbindungen zu David an (2Sam 3,6–21). Ehe es zu einer endgültigen Abmachung kam, wurde A. von Davids Oberbefehlshaber Joab (1) ermordet, woraufhin David eine Totenklage über A. anordnete (2Sam 3,22–39).

Abraham (dialektische Nebenform zu *Abram*; in 1Mose 17,5 volksetymologisch erklärt), der erste Erzvater Israels. Von ihm wird in 1Mose 11,10–25,10 berichtet, einem weitgehend aus Sagen bestehenden Erzählungskomplex, der in einem mehrstufigen Überlieferungsvorgang zusammengewachsen ist. Nach dem bibl. Bericht stammt A. aus der Gegend am Eufrat und wandert auf Befehl Gottes mit seiner Frau Sara und seinem Neffen Lot nach Palästina aus (1Mose 12,1–5), wo ihm nach der Trennung von Lot (1Mose 13) und der Begegnung mit Melchisedek (1Mose 14) Gott erscheint und große Nachkommenschaft verheißt (1Mose 15), ihm eine Bundeszusage gibt und die Pflicht der Beschneidung auferlegt (1Mose 17). Von Saras Magd Hagar wird ihm Ismael (1Mose 16), später, nach einer Gotteserscheinung bei Hebron (1Mose 18,1–15) und einem Aufenthalt bei Abimelech (1) (1Mose 20), von Sara Isaak geboren (1Mose 21,1–7). Daraufhin verstößt er Hagar (1Mose 21,8–21). Um seinen Gehorsam zu prüfen, befiehlt Gott ihm, Isaak zu opfern (1Mose 22). Nach Saras Tod kauft er für sie einen Begräbnisplatz bei Hebron (1Mose 23) und läßt aus seiner Heimat eine Frau für Isaak holen (1Mose 24).

Historisch dürfte A. ein Kleinviehnomade aus dem mittleren Eufratgebiet sein. Erst nachträglich ist A. genealogisch mit Isaak verknüpft worden.

Aufgrund von 1Mose 15,1–6, wo A.s Glaube dargestellt wird, gilt A. im NT als Typus des glaubenden Menschen (z. B. Röm 4; Hebr 11,8–19).

Abram (hebr., »der Vater ist erhaben«, gleichbedeutend mit

Abiram), andere Namensform von *Abraham* (z. B. 1Mose 11,27; 17,5).

Absalom → Abschalom.

Abschalom (hebr., »der Vater ist Heil«; gleichbedeutend mit *Abischalom*). **1.** Dritter Sohn Davids (2Sam 3,3), berühmt wegen seiner Schönheit und seines Charmes (2Sam 14,25 f.). Um die Ehre seiner Schwester Tamar zu rächen, ließ er seinen Halbbruder Amnon ermorden und floh ins Ausland (2Sam 13). Er durfte an den Königshof zurückkehren und zettelte dann einen Aufstand gegen David an, in dessen Verlauf ihm zunächst die Einnahme Jerusalems und die Vertreibung Davids gelang, er aber schließlich, weil der von ihm geführte Heerbann der Söldnertruppe Davids unterlag, den Tod fand, den David schmerzvoll beklagte (2Sam 15–19). **2.** (in der Lutherbibel *Abischalom*) Schwiegervater des Königs Rehabeam (2Chr 11,20 f.) und Großvater des Königs Abija (1Kön 15,2.10). **3.** Einer der jüdischen Emissäre, die zu dem Reichsverweser Lysias (1) geschickt wurden (2Makk 11,16 f.).

Abub, Vater des Befehlshabers Ptolemäus (5) (1Makk 16,11.15).*

Ach (hebr., »Bruder«), häufiger Bestandteil hebr. Personennamen (*Achjan*, *Achjo*), wiedergegeben üblicherweise mit *Ah(i)*.

Achaikus (griech., »Achäer«), Christ in Korinth, der mit Stephanas und Fortunatus einen Brief an Paulus nach Ephesus überbrachte (1Kor 16,17).*

Achan, ein Judäer, der sich bei der Eroberung Jerichos am Banngut verging und deshalb mit seiner Familie im Tal Achor gesteinigt wurde (Jos 7).

Achban, ein Nachkomme Judas (1Chr 2,29).*

Achbor (hebr., »Maus«), **1.** Vater des Königs Baal-Hanan (1) von Edom (1Mose 36,38 f.; 1Chr 1,49); **2.** Mitglied der Delegation, die der König Joschija zur Profetin Hulda schickte (2Kön 22,12.14); in 2Chr 34,20 heißt er fälschlich *Abdon* (in der Luherbibel *Achbor*). Dieser A. ist wohl identisch mit: **3.** Vater des Elnatan (4) (Jer 26,22; 36,12).*

Achikar, im Buch Tobit ein Minister der assyr. Könige Sanherib und Asarhaddon, Vetter des Tobit (Tob 1,21 f.), für den er nach dessen Erblindung sorgt (Tob 2,10). Als Opfer der Intrigen Nadabs wird er zur Hinrichtung geführt, dann aber rehabilitiert (Tob 14,10). In der Lutherbibel heißt er in Tob 11,19 *Achior*; sonst kommt er dort nicht vor.

Achim, ein Ahnherr Jesu (Mt 1,14).*

Achior (hebr., »der Bruder ist Licht«; in der Lutherbibel in Tob 11,19 für *Achikar*), eine Gestalt des Buches Judit. Danach ist er Heerführer der Ammoniter unter Holofernes und warnt diesen vor den Juden und ihrem Gott (Jdt 5,5–21). Den Israeliten ausgeliefert, teilt er ihnen die bedrohlichen Pläne des Holofernes mit (Jdt 5,22–6,17). Nach dem Sieg Israels bekehrt er sich zum Judentum (Jdt 14,6–10).

Achisch, König der Philisterstadt Gat, in dessen Dienste sich David auf der Flucht vor Saul begibt (1Sam 27,1–12; die Erzählung 1Sam 21,11–16 ist unhistorisch); zu A. fliehen später zwei Sklaven des Schimi (1Kön 2,39–41).

Achjan (hebr., »Brüderchen«), Angehöriger des Stammes Manasse (1Chr 7,19).*

Achjo (hebr., »Brüderchen«), **1.** Sohn des Abinadab (3), führte mit seinem Bruder Usa (1) das Gefährt, auf dem die Lade vom Haus seines Vaters nach Jerusalem gebracht wurde (2Sam 6,3 f.; 1Chr 13,7); **2.** ein Benjaminiter (1Chr 8,31; 9,37).*

Achlai, 1. ein Nachkomme Judas (1Chr 2,31); **2.** Vater des Sabad (3), eines Kriegers Davids (1Chr 11,41).*

Achrach, in 1Chr 8,1 fälschlich für *Ahiram.**

Achsa (hebr., »Fußspange«), Tochter Kalebs, dem Otniël (1) zur Frau gegeben (Jos 15,16 f.; Richt 1,12 f.; 1Chr 2,49).*

Achsai, Großvater des Priesters Amasai (2) (Neh 11,13); an seiner Stelle wird in 1Chr 9,12 *Jachsera* genannt (wohl Abschreibvariante).*

Ada, 1. erste Frau des Lamech und Mutter des Jabal und des Tubal (1Mose 4,19 f.23); **2.** eine Frau Esaus (1Mose 36,2.4.10.12.16).*

Adaja (hebr., »Jahwe hat geschmückt«), **1.** Großvater des Königs Joschija (2Kön 22,1); **2.** ein Levit, Ahnherr des Sängers Asaf (2) (1Chr 6,26); **3.** ein Benjaminiter (1Chr 8,21); **4.** Vater des

Maaseja (3) (2Chr 23,1); **5.** ein Priester (1Chr 9,12; Neh 11,12); **6.** ein Nachkomme Banis (5) (Esr 10,29); **7.** ein Nachkomme Binnuis (1) (Esr 10,39); **8.** Ahnherr des Maaseja (15) (Neh 11,5).*

Adalja, einer der Söhne des Judenverfolgers Haman (Est 9,8).*

Adam (hebr.), »Mensch«, zugleich Bezeichnung für den Stammvater des menschlichen Geschlechts. Als Eigenname wird A. jedoch in der Bibel nie verwandt. Häufig ist der kollektive Gebrauch in der Bedeutung »Menschheit«. Der Zusammenhang des Namens mit dem hebr. Wort *adama* »Erde« ist erwägenswert.

Nach dem älteren Schöpfungsbericht in 1Mose 2–3 formt Gott als erstes Geschöpf A. aus (Ton-)Staub und macht ihn lebendig, indem er ihm seinen Atem einhaucht. Gott erteilt ihm den Auftrag, die Erde zu bebauen. Als Lebensgehilfin wird Eva aus einer seiner Rippen geschaffen; A. als Mensch umfaßt also beide Geschlechter. Nach dem jüngeren Schöpfungsbericht in 1Mose 1 wird A. als letztes Geschöpf, und zwar in der Zweiheit von Mann und Frau, im selben Schöpfungsakt von Gott als sein Ebenbild geschaffen. A. hat eine exzeptionelle Stellung, weil er beauftragt ist, über die Erde zu herrschen. Und er steht zu Gott in einer besonderen Beziehung, die Verantwortung für die Schöpfung in sich birgt (1Mose 1,28 f.).

Im NT zeichnet Paulus (Röm 5,12–21; 1Kor 15,22 f.45 f.) unter Anspielung auf die Sündenfallgeschichte A. als negatives Gegenbild zu Christus und als Repräsentanten der vorchristl. Menschheit: Durch seinen Ungehorsam sind Sünde und Tod in die Welt gekommen, während Christus durch seinen Gehorsam Gerechtigkeit und Leben gebracht hat. Hier liegt der Ausgangspunkt der kirchlichen Lehre von der Erbsünde.

Adbeel, einer der zwölf Häupter des Stammes Ismael (1Mose 25,13; 1Chr 1,29).*

Addi, ein Vorfahr Jesu (Lk 3,28).*

Adiël (hebr., »Gott ist Zier«), **1.** ein Angehöriger des Stammes Simeon (1Chr 4,36); **2.** Vater des Priesters Masai (1Chr 9,12); **3.** Vater des Asmawet (4) (1Chr 27,25).*

Adin (hebr., »Üppiger«), ein Führer des Volkes, dessen Söhne mit Serubbabel und Esra aus dem Exil zurückkehrten (Esr 2,15; 8,6; Neh 7,20; 10,17).*

Adina (hebr., »Üppiger«), ein Krieger Davids (1Chr 11,42).*

Adlai, Vater des Schafat (5) (1Chr 27,29).*

Admata, ein Fürst und Weiser unter dem Perserkönig Xerxes (Est 1,14).*

Admin, ein Vorfahr Jesu (Lk 3,33).*

Adna, 1. ein Offizier unter König Joschafat (2Chr 17,14); **2.** ein Israelit, der seine ausländische Frau zurückschickte (Esr 10,30); **3.** Haupt einer priesterlichen Familie (Neh 12,15).*

Adnach, ein Heerführer aus dem Stamm Manasse, mit David verbündet (1Chr 12,21).*

Adon, ein hebr. Wort für »Herr«, das – im Gegensatz zu *Baal*, dem Gebieter über Sachen – den Gebieter über Personen bezeichnet und das im Phönizischen auch Name eines Vegetationsgottes (griech. *Adonis*) ist.

Adoni-Besek (hebr., »Herr von Besek«), kanaan. König, der bei Besek von den Judäern besiegt und verstümmelt wurde (Richt 1,5–7).*

Adonija (hebr., »Herr ist Jahwe«). **1.** Vierter Sohn Davids, der nach dem Tod seiner älteren Brüder der rechtmäßige Thronanwärter war und in den letzten Lebenstagen Davids seinen Anspruch auf den Thron anmeldete, was aber von den Befürwortern der Thronfolge Salomos vereitelt wurde, die dessen Einsetzung zum König bewirkten (1Kön 1). Nach dem Tod Davids verlangte A. die Abischag zur Frau; dafür ließ Salomo ihn töten (1Kön 2,13–25). **2.** Einer der Leviten, die der König Joschafat ausschickte, um die Städte Judas das Gesetz zu lehren (2Chr 17,8). **3.** Ein Mitunterzeichner der Gesetzesverpflichtung (Neh 10,17).

Adonikam (hebr., »der Herr hat sich [zur Hilfe] erhoben«), ein Familienhaupt der nachexil. Zeit (Esr 2,13; 8,13; Neh 7,18).*

Adoniram (hebr., »der Herr ist erhaben«), Oberaufseher über die Fronarbeiter unter David (2Sam 20,24) und Salomo (1Kön 4,6; 5,28; in der Lutherbibel *Hadoniram*); nach dem Tod Salomos wurde er als Unterhändler des Königs Rehabeam in Sichem gesteinigt (1Kön 12,18; in 2Chr 10,18 *Hadoram*; in der Lutherbibel in 1Kön 12,18 *Adoram*, in 2Chr 10,18 *Adoniram*).*

Adoni-Zedek (hebr., »der Herr ist Gerechtigkeit«), kanaan. König von Jerusalem (Jos 10,1.3), der als Mitglied einer kanaan. Koalition gegen Israel von Josua besiegt wurde (Jos 10,5–11).*

Adoram, in 1Kön 12,18 in der Lutherbibel für *Adoniram*.*

Adrammelech, 1. ein Gott, den die von den Assyrern nach Nordisrael deportierten Bewohner der Stadt Sefarwajim (in Syrien) verehrten und für den sie Kinderopfer darbrachten (2Kön 17,31); **2.** einer der beiden Söhne des Assyrerkönigs Sanherib, die ihren Vater ermordeten (2Kön 19,37; Jes 37,38).*

Adriël (hebr., »Gott ist Hilfe«), Ehemann der Merab, der ältesten Tochter Sauls, die vorher dem David versprochen war (1Sam 18,19); sie schenkte ihm fünf Söhne, die später von den Gibeoniten aufgehängt wurden (2Sam 21,8).*

Aduël, Ahnherr des Tobit und des Tobias (Tob 1,1).*

Afiach (hebr., »mit [großem] Vorderkopf«), Benjaminiter, Ahnherr Sauls (1Sam 9,1).*

Agabus, christl. Profet, weissagte in Antiochia eine unter dem Kaiser Klaudius tatsächlich eingetroffene Hungersnot (Apg 11,28) und kündigte in Cäsarea die Gefangennahme des Paulus an (Apg 21,10 f.).*

Agag, König des Nomadenstammes Amalek, von Saul besiegt und trotz des Banngebots verschont, wodurch es zur Feindschaft zwischen Saul und Samuel, der A. tötete, kam (1Sam 15).

Agagiter, Beiname des Judenverfolgers Haman (z. B. Est 3,1), wobei unklar ist, ob es sich um eine Orts- oder Stammesbezeichnung handelt.

Age, Vater des Schamma (2), eines der Helden Davids (2Sam 23,11).*

Agrippa, 1. A. I., Enkel Herodes' d. Gr., 41–44 n. Chr. König über ganz Palästina, der Jakobus (1) enthaupten und Petrus ins Gefängnis werfen ließ und eines qualvollen Todes starb (Apg 12; er wird hier volkstümlich *Herodes* genannt); **2.** A. II., Sohn des Vorhergehenden, 53 – um 95 n. Chr. König über das nordöstl. Palästina; als er den Statthalter Festus in Cäsarea besuchte, wurde ihm der gefangene Paulus vorgeführt, der in seiner Anwesenheit eine Verteidigungsrede halten durfte (Apg 25,13–26,32).

Agur, ein Weiser aus dem arab. Stamm Massa, dem Spr 30,1–14 zugeschrieben wird (Spr 30,1).*

Ägypter, die Bewohner des unteren Niltals. Im AT erscheinen die Ä. vor allem als das Volk, aus dessen Knechtschaft (eine Gruppe des nachmaligen) Israel sich befreien konnte (2Mose 7–14); das Bekenntnis zu Jahwe als dem Gott, der Israel aus Ägypten heraus/heraufgeführt hat, ist die wichtigste theologische Aussage des AT (z. B. 2Mose 20,2; 1Sam 10,18; Ps 136,11). Salomo unterhielt freundschaftliche Beziehungen zu Ägypten (1Kön 9,16). Militäraktionen gegen Israel unternahmen die Könige Schischak (1Kön 14,25 f.) um 925 v. Chr. und Necho (2Kön 23,29; → Joschija) 609 v. Chr. Der Versuch, Ägypten politisch gegen Assyrien bzw. Babylonien auszuspielen, wurde von den Profeten Jesaja (z. B. Jes 20,1–5; 30,1–5) und Jeremia (Jer 37,5–10) scharf kritisiert.

Ahab (hebr., »Bruder des Vaters« = »ganz der Vater«, vgl. *Ach*). **1.** Bedeutender König des Nordreichs Israel (871–852 v. Chr.; 1Kön 16,29–22,40). Seine geschickte Bündnispolitik zeigte sich darin, daß er die Feindseligkeiten mit Juda beilegte und seine Tochter Atalja mit dem Kronprinzen Joram verheiratete, daß er maßgeblich am Zustandekommen einer syr.-palästin. Koalition zur Abwehr Assyriens beteiligt war und daß er die Königstochter Isebel aus dem phöniz. Sidon heiratete. Für sie baute er in der Hauptstadt Samaria einen Tempel des Baal. Es kam zu einem Konflikt mit dem Profeten Elija, als A. auf dem Berg Karmel den Kult des Baal erhalten wollte (1Kön 18) und als A. einen Justizmord an Nabot veranlaßte (1Kön 21). **2.** Ein falscher Profet zur Zeit Jeremias (Jer 29,21 f.).

Aharhel, ein Judäer (1Chr 4,8; der Text ist verderbt; →*Harum*).*

Ahas (hebr., Kurzform von *Joahas*). **1.** König von Juda (741–725 v. Chr.; 2 Kön 16). Als er sich weigerte, mit dem Nordreich Israel und Syrien ein Bündnis gegen Assyrien zu schließen, wurde Juda von diesen Staaten angegriffen. Statt auf Jesaja (Jes 7,1–17) zu hören und allein auf Jahwe zu vertrauen, rief er den assyr. König Tiglat-Pileser zu Hilfe. Damit wurde Juda freiwillig ein Vasallenstaat Assurs. A. mußte den assyr. Kult im Tempel von Jerusalem einführen. **2.** Ein Nachkomme des Königs Saul (1Chr 8,35 f.; 9,42).

Ahasbai, Vater des Elifelet (2), eines Helden Davids (2Sam 23,34).*

Ahaschtari, ein Nachkomme Judas (1Chr 4,6; Lutherbibel: »der Ahaschtariter«).*

Ahasja (hebr., »Jahwe hat [schützend] ergriffen«). **1.** König des Nordreichs Israel (852–851 v. Chr.; 2Kön 1), der sich nach einem Unfall an den Gott der Philisterstadt Ekron wandte, was ein Drohwort des Elija zur Folge hatte. **2.** König des Südreichs Juda (845 v. Chr.; 2Kön 8–9), wurde, als er seinen Onkel Joram, den König von Israel, besuchte, bei der Revolution Jehus getötet.

Ahasveros →Xerxes.

Aher (hebr., »ein anderer«: Ersatz für einen Gestorbenen), ein Benjaminiter (1Chr 7,12).*

Ahi- →Ach.

Ahi, 1. ein Angehöriger des Stammes Gad (1Chr 5,15); **2.** ein Angehöriger des Stammes Ascher (1Chr 7,34; der Text ist wohl verderbt).*

Ahiam, ein Held Davids (2Sam 23,33; 1Chr 11,35).*

Ahiëser (hebr., »der Bruder ist Hilfe«), **1.** ein Anführer des Stammes Dan (z. B. 4Mose 1,12); **2.** ein Benjaminiterfürst, mit David verbündet (1Chr 12,3).

Ahihud, 1. (hebr. *Achihud* »der Bruder ist Herrlichkeit«) ein Fürst des Stammes Ascher (4Mose 34,27); **2.** (hebr. *Achichud*) ein Benjaminiter (1Chr 8,7).*

Ahija (hebr., »Jahwe ist Bruder«), **1.** Priester, Nachkomme Elis (1Sam 14,3.18); **2.** Sekretär Salomos (1Kön 4,3); **3.** Profet aus Schilo, der dem Jerobeam sein Königtum über die Nordstämme (→ Israel) (1Kön 11,29–39) und später die Ausrottung seiner Dynastie ankündigte, die dann auch eintraf (1Kön 14,1–18; 15,29); **4.** Vater des Königs Bascha (1Kön 15,33); **5.** ein Nachkomme Judas (1Chr 2,25); **6.** ein Benjaminiter (1Chr 8,7); **7.** ein Held Davids (1Chr 11,36); **8.** ein Unterzeichner der Gesetzesverpflichtung (Neh 10,27).

Ahikam (hebr., »der Bruder hat sich [zum Kampf] erhoben«), Mitglied der Delegation, die König Joschija zur Profetin Hulda schickte (2Kön 22,12.14), intervenierte unter der Regierung Jojakims zugunsten Jeremias, der wegen seiner Tempelrede mit dem Tode bedroht wurde (Jer 26,24).

Ahilud, 1. Vater des Joschafat (1), eines Beamten Davids (2Sam 8,16); **2.** Vater des Baana (3), eines Statthalters Salomos (1Kön 4,12).

Ahimaaz, 1. Vater der Ahinoam (1), der Frau Sauls (1Sam 14,50); **2.** Sohn des Priesters Zadok (1), diente David während Abschaloms (1) Aufstand (2Sam 15,27.36; 18,19); **3.** ein Schwiegersohn und Statthalter Salomos (1Kön 4,15).

Ahiman, 1. einer der Söhne Anaks (z. B. 4Mose 13,22); **2.** ein Torwächter im nachexil. Jerusalem (1Chr 9,17).

Ahimelech (hebr., »der Bruder ist König«), **1.** Sohn des Ahitub und Vater des Abjatar, Priester in Nob, der von Saul umgebracht wurde, weil er David unterstützt hatte (1Sam 21,2–10; 22,9–22); **2.** A., der Hetiter, begleitete David auf der Flucht vor Saul (1Sam 26,6); **3.** Enkel des A. (1), Sohn des Abjatar, Priester unter David (2Sam 8,17).

Ahimot, ein Nachkomme Levis (1Chr 6,10), Ahnherr Samuels (V. 12).*

Ahinadab (hebr., »der Bruder hat sich freigebig gezeigt«), ein Statthalter Salomos (1Kön 4,14).*

Ahinoam (hebr., »der Bruder ist Huld«), **1.** die Frau des Königs Saul (1Sam 14,50); **2.** erste Frau Davids (1Sam 25,43), Mutter des Amnon (1) (2Sam 3,2).

Ahira, ein Fürst des Stammes Naftali (4Mose 1,15; 2,29).

Ahiram (hebr., »der Bruder ist erhaben«), dritter Sohn Benjamins (4Mose 26,38), in 1Chr 8,1 fälschlich *Achrach.**

Ahisamach (hebr., »der Bruder hat gestützt«), Vater des Oholiab, eines Kunsthandwerkers (2Mose 31,6).

Ahischahar (hebr., »der Bruder ist recht«), ein Benjaminiter (1Chr 7,10).*

Ahischar, ein Minister Salomos (1Kön 4,6).*

Ahitofel, Ratgeber Davids, der beim Aufstand Abschaloms (1) auf dessen Seite trat und, nachdem dieser den Feldzugsplan A.s ausgeschlagen hatte, sich das Leben nahm (2Sam 15,12; 16,15–17,23); Vater des Eliam, eines Helden Davids (2Sam 23,34).

Ahitub (hebr., »der Bruder ist Güte«), **1.** Enkel des Priesters Eli, Vater des Ahimelech (1) (1Sam 14,3); dieser A. wird – wohl fälschlich – zum Vater (z. B. 2Sam 8,17) oder Großvater (z. B. 1Chr 9,11) des → Zadok (1) gemacht; **2.** ein Ahnherr der Judit (Jdt 8,1).

Ahoach, ein Benjaminiter (1Chr 8,4).*

Ahumai, ein Nachkomme Judas (1Chr 4,2).*

Ahusam, ein Nachkomme Judas (1Chr 4,6).*

Ahusat, ein Vertrauter Abimelechs (1) (1Mose 26,26).*

Aja, 1. ein Enkel Seïrs (1Mose 36,24), d. h. eine Sippe in Edom; **2.** Vater der Rizpa, einer Nebenfrau Sauls (2Sam 3,7).

Akan, ein Enkel Seïrs (1Mose 36,27; 1Chr 1,42), d. h. eine Sippe in Edom.*

Akkub (hebr., »Schützender« oder »Beschützter«), **1.** ein Nachkomme des Königs Jojachin (1Chr 3,24); **2.** ein Torwächter im nachexil. Jerusalem (z. B. Esr 2,42; Neh 12,25); **3.** ein Familienhaupt von Tempeldienern (Esr 2,45); **4.** ein Levit (Neh 8,7).

Alemet, 1. ein Ort im Stamm Benjamin (1Chr 6,45), der in 1Chr 7,8 als Eigenname erscheint; **2.** ein Nachkomme des Königs Saul (1Chr 8,36; 9,42).*

Alexander, 1. A. der Große (356–323, König seit 336 v. Chr.), mazedon. König, der von Griechenland aus das pers. Weltreich bis nach Ägypten und Indien eroberte und als dessen Teil auch Jerusalem (332). In der Bibel wird er mit Namen nur in 1Makk 1,1–8; 6,2 erwähnt. Nicht genannt, aber gemeint ist A. – als Begründer des griech. Weltreiches – in mehreren Visionen Daniels (2,33.40; 7,7; 8,5–8.21 f.; 11,3 f.). **2.** A. Balas, König von Syrien, angeblicher Sohn Antiochus' IV., arbeitete zeitweise mit dem Makkabäer Jonatan (17) zusammen (1Makk 10,1–11,17). **3.** Ein nur in Mk 15,21 erwähnter Sohn des Simon (5) von Kyrene. **4.** Hoherpriester, Mitglied des Kollegiums, dem sich Petrus und Johannes (2) zu stellen hatten (Apg 4,6). **5.** Ein Jude, der beim Aufruhr der Silberschmiede in Ephesus erfolglos vermitteln wollte (Apg 19,33 f.). **6.** Ein nach 1Tim 1,20 wegen Abfalls von der wahren Lehre aus der Gemeinde ausgestoßener Christ. **7.** Ein Schmied, der dem Paulus Böses antat (2Tim 4,14), vielleicht identisch mit dem Vorigen.

Alkimus (griech. Form von hebr. *Eljakim* »Gott läßt erstehen«), Führer der griechenfreundlichen Partei in Juda, vom Seleukidenkönig Demetrius I. zum Hohenpriester ernannt (162 v. Chr.), aber von Judas (1) Makkabäus bekämpft (1Makk 7,5–25; nach 2Makk 14,3.7 soll er bereits früher einmal Hoherpriester gewesen sein). Er starb bei dem Versuch, die Mauer zwischen dem Tempelvorhof und dem Vorhof der Heiden zu beseitigen (1Makk 9,54–56).

Allon (hebr., »Eiche«), Oberhaupt einer Sippe des Stammes Simeon (1Chr 4,37).*

Almodad, ein Sohn Joktans, Stamm oder Gegend in Südarabien (1Mose 10,26; 1Chr 1,20).*

Alphäus, 1. Vater des Zöllners Levi (2) (Mk 2,14); **2.** Vater des Jakobus (2), eines Jüngers Jesu (z. B. Mk 3,18; Apg 1,13).

Alwa, ein »Fürst« (d. h. wohl: ein Bezirk) in Edom (1Mose 36,40; 1Chr 1,51).*

Alwan, ein Enkel Seïrs (1Mose 36,23; 1Chr 1,40), d. h. eine Sippe in Edom.*

Am, ein hebr. Wort, das ursprünglich den »Vatersbruder« meinte, dann »Verwandtschaft, Sippe« und schließlich »Volk«

bedeutete. Die ursprüngliche Bedeutung ist erhalten in einer Reihe von Personennamen, und zwar solchen, deren erster Bestandteil *Ammi-* lautet, und solchen, die als zweiten Bestandteil *-am* haben (z. B. *Aniam*, *Jerobeam*).

Amal, ein Angehöriger des Stammes Ascher (1Chr 7,35).*

Amalek, nach 1Mose 36,11 ein Enkel Esaus, ein Nomadenstamm auf der nördl. Sinaihalbinsel, in der Frühzeit Israels dessen ständiger Feind (z. B. Richt 3,13; 6,3), nach 2Mose 17,8–16 von Mose, nach 1Sam 15 von Saul besiegt, von David endgültig unterworfen (2Sam 8,12).

Amarja (hebr., »Jahwe hat gesprochen«, d. h. verheißen oder geschaffen), **1.** Großvater des Priesters Zadok (1) (z. B. 1Chr 5,33); **2.** ein Levit (1Chr 23,29); **3.** Oberpriester zur Zeit des Königs Joschafat (2Chr 19,11); **4.** ein Levit zur Zeit des Königs Hiskija (2Chr 31,15); **5.** ein Israelit, der seine ausländische Frau zurückschickte (Esr 10,42); **6.** ein Judäer, Nachkomme des Perez (Neh 11,4); **7.** ein Priester, der aus dem Exil zurückgekehrt war (z. B. Neh 12,2); **8.** Ahnherr des Profeten Zefanja (Zef 1,1).

Amasa (hebr., Kurzform von *Amasja*), **1.** ein Heerführer Abschaloms (1) (2Sam 17,25), der von David übernommen (2Sam 19,14) und, als er beim Aufstand Schebas (1) versagte, von Joab (1) ermordet wurde (2Sam 20,1–13); **2.** ein Offizier im Nordreich Israel zur Zeit des Königs Ahas von Juda (2Chr 28,12).

Amasai (hebr., Kurzform von *Amasja*), **1.** ein Levit (1Chr 6,10.20; 2Chr 29,12); **2.** ein Held Davids (1Chr 12,19); **3.** ein Priester zur Zeit Davids (1Chr 15,24).*

Amaschsai, ein Priester in Jerusalem nach dem Exil (Neh 11,13), identisch mit *Masai* (1Chr 9,12).*

Amasja (hebr., »Jahwe hat [schützend] getragen«), ein Offizier des Königs Joschafat (2Chr 17,16).*

Amazja (hebr., »Jahwe ist stark«). **1.** König von Juda (um 801–733 v. Chr.), der, durch einen Sieg über Edom übermütig geworden, einen Krieg mit dem König Joasch von Israel provozierte, den er verlor; er wurde gefangengenommen und nach

Jerusalem gebracht, das Joasch plünderte. Von einem Anschlag bedroht, floh A. nach Lachisch, wo er ermordet wurde (2Kön 14,1–20). **2.** Ein Angehöriger des Stammes Simeon (1Chr 4,34). **3.** Ein Levit (1Chr 6,30). **4.** Ein Priester in Bet-El, der den Amos des Landes verwies (Am 7,10–17).

Ami, ein Familienhaupt von Knechten Salomos, die aus dem Exil heimkehrten (Esr 2,57), identisch mit *Amon* (3) (Neh 7,59).*

Amittai (hebr., »er [Gott] ist treu«), Vater des Profeten Jona (2Kön 14,25; Jon 1,1).*

Ammi- → Am.

Ammiël (hebr., »der Vatersbruder ist Gott«), **1.** ein Sippenführer des Stammes Dan (4Mose 13,12); **2.** Vater des Machir (2), eines Mannes aus der Umgebung Sauls (2Sam 9,4 f.; 17,27); **3.** Vater der Batseba (2Sam 11,3; 1Chr 3,5; in der Lutherbibel *Eliam*); **4.** ein Torwächter am Tempel in Jerusalem zur Zeit Davids (1Chr 26,5).

Ammihud (hebr., »der Vatersbruder ist Hoheit«), **1.** ein Angehöriger des Stammes Simeon (4Mose 34,20); **2.** ein Angehöriger des Stammes Naftali (4Mose 34,28); **3.** Vater des Talmai (2), eines Schwiegervaters Davids (2Sam 13,37); **4.** ein Ahnherr Josuas (z. B. 1Chr 7,26); **5.** ein Nachkomme Judas (1Chr 9,4).

Amminadab (hebr., »der Vatersbruder hat sich freigebig gezeigt«), **1.** ein Ahnherr Davids (Rut 4,19 f.); **2.** ein Ahnherr Samuels (1Chr 6,7); **3.** ein Levit, der an der Überführung der Lade beteiligt war (1Chr 15,10 f.).

Ammisabad (hebr., »der Vatersbruder hat geschenkt«), ein Heereskommandeur unter David (1Chr 27,6).*

Ammischaddai, Vater des Ahiëser (1) aus dem Stamm Dan (z. B. 4Mose 1,12).

Ammon, Ammoniter, ein aram. Stamm, der im 12. Jh. v. Chr. am Oberlauf des Jabbok seßhaft wurde. Der Ausdehnungsdrang der Ammoniter nach Westen brachte sie schon früh mit den Israeliten des Ostjordanlandes in Konflikt, so unter Jiftach (Richt 10–11) und Saul (1Sam 11), bis David sie unterwarf (2Sam 10,1–11; 12,26–31). Nach dem Tode Salomos scheint A.

seine Selbständigkeit zurückerlangt zu haben, mußte aber den Assyrern Tribut zahlen und wurde 582 von den Babyloniern unterworfen; danach stand A. unter pers., griech. und röm. Oberhoheit.

Amnon (hebr., »treu«), **1.** ältester Sohn Davids, der seine Halbschwester Tamar (2) vergewaltigte und deshalb von ihrem Bruder Abschalom (1) ermordet wurde (2Sam 13,1–33); **2.** ein Nachkomme Judas (1Chr 4,20).

Amok (hebr., »tief«, d. h. geschickt), ein aus dem Exil zurückgekehrter Priester (Neh 12,7.20).*

Amon (hebr., »treu«), **1.** Stadtoberster von Samaria zur Zeit des Königs Ahab (1Kön 22,26); **2.** König von Juda (641–640 v. Chr.), der nach zweijähriger Regierungszeit ermordet wurde (2Kön 21,19–26); in Mt 1,10 erscheint er unter den Ahnherren Jesu als *Amos* (Lutherbibel: *Amon*); **3.** ein Familienhaupt von Knechten Salomos, die aus dem Exil zurückkehrten (Neh 7,59), identisch mit *Ami* (Esr 2,57); **4.** (ägypt., »verborgen«) ein ägypt. Gott, der unter verschiedenen Menschen- und Tiergestalten dargestellt wird, Gott der Stadt Theben (= No) (Jer 46,25).

Amoriter, im AT Bezeichnung vorisraelit. Bewohner Kanaans. Einerseits Sammelname für die Kanaanäer (z. B. Jos 7,7; Richt 1,34 f.), sind die A. an anderen Stellen (z. B. 5Mose 7,1; Jos 24,11) eine besondere Bevölkerungsgruppe (wie z. B. die Hetiter). Diese Bedeutung hängt zusammen mit einem syr. Staat *Amurru*, der im 14. und 13. Jh. v. Chr. bezeugt ist.

Amos (hebr., »der [von Jahwe] Getragene«). **1.** Ein Profet aus Tekoa in Juda, wo er einen landwirtschaftlichen Beruf ausübte (Am 1,1; 7,14), bis er um 750 v. Chr., einer Zeit der wirtschaftlichen Blüte, auf Befehl Jahwes im Nordreich Israel auftrat. Hier übte er radikale Kritik vor allem an dem asozialen Verhalten der führenden Kreise, durch das die Schicht der Kleinbauern ihres Landbesitzes und ihrer Freiheit beraubt wurde (z. B. Am 4,1–3; 6,1–6). Im Namen Jahwes, den A. nicht nur als Grund der Geschichte Israels, sondern der Weltgeschichte überhaupt erkannt hatte (z. B. Am 1,3–8; 2,1–3; 9,7), weissagte er als Folge dieses gesellschaftzerstörenden Verhaltens den Untergang des gesamten Volkes (z. B. Am 7,7–9; 8,2). Wegen dieser radikalen Unheilsbotschaft wurde A. durch den in Bet-El tätigen Priester Amazja (4) aus dem Nordreich ausgewiesen (Am 7,10–17). **2.** Ein Ahnherr Jesu (Lk 3,25).

Amoz (hebr., Kurzform von *Amazja*), Vater des Profeten Jesaja (z. B. Jes 1,1; 2Kön 20,1).

Ampliatus (lat., »vergrößert«), ein Christ, den Paulus in Röm 16,8 grüßt.*

Amrafel, nach 1Mose 14,1.9 König von Schinar (Babylonien), der mit Verbündeten gegen Sodom und Gomorra zog und Lot, den Neffen Abrahams, gefangennahm; der historische Hintergrund dieser Überlieferung ist dunkel.

Amram (hebr., »der Vatersbruder ist erhaben«), **1.** ein Levit (4Mose 3,19), Vater des Mose, des Aaron und der Mirjam (z. B. 4Mose 26,59); **2.** ein Israelit, der seine ausländische Frau zurückschickte (Esr 10,34).

Amzi (hebr., Kurzform von *Amazja*), **1.** ein Levit (1Chr 6,31); **2.** Ahnherr des Priesters Adaja (5) (Neh 11,12).*

Ana, Sohn des Zibon, Vater der Oholibama (1), einer der Frauen Esaus (1Mose 36,2.14.18.24 f.; 1Chr 1,40 f.); daneben erscheint A. als Sohn des Seïr und Bruder des Zibon (1Mose 36,20.29; 1Chr 1,38); hier liegen wohl verschiedene Überlieferungen über dieselbe Gestalt vor.

Anaja (hebr., »Jahwe hat geantwortet«, d. h. erhört), zwei Israeliten der nachexil. Zeit: **1.** ein vornehmer Laie (Neh 8,4); **2.** ein Führer des Volkes (Neh 10,23).*

Anak, Ahnherr der *Anakiter*, der riesenhaft gedachten Vorbewohner Hebrons und seiner Umgebung (z. B. 4Mose 13,22.28–33; 5Mose 1,28); vereinzelt hielten sie sich im Gebiet der Philister auf (Jos 11,22).

Anamiter, ein zu Ägypten gehöriges Volk (1Mose 10,13; 1Chr 1,11).*

Anammelech, ein neben →Adrammelech von den Bewohnern der Stadt Sefarwajim verehrter Gott (2Kön 17,31).*

Anan, ein Führer des Volkes in der nachexil. Zeit (Neh 10,27).*

Ananeja (hebr., »Jahwe hat erhört«), Großvater des Asarja (18), der beim Wiederaufbau der Mauer Jerusalems half (Neh 3,23).*

Anani (hebr., »er [Gott] hat mich erhört«), ein Nachkomme des Königs Jojachin (1Chr 3,24).*

Ananja → Ananeja.

Anat, Vater oder Mutter des Richters Schamgar (Richt 3,31; 5,6); der Name hängt wohl zusammen mit der westsemit. Liebes- und Kriegsgöttin A., die als Schwester des Baal galt.*

Andreas (griech., »der Mannhafte«), Bruder des Simon Petrus und, mit diesem zusammen, als einer der vier ersten Jünger berufen (Mk 1,16–18).

Andronikus (griech., »Männerbesieger«), **1.** ein Statthalter des Königs Antiochus IV., wurde nach der Ermordung des Hohenpriesters Onias III. hingerichtet (2Makk 4,31–38); **2.** ein anderer Statthalter des Antiochus IV. (2Makk 5,23); **3.** Judenchrist in Rom (Röm 16,7).*

Äneas, Mann aus Lydda, den Petrus nach legendarischer Überlieferung von einer Lähmung heilte (Apg 9,32–34).*

Aner, nach der sagenhaften Überlieferung 1Mose 14,13.24 ein Verbündeter Abrahams.*

Aniam (hebr., »ich bin der Vatersbruder«), ein Angehöriger des Stammes Manasse (1Chr 7,19).*

Antiochis, Konkubine des Königs Antiochus IV. (2Makk 4,30).*

Antiochus. 1. A. III. d. Gr. (223–187 v. Chr.), König aus der Dynastie des → Seleukus. Er gewann nach dem Sieg über Ägypten (200 v. Chr.) die Herrschaft über Palästina und war dem Judentum freundlich gesonnen. 189 wurde er von den Römern vernichtend geschlagen (1Makk 8,6–8). Er ist der »König des Nordens« von Dan 11,10–19. **2.** A. IV. Epiphanes (175–164 v. Chr.). Er bemühte sich um die religiöse Gleichschaltung des Seleukidenreiches und suchte darum die jüd. Religion abzuschaffen (1Makk 1,43–53). Als er 169 im Jerusalemer Tempel das Standbild des Zeus, »das Greuelbild der Verwüstung« (1Makk 1,57; Dan 12,11), aufstellen und dessen

Kult einführen ließ, kam es zum Aufstand der Makkabäer (1Makk 2,15–30). Das Danielbuch spielt mehrfach auf ihn an (z. B. Dan 7,8; am ausführlichsten Dan 11,21–45). **3.** A. V. Eupator (164–161 v. Chr.), Sohn des A. IV. Er gewährte den Juden die Religionsfreiheit (1Makk 6,55–60). **4.** A. VI., Sohn des Alexander Balas, König von Syrien (145–142 v. Chr.). Er bestätigte Jonatan (17) als Hohenpriester (1Makk 11,57) und wurde von seinem General Tryphon umgebracht (1Makk 13,31 f.). **5.** A. VII., Sohn des Demetrius I., König von Syrien (138–129 v. Chr.); über ihn wird in 1Makk 15,1–36 berichtet. **6.** Vater des Numenius, eines Gesandten der Juden (z. B. 1Makk 12,16).

Antipas (griech., Kurzform von *Antipater*), ein Märtyrer aus Pergamon (Offb 2,13).*

Antipater (griech. *Antipatros* »Ebenbild/Vertreter des Vaters«), Gesandter der Juden nach Sparta und Rom (1Makk 12,16; 14,22).*

Antotija, ein Vorfahr des Königs Saul (1Chr 8,24).*

Anub, ein Nachkomme Judas (1Chr 4,8).*

Apelles (griech., Kurzform von *Apollonius*), ein Christ in Rom (Röm 16,10).*

Aphia, Christin der Gemeinde von Kolossä (Phlm 2).*

Aphus → Apphus.

Apollonius (griech., »[dem Gott] Apollon zugehörig«), **1.** Statthalter des Königs Seleukus IV. (2Makk 3,5; 4,4); **2.** Sohn des A. (1), Statthalter und Feldherr des Königs Demetrius II. (1Makk 10,69–83); **3.** Anführer einer Truppe, die auf Befehl des Königs Antiochus IV. ein Blutbad in Jerusalem anrichtete (2Makk 5,24–26); **4.** ein Feldherr des Königs Antiochus V. (2Makk 12,2).

Apollophanes, ein syr. Offizier (2Makk 10,37).*

Apollos (griech., Kurzform von *Apollonius*), ein aus der Anhängerschaft Johannes' (1) des Täufers hervorgegangener (Apg 18,24 f.) urchristl. Missionar, Mitarbeiter des Paulus in Korinth und Ephesus (1Kor 3,6; 4,6); ob er mit dem in Tit 3,13 genannten A. identisch ist, erscheint höchst fraglich.

Apollyon (griech., »Verderber«), ein Wort, mit dem in Offb 9,11 hebr. →*Abaddon* gedeutet wird.*

Appajim (hebr., »mit [großer] Nase«), ein Nachkomme Judas (1Chr 2,30 f.).*

Apphus, Beiname des Jonatan (17) (1Makk 2,5).*

Aquila und →*Priska* (oder *Priszilla*), ein judenchristl. Ehepaar, aus Rom durch die Judenverfolgung des Kaisers Klaudius (49 n. Chr.) nach Korinth vertrieben, wo Paulus bei ihnen wohnte und als Zeltmacher arbeitete (Apg 18,2 f.). Sie begleiteten Paulus nach Ephesus (Apg 18,18 f.) und waren intensiv an seiner Missionsarbeit beteiligt (Apg 18,26; Röm 16,3–5; 1Kor 16,19; 2Tim 4,19).*

Ara, ein Angehöriger des Stammes Ascher (1Chr 7,32).*

Araber. Als A. bezeichnet das AT die Bewohner der südl. und südöstl. an Palästina grenzenden Wüsten (Jes 13,20; Jer 3,2). Mit ihnen wußte sich Israel stammverwandt (1Mose 25,2–4). Das bedeutendste arab. Reich ist im 11. bis 2. Jh. v. Chr. das von → Saba. Im 2. Jh. wurde die Vorherrschaft Sabas durch die →Nabatäer abgelöst. Diese sind im NT als A. bezeichnet (Apg 2,11; Gal 1,17).

Arach, 1. ein Angehöriger des Stammes Ascher (1Chr 7,39); **2.** Haupt einer israelit. Familie, die aus dem Exil zurückkehrte (Esr 2,5; Neh 7,10).*

Arad, ein Vorfahr des Königs Saul (1Chr 8,15).*

Aram, 1. Ahnherr der →Aramäer (1Mose 10,22 f.; 1Chr 1,17); **2.** ein Nachkomme Aschers (1Chr 7,34); **3.** ein Vorfahr Jesu (Mt 1,3 f.; in der Lutherbibel *Ram*), identisch mit *Ram* (1).*

Aramäer, Bezeichnung der im Norden Palästinas wohnenden Völker, die wahrscheinlich – als Nomaden – aus dem unteren Zweistromland stammten (Am 9,7). 5Mose 26,5 (»Mein Vater war ein umherirrender A.«) leitet die Israeliten von den A.n her, wie auch in 1Mose 24,10; 28,2–5; 31,20 die Verwandten der Erzväter A. sind. Seit etwa 1200 v. Chr. bedrängten A.-Schübe die syr. Staatenwelt, wobei es zu Kleinstaatenbildungen der A. kam. David unterwarf die A. (2Sam 8,3–11), die aber unter Salomo wieder von Israel abfielen und sich zu einem

Reich mit Zentrum Damaskus zusammenschlossen (1Kön 11,23–25). Es wurde seit dem 9. Jh. zum gefährlichsten Gegner Israels. 732 machten die Assyrer der Selbständigkeit der A. ein Ende.

Aran, ein Enkel Seïrs (1Mose 36,28; 1Chr 1,42), d. h. eine Sippe in Edom.*

Arauna, nach der legendenhaften Überlieferung in 2Sam 24,16–25; 1Chr 21,15–28 ein Hetiter oder Horiter, der in Jerusalem eine Tenne besaß, die David ihm abkaufte, um dort einen Altar zu errichten; nach 2Chr 3,1 baute Salomo dort später den Tempel. Der hebr. Text von 2Sam 24,23 spiegelt vielleicht eine Überlieferung wider, wonach A. ein vorisraelit. König von Jerusalem war.

Arba (hebr., »vier«), nach Jos 14,15; 15,13; 21,11 Gründer Hebrons, das vormals Kirjat-Arba, »Stadt der Vier«, hieß.*

Archelaus (griech., »Volksherrscher«), Sohn des Herodes (1), 4 v. – 6 n. Chr. König (genauer: Ethnarch) von Judäa, Samaria und Idumäa (Mt 2,22).*

Archippus, Christ in Kolossä (Kol 4,17), Mitempfänger des Philemonbriefes (Phlm 2).*

Ard (hebr., »höckerig, bucklig«), Sohn (1Mose 46,21), nach 4Mose 26,40 (wohl fehlerhaft) Enkel Benjamins.*

Ardon, ein Sohn Kalebs (1Chr 2,18).*

Areli, ein Sohn Gads (1Mose 46,16; 4Mose 26,17).*

Areopagit, Mitglied des Areopags, des Rates der Stadt Athen (Apg 17,34).*

Aretas, Name nabatäischer Könige: **1.** A. I. setzte 169 v. Chr. den Hohenpriester Jason gefangen (2Makk 5,8); **2.** A. IV., Schwiegervater des Herodes (2), konnte vorübergehend seine Herrschaft bis nach Damaskus ausdehnen (2Kor 11,32).*

Areus, König von Sparta, der dem Hohenpriester Onias I. in einem Brief seine Unterstützung zusagte (1Makk 12,7.19 f.).*

Argob, nach 2Kön 15,25 ein Mann, der mit dem König Pekachja in Samaria erschlagen wurde; hier liegt ein Textfehler vor.*

Ariarathes, König von Kappadozien (in Mittel-Kleinasien) zur Zeit des Königs Antiochus VII. (1Makk 15,22).*

Aridai, ein Sohn des Judenverfolgers Haman (Est 9,9).*

Aridata, ein Sohn des Judenverfolgers Haman (Est 9,8).*

Ariël (hebr., »Feuerherd Gottes« oder »Löwe Gottes«), **1.** die »beiden Söhne A.s [Lutherbibel: Gotteslöwen] aus Moab« (2Sam 23,20; 1Chr 11,22) beruhen wohl auf einem Textfehler; **2.** ein Botschafter Esras zu Iddo (5) (Esr 8,16); **3.** Ehrenname des Altars zu Jerusalem (oder der Stadt; Jes 29,1; Ez 43,15 f.).

Arisai, ein Sohn des Judenverfolgers Haman (Est 9,9).*

Aristarch (griech., »ausgezeichneter Herrscher«), Mazedonier aus Thessalonich, Begleiter des Paulus auf der 3. Missionsreise (Apg 19,29; 20,4) und auf der Reise nach Rom (Apg 27,2).

Aristobul (griech., »im Rat ausgezeichnet«), **1.** jüd. Gelehrter in Alexandria, Ratgeber des Königs Ptolemäus VI. (2Makk 1,10); **2.** christl. Hausvorsteher (Röm 16,10).*

Arje (hebr., »Löwe«), nach 2Kön 15,25 ein Mann, der mit dem König Pekachja erschlagen wurde; hier liegt ein Textfehler vor.*

Arjoch, 1. nach 1Mose 14,1.9 König von Ellasar, der mit →Amrafel gegen Sodom und Gomorra zog; **2.** oberster Scharfrichter Nebukadnezzars (Dan 2,14f.24 f.); **3.** ein König der Elamiter, verbündet mit Nebukadnezzar (Jdt 1,6).*

Arkiter, 1. Stamm an der phöniz. Küste (1Mose 10,17); **2.** vermutlich kanaan. Sippe bei Bet-El (Jos 16,2); ihr gehörte Huschai, der Vertraute Davids, an (z. B. 2Sam 15,32).

Armoni (hebr., »im Palast geboren«), ein Sohn des Königs Saul (2Sam 21,8).*

Arnan (hebr., »Steinbock«), ein Nachkomme des Königs Jojachin (1Chr 3,21).*

Arni, ein Vorfahr Jesu (Lk 3,33).*

Arod, einer der Söhne Gads (1Mose 46,16; 4Mose 26,17).*

Arpachschad, ein Sohn des Sem, personifizierte babylon. Völkerschaft (z. B. 1Mose 10,22; 11,10), gilt als Ahnherr Jesu (Lk 3,36).

Arphaxad, ein »König der Meder«, historisch unbekannt, wurde nach Jdt 1,1.5 f.13.15 von Nebukadnezzar vernichtend geschlagen.*

Arsakes, »König von Persien und Medien«; es handelt sich um Mithredat I. Arsakes VI. (171–138 v. Chr.), den Gründer des Partherreiches (1Makk 14,2 f.; 15,22).*

Artahsasta → Artaxerxes.

Artaxerxes, Name dreier pers. Könige: **1.** Unter A. I. (465–425 v. Chr.) führte Nehemia 445–433 (Neh 1,1; 5,14) seine Mission durch; **2.** A. II. (404–359 v. Chr.) war vermutlich der König, unter dem Esra 398 v. Chr. (Esr 7,7–9) wirkte. – Im Esterbuch (z. B. Est 1,1) steht »A.« für *Xerxes* (in der Lutherbibel *Ahasveros*).

Artemas (griech., Kurzform von *Artemidoros* »Geschenk der Artemis«), ein christl. Missionar (Tit 3,12).*

Artemis, griech. Göttin des freien Naturlebens und der Jagd, Tochter des Zeus und Zwillingsschwester des Apollon (lat. *Diana*). Unter ihrem Namen wurden freilich schon früh unterschiedliche Lokalgottheiten zusammengefaßt. So ist die A. von Ephesus (Apg 19,24–35) ursprünglich die kleinasiat. Große Göttin gewesen; sie galt als Fruchtbarkeitsgöttin und wurde mit einer Vielzahl von halbkugelförmigen Gebilden behängt dargestellt, die nach älterer Auffassung als Brüste galten, durch neuere Forschung jedoch als Stierhoden identifiziert wurden.*

Arza (hebr., »Holzwurm«), Palastvorsteher in Tirza, in dessen Haus der König Ela ermordet wurde (1Kön 16,9).*

Asa. 1. König von Juda (908–868 v. Chr.), gegen den Bascha von Israel anfangs erfolgreich Krieg führte, aber, nachdem A. den König Ben-Hadad von Damaskus zum Angriff auf Israel gewinnen konnte, zum Rückzug gezwungen wurde; ferner wird von einer Kultreform des A. berichtet (1Kön 15,9–24). **2.** Ein Levit (1Chr 9,16).

Asaël (hebr., »Gott hat [das Kind] geschaffen«), **1.** ein Elitekämpfer Davids (2Sam 23,24), Bruder des Joab (1) und des Abischai, wurde von Sauls Heerführer Abner im Kampf getötet (2Sam 2,18–23); **2.** einer der Leviten, die König Joschafat ausschickte, um die Städte Judas im Gesetz zu unterweisen (2Chr 17,7–9); **3.** ein Levit zur Zeit des Königs Hiskija (2Chr 31,13); **4.** Vater Jonatans (11) (Esr 10,15).

Asaf (hebr., »er [Gott] hat [mich] aufgenommen«), **1.** Vater des Joach (1), eines Ministers des Königs Hiskija (2Kön 18,18); **2.** Ahnherr der bedeutendsten Gilde der Tempelsänger im nachexil. Jerusalem (1Chr 6,24–28), der »Söhne A.s« (z. B. Esr 2,41); »A.« erscheint in den Überschriften von Ps 50; 73–83; in 1Chr 26,1 steht er in der Lutherbibel fälschlich für *Abiasaf*; **3.** Fortstverwalter des Perserkönigs Artaxerxes I. (Neh 2,8).

Asaja (hebr., »Jahwe hat [das Kind] geschaffen«; in der Lutherbibel in 1Chr 15,21 für *Asasja* (1)), **1.** ein Minister des Königs Joschija (2Kön 22,12); **2.** ein Angehöriger des Stammes Simeon (1Chr 4,36); **3.** ein Levit (1Chr 6,15); **4.** ein Nachkomme Judas (1Chr 9,5).

Asan (hebr., »er [Gott] hat sich als mächtig erwiesen«), ein Angehöriger des Stammes Issachar (4Mose 34,26).*

Asanja (hebr., »Jahwe hat gehört«), ein Levit (Neh 10,10).*

Asaramel, ein unverständliches Wort in 1Makk 14,27.*

Asarel (hebr., zwei Formen: 1. »Gott hat erfreut«, 2. [–7.] »Gott hat geholfen«), **1.** ein Nachkomme Judas (1Chr 4,16); **2.** ein Mitkämpfer Davids (1Chr 12,7); **3.** Leiter einer Sängerklasse (1Chr 25,18), identisch mit *Usiël* (4) (V. 4); **4.** ein Führer des Stammes Dan (1Chr 27,22); **5.** ein Israelit der nachexil. Zeit (Esr 10,41); **6.** Vater des Priesters Amaschsai (Neh 11,13); **7.** ein Levit (Neh 12,36).*

Asarela, ein Tempelsänger (1Chr 25,2).*

Asarhaddon (assyr., »[der Gott] Assur hat einen Bruder gegeben«), assyr. König (681–669 v. Chr.), Nachfolger seines Vaters Sanherib, den zwei von A.s Brüdern ermordet hatten (2Kön 19,37; Jes 37,38); er siedelte Kolonisten im Gebiet des Nordreichs Israel an (Esr 4,2); ferner wird er in Tob 1,21 f. erwähnt.*

Asarja (hebr., »Jahwe hat geholfen«), **1.** ein Sohn Zadoks (1), Priester zur Zeit Salomos (1Kön 4,2; nach 1Chr 5,35 – vielleicht fehlerhaft – ein Enkel Zadoks); **2.** oberster der Statthalter Salomos (1Kön 4,5); **3.** ein König von Juda (→Usija); **4.** ein Nachkomme Judas (1Chr 2,8); **5.** ein weiterer (1Chr 2,38 f.);

6. ein Ahnherr des Priesters Zadok (1) (1Chr 5,36f.); **7.** ein Nachkomme Zadoks (1) (1Chr 5,39f.); **8.** ein Levit (1Chr 6,21); **9.** ein Profet zur Zeit des Königs Asa (2Chr 15,1–8); **10.** und **11.** zwei Söhne des Königs Joschafat (2Chr 21,2); **12.** und **13.** zwei Offiziere, die am Komplott gegen Atalja beteiligt waren (2Chr 23,1); **14.** ein Priester zur Zeit des Königs Usija (2Chr 26,17); **15.** ein Offizier zur Zeit des Königs Ahas (2Chr 28,12); **16.** ein Levit zur Zeit des Königs Hiskija (2Chr 29,12); **17.** Oberpriester zur Zeit des Königs Joschija (2Chr 31,10); **18.** ein Helfer beim Wiederaufbau der Mauer Jerusalems (Neh 3,23f.); **19.** ein Anführer der aus dem Exil Heimgekehrten (Neh 7,7); **20.** ein Levit zur Zeit Esras (Neh 8,7); **21.** ein Mitunterzeichner der Gesetzesverpflichtung (Neh 10,3), wohl identisch mit dem Bläser von Neh 12,33; **22.** ein Offizier zur Zeit des Untergangs Judas (Jer 42,1; 43,2); **23.** ein Freund Daniels (z. B. Dan 1,7); **24.** Name, unter dem sich der Engel Rafael dem Tobit vorstellt (z. B. Tob 5,13); **25.** ein jüd. Anführer zur Makkabäerzeit (1Makk 5,18), identisch mit *Eleasar* (11) (2Makk 8,23) und *Esri* (2) (2Makk 12,36).

Asas (hebr., Kurzform von *Asasja*), ein Angehöriger des Stammes Ruben (1Chr 5,8).*

Asasel, wahrscheinlich Eigenname eines Wüstendämons, zu dem am Versöhnungstag ein mit den Sünden Israels beladener Bock hinausgeschickt wurde (3Mose 16,8.10.26).*

Asasja (hebr., »Jahwe hat sich als stark erwiesen«), **1.** ein Levit (1Chr 15,21; Lutherbibel: *Asaja*); **2.** Vater des Hoschea (3), eines Anführers des Stammes Efraim (1Chr 27,20); **3.** ein weiterer Levit (2Chr 31,13).

Asbuk, Vater des Nehemja (2), eines Mitwirkenden beim Wiederaufbau der Jerusalemer Mauer (Neh 3,16).*

Aschbel (hebr., »mit langer Oberlippe«), ein Sohn Benjamins (1Mose 46,21; 4Mose 26,38; 1Chr 8,1).*

Ascher, einer der zwölf Stämme Israels, der auf dem Westteil des Berglandes von Galiläa wohnte und in der Frühzeit wahrscheinlich den Kanaanäern fronpflichtig war (vgl. Richt 1,32).

Als Ahnherr dieses Stammes gilt ein Sohn Jakobs von Silpa, der Magd Leas (1Mose 30,12 f.).

Aschera, eine westsemit. Fruchtbarkeitsgöttin, im AT zuweilen mit Astarte verwechselt und dem Baal zugeordnet (z. B. 1Kön 18,19). Ihr Kult, im AT verboten, wurde auch in Israel ausgeübt (z. B. 2Kön 23,4). Neben der Göttin ist im AT als A. ein mit ihrem Kult verbundener Holzpfahl (»Kultpfahl«, »heiliger Pfahl«, »Bild der A.«) bezeichnet. Solche Ascheren sollen in Israel zerstört werden (z. B. 2Mose 34,13; 5Mose 7,5), werden aber immer wieder als Objekte des Götzendienstes genannt (z. B. Richt 6,25; 1Kön 14,15; Jer 17,2).

Aschhur, ein Nachkomme Judas (1Chr 2,24; 4,5).*

Aschima, syr. Göttin, deren Kult nach 721 v. Chr. von den Umsiedlern aus Hamat nach Samaria gebracht wurde (2Kön 17,30).*

Aschkenas, nach 1Mose 10,3; 1Chr 1,6 ein Enkel Jafets, bezeichnet vielleicht die Skythen (Jer 51,27).*

Aschmodai, im Buch Tobit ein böser Geist, der nacheinander sieben Männer tötete, sobald Sara ihre Braut wurde (Tob 3,8.17).*

Aschpenas, ein hoher Beamter des Königs Nebukadnezzar (Dan 1,3).*

Aschuriter, ein arab. Stamm (1Mose 25,3).*

Aschwat, ein Angehöriger des Stammes Ascher (1Chr 7,33).*

Asenappar, in Esr 4,10 Name des assyr. Königs Assurbanipal (669–630 v. Chr.).*

Asenat (ägypt., »der [Göttin] Neit gehörig«), Frau des Josef (1Mose 41,45.50; 46,20).*

Asgad, Haupt einer Familie, die aus dem Exil zurückkehrte (Esr 2,12; Neh 10,16).

Asiël, 1. ein Angehöriger des Stammes Simeon (1Chr 4,35); **2.** Ahnherr des Tobit und Tobias (Tob 1,1).*

Asisa, Israelit, der seine ausländische Frau zurückschickte (Esr 10,27).*

Asmawet, 1. ein Krieger Davids (2Sam 23,31; 1Chr 11,33); **2.** ein Nachkomme des Königs Saul (1Chr 8,36; 9,42); **3.** Vater (oder

Herkunftsort?) zweier Mitkämpfer Davids (1Chr 12,3); **4.** Aufseher der königlichen Schätze zur Zeit Davids (1Chr 27,25).*

Asna, Familienhaupt von aus dem Exil zurückgekehrten Tempeldienern (Esr 2,50).*

Asor → Azor.

Aspata, einer der Söhne des Judenverfolgers Haman (Est 9,7).*

Asriël (hebr., »Gott ist Hilfe«), **1.** ein Sohn Manasses (4Mose 26,31; Jos 17,2; 1Chr 5,24; 7,14); **2.** ein Führer des Stammes Naftali (1Chr 27,19); **3.** Vater des Seraja (9), eines Beamten des Königs Jojakim (Jer 36,26).*

Asrikam (hebr., »meine Hilfe hat sich erhoben«), **1.** ein Nachkomme des Königs Jojachin (1Chr 3,23); **2.** ein Nachkomme des Königs Saul (1Chr 8,38; 9,44); **3.** ein Levit (1Chr 9,14; Neh 11,15); **4.** Palastvorsteher des Königs Ahas (2Chr 28,7).*

Asser → Ascher.

Assir, 1. ein Sohn des Korach (2Mose 6,24; 1Chr 6,7 Textfehler); **2.** ein Enkel des Vorigen (1Chr 6,8.22).*

Assur, 1. nach 1Mose 10,22 ein Sohn Sems, Ahnherr der Assyrer, für die oft auch »A.« steht; **2.** ein arab. Stamm im Süden Palästinas (Ps 83,9).

Assyrer, ein Volk im oberen Zweistromland (im Norden des heutigen Irak). Die A. bildeten ab 1300 v. Chr. ein mächtiges Reich, das nach einer Schwächeperiode – um 1000 v. Chr. konnte David sein Reich gründen – im 9. Jh. erneut aufstieg und bis zur Mitte des 7. Jh.s die stärkste Macht Vorderasiens war (671 Eroberung Ägyptens). Ihre Herrschaft sicherten sie vor allem durch die Zwangsumsiedlung der Oberschichten der besiegten Völker. Um 735 wurde das Nordreich Israel (2Kön 15,29), etwas später das Südreich Juda (2Kön 16,7 f.) den A.n tributpflichtig, die 722 der staatlichen Selbständigkeit des Nordreichs ein Ende machten (2Kön 17,3–6) und bis zur Zeit des → Joschija die Oberherrschaft über Juda behielten. – Mehrfach sind die A. Gegenstand profetischer Drohreden (z. B. Jes 10,5–16; 14,24–27).

Astarte, bedeutende Liebes- und Fruchtbarkeitsgöttin der Kanaanäer (entsprechend der babylon. *Ischtar*), deren Kult auch in Israel ausgeübt wurde (1Kön 11,5; 2Kön 23,13). Der Plural »A.n« ist eine Bezeichnung für kanaan. Göttinnen allgemein (z. B. Richt 2,13; 10,6).

Astyages, letzter König der Meder, von Kyrus besiegt (um 550 v. Chr.), der ihm nachfolgte (Dan 14,1).*

Asuba (hebr., »die Verlassene«), **1.** Frau des Kaleb (1Chr 2,18 f.); **2.** Mutter des Königs Joschafat (1Kön 22,42; 2Chr 20,31).*

Asur (hebr., »Helfer« oder »einer, dem geholfen wurde«), **1.** ein Führer des Volkes in der nachexil. Zeit (Neh 10,18); **2.** Vater des Profeten Hananja (4) (Jer 28,1); **3.** Vater des Jaasanja (4), eines Führers des Volkes (Ez 11,1).*

Asynkritus (griech., »ohne Gleichen«), ein Christ in Rom (Röm 16,14).*

Ataja, ein Jerusalemer der nachexil. Zeit (Neh 11,4).*

Atalja, 1. Tochter des Königs Ahab von Israel, Frau des Königs Joram von Juda (2Kön 8,18), Mutter des Königs Ahasja von Juda (2Kön 8,26; hier wird sie als Tochter, d. h. Enkelin, Omris bezeichnet), nach dessen Tod sie das jud. Königshaus umbringen ließ und die Herrschaft an sich riß (845–840 v. Chr.); nur ihr Enkel Joasch entkam, und sechs Jahre später ließ er sie töten (2Kön 11); **2.** ein Vorfahr des Königs Saul (1Chr 8,26); **3.** Vater des Jeschaja (4), eines Heimkehrers aus dem Exil (Esr 8,7).

Atara (hebr., »Krone«), eine der Frauen Jerachmeels (1Chr 2,26).*

Ater (hebr., »krumm« oder »linkshändig«), **1.** Haupt einer Familie, die aus dem Exil zurückkehrte (Esr 2,16; Neh 7,21; hier mit *Hiskija* (3) identifiziert), Mitunterzeichner der Gesetzesverpflichtung (Neh 10,18; hier neben Hiskija); **2.** Haupt einer Familie von Torwächtern (Esr 2,42; Neh 7,45).*

Athenobius, »Freund« des Königs Antiochus VII. und von diesem zu Judas (1) Makkabäus gesandt (1Makk 15,28.32.35).*

Äthiopier (Apg 8,27), sonst → Kusch.

Atlai, Israelit, der seine ausländische Frau zurückschickte (Esr 10,28).*

Attai, 1. ein Nachkomme Judas (1Chr 2,35 f.); **2.** ein Mitkämpfer Davids (1Chr 12,12); **3.** Ein Sohn des Königs Rehabeam (2Chr 11,20).*

Attalus, König von Pergamon (159–138 v. Chr.), Freund der Römer (1Makk 15,22).*

Augustus (lat., »der Erhabene«), Beiname des ersten röm. Kaisers Gaius Octavianus Caesar (63 v. – 14 n. Chr.), der, seit 31 v. Chr. Alleinherrscher, das von Kriegen gequälte röm. Reich befriedete. Lk 2,1 erwähnt einen Erlaß des A.*

Auranus, Anführer einer Truppe, die um 170 v. Chr. gegen Jerusalem mit Gewaltakten vorging (2Makk 4,40).*

Awaran, Beiname des Eleasar (8), eines der Brüder des Judas (1) Makkabäus (1Makk 2,5.43).*

Awiter, ein Halbnomadenstamm bei Gaza (5Mose 5,23; Jos 13,3).*

Azalja (hebr., »Jahwe hat sich edel erwiesen«), Vater des Schafan (1), des Sekretärs des Königs Joschija (2Kön 22,3; 2Chr 34,8).*

Azel (hebr., »vornehm, edel«), ein Nachkomme des Königs Saul (1Chr 8,37 f.; 9,43 f.).*

Azor, ein Vorfahr Jesu (Mt 1,13 f.).*

B

Baal (hebr., »Herr, Besitzer«). **1.** Das Wort »B.« kommt als Bezeichnung für kanaan. Gottheiten in drei Bereichen vor: a) Am häufigsten bezeichnet »B.« eine Gottheit, die jeweils an einen ganz bestimmten Ort gebunden ist. Erwähnt wird z. B. der B. von Ofra (Richt 6,25–32), der B. des Karmel (1Kön 18,19–40), der B. von Tyrus (1Kön 16,31 f.). b) Bei Hosea und in seinem Gefolge bei Jeremia findet sich die Anklage gegen den mit Fruchtbarkeitsriten verbundenen B.s-Kult der Israeliten (z. B. Hos 2,5; Jer 2,23), der hier die Bedeutung »Götzendienst« annimmt. c) Im Anschluß an Hosea und Jeremia sprechen die Geschichtsbücher vom B.s-Kult – wobei meistens die Pluralform »Baale« gebraucht wird –, um den Abfall der Israeliten von Jahwe zu bezeichnen (z. B. Richt 2,11.13; 1Sam 12,10; 2Chr 33,3). Dabei wird neben B. mehrfach eine weibliche Gottheit genannt: Aschera (z. B. 1Kön 18,19; 2Kön 23,4) und – stets im Plural – Astarte (z. B. Richt 2,13; 10,16). – Die im AT erwähnten einzelnen ortsgebundenen B.e sind vermutlich als Erscheinungsformen *eines* Gottes mit Namen »B.« zu verstehen, der im kanaan. Bereich eine große Rolle spielte. Er wurde vor allem als Gott des Wetters und der Fruchtbarkeit verehrt, der stirbt und aufersteht: Mit seinem Tode welkt die Natur dahin; wenn er ins Leben zurückkehrt, blüht sie wieder auf. »B.« als Personenname und mit »B.« zusammengesetzte Personennamen (z. B. *Bealja*, *Merib-Baal*) zeigen, daß in früher Zeit auch Jahwe »B.« genannt wurde. Die abwertende Verwendung des Wortes als »Götze« führte aber dazu, daß die jüd. Schriftgelehrten den Namensbestandteil »B.« durch »Boschet« (»Schande«) ersetzten, z. B. *Eschbaal* durch *Isch-Boschet*. **2.** Ein Angehöriger des Stammes Ruben (1Chr 5,5). **3.** Ein Benjaminiter (1Chr 8,30; 9,36).

Baal-Berit, »Baal des Bundes«, ein von den Kanaanäern in Sichem verehrter Gott (in der Lutherbibel in Richt 8,33; 9,46).*

Baal-Hanan (hebr., »Baal hat Gnade erwiesen«), **1.** ein König von Edom (1Mose 36,38 f.; 1Chr 1,49 f.); **2.** ein Verwalter unter David (1Chr 27,28).*

Baalis, ein Ammoniterkönig, der den Tod des Gedalja veranlaßte (Jer 40,14).*

Baal-Pegor, Lokalgottheit des Gebirges Pegor in Moab (4Mose 25,3.5; 5Mose 4,3; Ps 106,28; Hos 9,10).*

Baal-Peor → Baal-Pegor.

Baal-Sebub → Beelzebul.

Baana, 1. Heerführer des Ischbaal (2Sam 4,2–6); **2.** Vater des Heled, eines Helden Davids (2Sam 23,19; 1Chr 11,30); **3.** und **4.** zwei Statthalter Salomos (1Kön 4,12.16); **5.** ein Führer der aus dem Exil Heimgekehrten (Esr 2,2; Neh 7,7); **6.** Vater des Zadok (3), eines Helfers beim Bau der Mauer Jerusalems (Neh 3,4); **7.** Mitunterzeichner der Gesetzesverpflichtung (Neh 10,28); vielleicht sind B. (5) und (6) oder B. (6) und (7) identisch.*

Baara, eine Frau des Benjaminiters Schaharajim (1Chr 8,8).*

Babylonier, Bewohner des unteren Zweistromlandes (im Süden des heutigen Irak); in der Bibel heißen sie meistens → Chaldäer. Sie bildeten im 19. bis 11. Jh. v. Chr. ein mächtiges Reich, dessen bedeutendster König Hammurabi (1728–1686 v. Chr.) war, kamen dann aber unter die Herrschaft der Assyrer, bis der General Nabopolassar das neubabylon. Reich gründete (612 v. Chr. Vernichtung des assyr. Reiches), das unter → Nebukadnezzar (605–562) – 587 eroberte er Jerusalem – seine Glanzzeit erlebte, danach aber rasch zerfiel und 539 durch Kyrus eine Provinz des pers. Reiches wurde. Das mit den Deportationen der Jahre 597 und vor allem 587 beginnende babylon. Exil wurde zu einer entscheidenden Epoche des Volkes Israel. Zahlreiche Drohreden der Profetenbücher aus dieser Zeit kündigen dem babylon. Reich den Untergang an (z. B. Jes 13,1–22; 14,4–23; Jer 50–51).

Bagoas, ein Beamter des Holofernes (z. B. Jdt 12,11.13).

Bakbakar, ein levitischer Sänger (1Chr 9,15; in der Lutherbibel *Bakbukja*), identisch mit *Bakbukja*.*

Bakbuk (hebr., »Flasche«), Familienhaupt von Tempeldienern, die aus dem Exil zurückkehrten (Esr 2,51; Neh 7,53).*

Bakbukja (hebr., »Fläschchen«), ein levitischer Sänger (Neh 11,17; 12,9.25), identisch mit *Bakbakar.**

Bakchides (griech., »Sohn des [Weingottes] Bakchus«), Unterbefehlshaber des Königs Antiochus IV. im Kampf gegen Judas (1) Makkabäus (2Makk 8,30), unter Demetrius I. Statthalter Nordsyriens (1Makk 7,8), setzte vorübergehend (162 v. Chr.) die Anerkennung des Alkimus als Hohenpriester durch; nach der Vertreibung des Alkimus besiegte er Judas Makkabäus (1Makk 9,1–18).

Bakenor, ein Offizier unter Gorgias, einem Feldherrn des Königs Antiochus IV. (2Makk 12,35).*

Baladan, Vater des →Merodach-Baladan (2Kön 20,12; Jes 39,1).*

Balak, nach 4Mose 22–24 König von Moab, der den Seher Bileam beauftragt, Israel zu verfluchen; dieser jedoch spricht den Segen über Israel aus.

Bani (hebr., Kurzform von *Benaja*), **1.** ein Krieger Davids (2Sam 23,36); **2.** ein Levit (1Chr 6,31); **3.** ein Judäer (1Chr 9,4); **4.** ein Familienhaupt, dessen Söhne aus dem Exil zurückkehrten (Esr 2,10; 8,10; 10,34; in Neh 7,15 wohl fälschlich *Binnui*), Mitunterzeichner der Gesetzesverpflichtung (Neh 10,15); **5.** Familienhaupt, dessen Söhne zum Teil ihre ausländischen Frauen verstießen (Esr 10,29; vielleicht richtiger *Big(e)wai*, so die Lutherbibel); **6.** ein Levit (Neh 3,17); **7.** ein weiterer (Neh 8,7; 9,4 f.), Mitunterzeichner der Gesetzesverpflichtung (Neh 10,14); **8.** ein Levit (Neh 9,4); **9.** Vater des Usi (5) (Neh 11,22).*

Barabbas (in der Lutherbibel in Mt 27,16 f. *Jesus B.*), ein gefangener jüd. Anführer (vielleicht ein zelotischer Bandenführer gegen die röm. Besatzung), der auf Verlangen des Volkes von Pilatus anstelle Jesu zum Paschafest freigegeben wurde (Mt 27,16–26; Mk 15,7–15; Lk 23,18; Joh 18,40).*

Barachel, Vater des Elihu (5), eines der Gesprächspartner Ijobs (Ijob 32,2.6).*

Barachias (griech. Form von hebr. *Berechja*), nach Mt 23,35 (Lutherbibel: *Berechja*) Vater des Zacharias (1) (Lutherbibel: *Secharja*); mit dem letzteren ist wohl der in 2Chr 24,20.22 erwähnte Priester Secharja (14) – hier allerdings Sohn des Jojada (2) – gemeint.*

Barak (hebr., »Blitz«), ein Mann aus Naftali, der auf Drängen der Debora (2) gegen das Heer des Sisera kämpfte und es besiegte (Richt 4 f.).

Bariach, ein Nachkomme des Königs Jojachin (1Chr 3,22).*

Barjesus (aram., »Sohn des Jeschua«), jüd. Zauberer (Beiname *Elymas*) auf Zypern, der sich der Predigt des Paulus widersetzte und darum mit Blindheit geschlagen wurde (Apg 13,6–11).*

Barjona (aram., »Sohn des Jona«), Vatername des Simon Petrus (Mt 16,17; Lutherbibel: *Jonas Sohn*), in Joh 1,42 *Johannes* (3).*

Barkos, Familienhaupt von aus dem Exil zurückgekehrten Tempeldienern (Esr 2,53; Neh 7,55).*

Barnabas, Beiname unklarer Bedeutung (nach Apg 4,36: »Sohn des Trostes«, vermutlich jedoch: »Sohn der Profetie«), den der zypriot. Levit Josef (15) trug, einer der führenden Männer der Gemeinde von Antiochia (Apg 13,1–3; 15,2.12) und Partner des Paulus auf der 1. Missionsreise (Apg 13–14). Nach Apg 4,36; 11,22 hatte B. auch enge Verbindung zur Jerusalemer Urgemeinde. Paulus trennte sich von ihm aufgrund von Meinungsverschiedenheiten, die im Anschluß an das Apostelkonzil (Gal 2,1–10; Apg 15) hinsichtlich der Tischgemeinschaft von Juden- und Heidenchristen entstanden waren (Gal 2,13; Apg 15,37–39).

Barsabbas, Beiname **1.** des Josef (14) Justus, der sich um die Nachfolge des Judas Iskariot bewarb (Apg 1,23); **2.** des judenchristl. Profeten Judas (9) (Apg 15,22).*

Barsillai (hebr., »Eiserner«), **1.** ostjordan. Grundbesitzer, der den David beim Aufstand des Abschalom (1) versorgte, wofür David sich nach seinem Sieg dankbar erwies (2Sam 17,27 f.; 19,32–40; 1Kön 2,7); **2.** Vater des Adriël, des Schwiegersohns Sauls (2Sam 21,8); **3.** Nachkomme des B. (1), Ahnherr eines umstrittenen Priestergeschlechts (Esr 2,61; Neh 7,63).*

Bartholomäus (aram.-griech., »Sohn des Talmai«), einer der zwölf Jünger Jesu (z. B. Mk 3,18).

Bartimäus (aram., »Sohn des Timäus«), nach Mk 10,46 Name eines Blinden, der von Jesus geheilt wurde.*

Baruch (hebr., »Gesegneter«), **1.** Sekretär und Freund des Profeten Jeremia, dessen bis 605 v. Chr. vorgetragene Worte er aufschrieb und verlas (Jer 36), mit dem er nach Ägypten verschleppt wurde (Jer 43,3.6) und von dem er ein Trostwort erhielt (Jer 45); er gilt als Verfasser des Buches B., einer apokryphen Schrift, deren Hauptinhalt zwei Dichtungen sind; **2.** ein Helfer beim Wiederaufbau der Mauer Jerusalems (Neh 3,20); **3.** ein Mitunterzeichner der Gesetzesverpflichtung (Neh 10,7); **4.** Vater des Maaseja (15) (Neh 11,5).

Bascha, König des Nordreichs Israel (906–883 v. Chr.), erlangte die Herrschaft durch den Sturz des Königs Nadab, des Sohnes Jerobeams I., rottete dessen ganze Familie aus und kämpfte erfolglos gegen das Südreich Juda und das mit diesem verbündete Aramäerreich von Damaskus (1Kön 15,16–22.27–34; 16,1–7).

Basemat (hebr., »Balsam«), **1.** Tochter Elons (1), eine der Frauen Esaus (1Mose 26,34; 36,4.10.13.17); in 1Mose 36,3 wird sie – als Tochter Ismaels – mit Mahalat (1) (1Mose 28,9) verwechselt; **2.** eine Tochter Salomos, Frau des Statthalters Ahimaaz (3) (1Kön 4,15).*

Batseba (hebr., »Tochter der Fülle / des Glücks«), Frau des Urija, mit der David Ehebruch beging und die ihm den Salomo gebar (2Sam 11–12); gemeinsam mit Natan erreichte sie, daß Salomo König wurde (1Kön 1).

Bazlut, Familienhaupt von aus dem Exil zurückgekehrten Tempeldienern (Esr 2,52; Neh 7,54).*

Bealja (hebr., »Jahwe ist Herr«, vgl. *Baal*), ein Mitkämpfer Davids (1Chr 12,6).*

Bebai, Familienhaupt, dessen Söhne aus dem Exil zurückkehrten (z. B. Esr 2,11; 8,11).

Becher (hebr., »junger Kamelhengst«), **1.** zweiter Sohn Benjamins (1Mose 46,21; 1Chr 7,6); **2.** zweiter Sohn Efraims

(4Mose 26,35); er wird in 1Chr 7,20 – als *Bered* – ein Enkel Efraims.

Bechorat (hebr., »Erstling«), ein Vorfahr des Königs Saul (1Sam 9,1).*

Bedad, Vater des Edomiterkönigs Hadad (2) (1Mose 36,35; 1Chr 1,46).*

Bedan, ein Nachkomme Manasses (1Chr 7,17).*

Bedja, ein Israelit, der seine ausländische Frau verstieß (Esr 10,35).*

Beeljada (hebr., »Baal hat erkannt«), ein Sohn Davids (1Chr 14,7), in 2Sam 5,16; 1Chr 3,8 zu *Eljada* (1) korrigiert.*

Beelzebul. 1. In 2Kön 1,2–16 steht B. für hebr. *Baal-Sebub* »Fliegen-Baal« (so auch die Lutherbibel), einer hebr. Verballhornung des kanaan. Gotts Baal-Zebul (»Baal, der Erhabene«), der in Ekron verehrt wurde. **2.** Im NT erscheint B. als Name des Anführers der Dämonen (z. B. Mt 10,25; 12,24); der Name geht wohl nicht auf den Vorigen zurück, sondern ist rabbinischen Ursprungs und leitet sich von hebr. *zibbul* »Mist« ab.

Beera, 1. ein Nachkomme Rubens (1Chr 5,6); **2.** ein Nachkomme Aschers (1Chr 7,37).*

Beeri, 1. Vater der Judit (1), einer Frau Esaus (1Mose 26,34); **2.** Vater des Profeten Hosea (Hos 1,1).*

Bel (von babylon. *belu* »Herr«, vgl. *Baal*), gewöhnlich Bezeichnung für Marduk (Merodach), den höchsten Gott Babylons (z. B. Jes 46,1; Jer 50,2).

Bela (hebr., »beredt«), **1.** ein König von Edom (1Mose 36,32 f.); **2.** ein Sohn Benjamins (4Mose 26,38); **3.** ein Nachkomme Rubens (1Chr 5,8).

Beliar, ein jüd. Name für den Teufel (2Kor 6,15), abgeleitet von hebr. *belijaal* »unnütz; Bosheit, Verderben«.*

Belsazar → Belschazzar.

Belschazzar, nach dem Buch Daniel Sohn des Nebukadnezzar (Dan 5,22) und König von Babylonien (Dan 7,1), der bei einem Festmahl mit lästerlicher Selbstüberhebung geheimnisvolle Worte an die Wand geschrieben sah (Dan 5); der historische B. war jedoch ein Sohn des babylon. Königs Nabonid und führte niemals den Königstitel.

Beltschazar → Beltschazzar.

Beltschazzar, der Name, der dem Daniel am Hof des Königs von Babylon gegeben wurde (z. B. Dan 1,7).

Benaja (hebr., »Jahwe hat gebaut/geschaffen«), **1.** der berühmteste der dreißig Helden Davids (2Sam 23,20–23) und später Kommandant über dessen Leibgarde (2Sam 8,18), unterstützte die Thronfolge Salomos und wurde von diesem zum Heerführer gemacht (1Kön 1,8–44; 2,35); vielleicht ist er identisch mit **2.** dem in 1Chr 27,34 genannten Ratgeber Davids; **3.** ein anderer Held Davids (2Sam 23,30); **4.** ein Nachkomme Simeons (1Chr 4,36); **5.** ein Levit zur Zeit Davids (1Chr 15,18); **6.** ein Priester (1Chr 15,24); **7.** ein Vorfahr des Jahasiël (4), eines Tempelsängers (2Chr 20,14); **8.** ein Levit zur Zeit des Königs Hiskija (2Chr 31,13); **9.–12.** vier Israeliten, die ihre ausländischen Frauen zurückschickten (Esr 10,25.30.35.43); **13.** Vater des Pelatja (4) (Ez 11,1).

Ben-Ammi (hebr., »Sohn meines Verwandten«), nach der sagenhaften Überlieferung 1Mose 19,30–38 Ahnherr der Ammoniter, deren Name dort volksetymologisch gedeutet wird.*

Ben-Hadad (hebr., »Sohn des [Gottes] Hadad«), Könige des aram. Reiches von Damaskus: **1.** B. I. (gest. um 875 v. Chr.), führte, verbündet mit Asa von Juda, Krieg gegen Bascha von Israel (1Kön 15,18–20); **2.** B. II., Sohn B.s I., führte erfolglos Krieg gegen Ahab von Israel (1Kön 20,1–34), belagerte vergeblich Samaria (2Kön 6,24–7,16) und wurde von Hasaël umgebracht, der den Thron bestieg (2Kön 8,7–15); **3.** B. III., Sohn Hasaëls, unterlag um 790 v. Chr. im Krieg gegen Joasch von Israel (2Kön 13,24 f.); dieser B. ist vielleicht in Jer 49,27; Am 1,4 gemeint.

Ben-Hajil, einer der Beamten, die König Joschafat aussandte, um die Städte Judas im Gesetz zu unterweisen (2Chr 17,7).*

Ben-Hanan, ein Nachkomme Judas (1Chr 4,20).*

Beninu, Mitunterzeichner der Gesetzesverpflichtung (Neh 10,14).*

Benjamin (hebr., »Sohn von rechts«, d. h. des Südens). **1.** B. war der kleinste der zwölf Stämme Israels, der die Gegend von Jericho und das Bergland östl. davon bewohnte. Sein Name ist ihm von den Angehörigen des nördl. angrenzenden »Hauses Josef« (Efraim und Manasse) gegeben worden und signalisiert die Zusammengehörigkeit der →Rahelstämme. Um 1000 v. Chr. wurde B. durch die Wahl des Benjaminiters Saul zum König über (Teile von) Israel (1Sam 9–11) zu einem führenden Stamm und leistete später Widerstand gegen David (2Sam 20,1–22). Nach der Reichstrennung kam das Gebiet B.s zum Südreich Juda, aber nicht unter Rehabeam (so 1Kön 12,21–24), sondern erst unter Asa (1Kön 15,22). Als Ahnherr des Stammes gilt ein Sohn Jakobs und Rahels, dessen Name volksetymologisch als »Sohn des Glücks« (»rechts« = »glücklich«) gedeutet wird (1Mose 35,16–18). **2.** Ein Angehöriger des Stammes B. (1Chr 7,10). **3.** Ein Israelit, der seine ausländische Frau zurückschickte (Esr 10,32). **4.** Ein Helfer beim Wiederaufbau der Mauer Jerusalems (Neh 3,23). **5.** Ein Priester (Neh 12,34).

Ben-Oni (hebr., »Sohn der Trauer«), Name, den die sterbende Rahel ihrem Sohn →Benjamin gab (1Mose 35,18).*

Ben-Sohet, ein Nachkomme Judas (1Chr 4,20).*

Beoniter, ein vermutlich arab. Stamm (1Makk 5,4 f.).*

Beor, 1. Vater des Edomiterkönigs Bela (1) (1Mose 36,32); **2.** Vater des Sehers Bileam (z. B. 4Mose 22,5).

Bera, nach der sagenhaften Überlieferung 1Mose 14 König von Sodom, der sich mit Verbündeten gegen den Unterdrücker Kedor-Laomer erhob und im Kampf besiegt wurde, aber die ihm abgenommene Beute durch Abraham zurückerhielt.*

Beracha, ein Verbündeter Davids (1Chr 12,3).*

Beraja (hebr., »Jahwe hat geschaffen«), ein Nachkomme Benjamins (1Chr 8,21).*

Berechja (hebr., »Jahwe hat gesegnet«), **1.** ein Nachkomme des Königs Jojachin (1Chr 3,20); **2.** Vater des Asaf (2), des Ahnherrn der Tempelsänger (1Chr 6,24; 15,17); **3.** ein Levit (1Chr 9,16); **4.** ein weiterer (1Chr 15,23); **5.** ein Offizier des Nordreichs Israel zur Zeit des Königs Ahas von Juda (2Chr 28,12); **6.** Vater des Meschullam (13), der beim Wiederaufbau der Mauer Jerusalems half (Neh 3,4.30; 6,18); **7.** Vater des Profeten Sacharja (Sach 1,1.7).*

Bered, nach 1Chr 7,20 ein Enkel Efraims, der in 4Mose 26,35 – als *Becher* – ein Sohn Efraims ist.*

Berenike (griech., »Siegbringerin«), Schwester des Königs Agrippa II.; mit ihm und dem Statthalter Festus hörte sie in Cäsarea die Verteidigungsrede des Paulus an (Apg 25,13.23; 26,30).*

Beri (in der Lutherbibel in 1Mose 46,17 für *Beria* (1)), ein Nachkomme Aschers (1Chr 7,36).*

Beria, 1. ein Sohn Aschers (1Mose 46,17 [hier in der Lutherbibel für *Beri*]; 4Mose 26,44 f.; 1Chr 7,30 f.); **2.** ein Sohn Efraims (1Chr 7,23); **3.** ein Benjaminiter (1Chr 8,13.16); **4.** ein Levit (1Chr 23,10 f.).*

Besai, Familienhaupt von aus dem Exil zurückgekehrten Tempeldienern (Esr 2,49; Neh 7,52).*

Besodja (hebr., »in Jahwes Rat«), Vater des Meschullam (13), eines Helfers beim Wiederaufbau der Mauer Jerusalems (Neh 3,6).*

Bet-Rafa, ein Nachkomme – oder Ort – Kalebs (1Chr 4,12).*

Betuël, ein Sohn Nahors (2), des Bruders Abrahams (1Mose 22,22 f.); nach einer anderen Tradition Vater des → Laban und der Rebekka (1Mose 24,15–50; 25,20; 28,2.5).*

Bezai (hebr., Kurzform von *Bezalel*), Familienhaupt, dessen Söhne aus dem Exil zurückkehrten (Esr 2,27; Neh 7,23), Mitunterzeichner der Gesetzesverpflichtung (Neh 10,19).*

Bezalel (hebr., »im Schatten Gottes«), **1.** nach 2Mose 31; 35–38 der Werkmeister, der zusammen mit Oholiab die Stiftshütte und ihre Geräte herstellte; **2.** ein Israelit, der seine ausländische Frau zurückschickte (Esr 10,30).

Bezer, ein Nachkomme Aschers (1Chr 7,37).*

Bichri (hebr., »junger Kamelhengst«), Vater des Scheba (1), der einen Aufstand gegen David leitete (2Sam 20,1–22).*

Bichriter, Anhänger des Bichrisohnes Scheba (1) (2Sam 20,14).*

Bidkar, Schildträger Jehus (2) (2Kön 9,25).*

Bigewai → Bigwai.

Bigta, ein Beamter am Hof des Xerxes (Est 1,10).*

Bigtan, ein Palastwächter, dessen Anschlag – mit Teresch – auf Xerxes von Mordechai entdeckt wurde (Est 2,21 f.; 6,2).*

Bigwai, einer der zwölf Anführer der aus dem Exil Heimgekehrten (Esr 2,2.14; 8,14; Neh 7,7.19), Mitunterzeichner der Gesetzesverpflichtung (Neh 10,17); er ist vielleicht auch in Esr 10,29 – statt *Bani* (4) – gemeint (so auch die Lutherbibel).*

Bildad, einer der Freunde Ijobs (Ijob 2,11).

Bileam, eine Gestalt der Landnahmezeit, über die das AT am ausführlichsten in 4Mose 22–24, wo mehrere Überlieferungen miteinander verknüpft sind, berichtet: Der Moabiterkönig Balak beauftragt B., Israel zu verfluchen, doch auf Befehl Gottes segnet er es in vier Sprüchen. Nach einer anderen Tradition kämpfte B. mit den Midianitern gegen Israel (4Mose 31,8.16; Jos 13,22).

Bilga (hebr., »Glanz«), Priester (1Chr 24,14), der aus dem Exil zurückkehrte (Neh 12,5.18), Mitunterzeichner der Gesetzesverpflichtung (Neh 10,9).*

Bilha (hebr., »sorglos«), Sklavin der Rahel, die dem Jakob die Söhne Dan und Naftali gebar (1Mose 30,3–8) und von Ruben geschändet wurde (1Mose 35,22).

Bilhan (hebr., »sorglos«), **1.** ein Enkel Seïrs (1Mose 36,27; 1Chr 1,42), d. h. eine Sippe in Edom; **2.** ein Nachkomme Benjamins (1Chr 7,10).*

Bilschan, einer der zwölf Anführer der aus dem Exil Heimgekehrten (Esr 2,2; Neh 7,7).*

Bimhal, ein Nachkomme Aschers (1Chr 7,33).*

Bina, ein Nachkomme des Königs Saul (1Chr 8,37; 9,43).*

Binnui (hebr., Kurzform von *Benaja*), **1.** Familienhaupt, dessen Söhne aus dem Exil heimkehrten (Esr 2,40; 3,9 nur in der Lutherbibel; Neh 7,43); einige schickten ihre ausländische Frau zurück (Esr 10,38); **2.** Vater des Noadja (1) (Esr 8,33), vielleicht identisch mit B. (4); **3.** Israelit, der seine ausländische Frau verstieß (Esr 10,30); **4.** ein Levit, Helfer beim Wiederaufbau der Mauer Jerusalems, Mitunterzeichner der Gesetzesverpflichtung (Neh 3,18.24; 10,10; 12,8.24); **5.** in Neh 7,15 ist wohl *Bani* (4) gemeint.

Birscha, König von Gomorra (1Mose 14,2), verbündet mit → Bera.*

Bischlam, Beamter des pers. Königs Artaxerxes in Samaria (Esr 4,7).*

Biseta, Beamter am Hof des Xerxes (Est 1,10).*

Bitja (ägypt., »Königin«), Tochter eines Pharao, Frau des Mered, eines Nachkommen Kalebs (1Chr 4,18).*

Blastus (griech., »Sproß«), ein Beamter des Herodes (d. h. Agrippas I.) (Apg 12,20).*

Boanerges, ein von Jesus den Zebedäus-Söhnen Johannes (2) und Jakobus (1) beigelegter (aram.) Name, der als »Donnersöhne« gedeutet wird (Mk 3,17).*

Boas, jud. Grundbesitzer, Ehemann der → Rut und Stammvater Davids (Rut 2–4).

Bochru, ein Nachkomme Sauls (1Chr 8,38; 9,44).*

Bohan (hebr., »Daumen«), ein Sohn Rubens (Jos 15,6; 18,7).*

Bugäer, unverständlicher Beiname des Judenverfolgers Haman in Est 1,1r.*

Bukki, 1. ein Fürst des Stammes Dan (4Mose 34,22); **2.** ein Ahnherr des Priesters Zadok (1) (1Chr 5,31; 6,36; Esr 7,4).*

Bukkija, ein Leiter von Tempelsängern (1Chr 25,4.13).*

Buna, ein Nachkomme Judas (1Chr 2,25).*

Bunni, 1. ein Levit (Neh 9,4); **2.** ein Mitunterzeichner der Gesetzesverpflichtung (Neh 10,16); **3.** Ahnherr des Leviten Schemaja (5) (Neh 11,15).*

Bus, 1. ein Sohn Nahors (2) und Neffe Abrahams (1Mose 22,21), d. h. ein Stamm in Nordwest-Arabien (Jer 25,23), die *Busiter* (Ijob 32,2); **2.** Ahnherr einer Sippe des Stammes Gad (1Chr 5,14).*

Busi, Vater des Profeten Ezechiel (Ez 1,3).*

Busiter → Bus.

C

Chaldäer, ostaram. Stämme, die sich ab 900 v. Chr. im Südwesten des Zweistromlandes (des heutigen Irak) ansiedelten, unter →Merodach-Baladan (722 – um 700) vorübergehend die Herrschaft über Babylonien erlangten und unter der neubabylon. Dynastie (625–539) das Übergewicht im Land gewannen. Daher wird in der Bibel der Name »Ch.« gleichbedeutend mit →»Babylonier« (z. B. Jes 13,19; 47,1; Jer 22,25). Da in pers. und hellenist. Zeit Astronomie, Astrologie und Magie aus Babylonien stammte, wurde das Wort »Ch.« auch zur Bezeichnung von Sterndeutern, Wahrsagern und Magiern (z. B. Dan 2,2.4 f.; 4,4; 5,7; Lutherbibel: »Wahrsager«).

Chäreas, Befehlshaber der Stadt Geser, von Judas (1) Makkabäus getötet (2Makk 10,32.37).*

Cheléer, ein unbekannter Volksstamm (Jdt 2,23).*

Cheléud. Die »Söhne Ch.s« (Jdt 1,6; nicht in der Lutherbibel) sind vermutlich die →Chaldäer.*

Cherub →Kerub.

Chloë (griech., »die Grünende«), korinth. Frau, deren Angehörige Paulus über die Parteien in Korinth unterrichteten (1Kor 1,11).*

Christus, lat. Form des griech. Wortes *christós* »Gesalbter«, Übersetzung von hebr.-aram. →»Messias« (vgl. Joh 4,25), in der urchristl. Verkündigung Würdename Jesu (z. B. Apg 2,36), wurde aber schon früh im NT zum Eigennamen Jesu (z. B. Röm 1,3).

Chuzas, ein Beamter des Herodes Antipas, dessen Frau zu den Jüngerinnen Jesu gehörte (Lk 8,3).*

D

Dagon (der Name hängt wohl mit semit. *dagan* »Korn, Getreide« zusammen), ein semit. Gott, den das AT als Hauptgott der Philister mit seinem Tempel in Asdod erwähnt (Richt 16,23–30; 1Sam 5,2–7; 1Chr 10,10); dieser Tempel wurde von Jonatan (17) zerstört (1Makk 10,83 f.; 11,4).*

Dalfon, ein Sohn des Judenverfolgers Haman (Est 9,7).*

Damaris, Frau in Athen, zusammen mit Dionysius durch Paulus bekehrt (Apg 17,34).*

Dan (hebr., »er [Gott] richtet«), einer der zwölf Stämme Israels, der zunächst im Hügelland westl. von Jerusalem siedelte (z. B. Richt 13–16), sich dort aber nicht behaupten konnte und deshalb nach Norden abwanderte. Es gelang ihm, in der fruchtbaren Ebene des oberen Jordans – zwischen Hermon und Hule-See – nach der Eroberung der Stadt Lajisch, die in »D.« umbenannt wurde, Fuß zu fassen (Richt 18), wo er wichtige Handelsstraßen kontrollierte (daher die Charakterisierung in 1Mose 49,17). Als Ahnherr dieses Stammes gilt ein Sohn Jakobs und der Bilha (1Mose 30,4–6).

Daniel (hebr., »Gott richtet«). **1.** Ein Sohn Davids (1Chr 3,1), der in 2Sam 3,3 *Kilab* heißt. **2.** Ein aus dem Exil heimgekehrter Priester (Esr 8,2), Mitunterzeichner der Gesetzesverpflichtung (Neh 10,7). **3.** In Ez 14,14.20; 28,3 wird ein D. als Beispiel eines weisen und gerechten Mannes aus grauer Vorzeit erwähnt, eine legendäre Gestalt, die auch in der Umwelt Israels bekannt war. **4.** Ein anderer D. ist mit der – ebenfalls unhistorischen – Hauptgestalt des Danielbuches gemeint, das folgenden Inhalt hat: D. wird mit drei Freunden 597 v. Chr. deportiert und kommt an den Hof Nebukadnezzars (Dan 1) und deutet dessen Traum von einem Standbild, das durch einen Stein zertrümmert wird, auf die Abfolge von vier Weltreichen (Dan 2); die drei Freunde werden durch göttlichen Beistand aus dem Feuerofen gerettet (Dan 3,1–30); D. deutet den Traum des Königs von einem abgehauenen Baum auf das Schicksal des Königs (Dan 3,31–4,34); beim Gastmahl des Königs Belschazzar deutet D. eine geheimnisvolle Schrift (Dan 5); und er wird aus der Löwengrube gerettet (Dan 6). Auf diese Erzählungen – es sind Legenden, die sich aufgrund zahlreicher Widersprüche als erst nachträglich zusammengefügt erweisen – folgen Visionen in der Ich-Form: Vier Tiere steigen aus dem Meer und werden von Gott entmachtet, während der »Menschensohn« Gewalt über alle Völker erhält (Dan 7); die Vision vom Kampf zwischen einem Widder und einem Ziegenbock wird von dem Engel Gabriel auf den Kampf zwischen Persien und Alexander d. Gr. gedeutet (Dan 8); Gabriel deutet das Jeremiawort von den »siebzig Jahren« als »Jahrwochen« (Dan 9); ein hoher Engelfürst sagt dem D. – verschlüsselt – die Geschichte von Alexander d. Gr. bis Antiochus IV. (Dan 10–11) und abschließend die Heilszeit, nämlich die Auferstehung der Toten (Dan 12), voraus. – Seine Endgestalt hat das Danielbuch in der Makkabäerzeit (167–164 v. Chr.) erhalten.

Darda, ein berühmter Weiser (1Kön 5,11), Nachkomme Judas (1Chr 2,6).*

Darius, Name pers. Könige. **1.** Der wichtigste ist D. I. (522–486 v. Chr.). Er hatte bei seiner Thronbesteigung mit Aufständen in verschiedenen Teilen seines Reiches zu kämpfen, die er 521 niederschlagen konnte. Diese Erschütterung des Perserreiches wirkte etwas später in der Verkündigung der Profeten Haggai und Sacharja nach (Hag 1,1; 2,10; Sach 1,1; 7,1), die jene Ereignisse als Vorzeichen für den Anbruch der Heilszeit deuteten und deshalb den raschen Wiederaufbau des Tempels forderten. Dazu kam es dann auch, von D. gefördert (Esr 6,1–15). **2.** In Neh 12,22 ist vermutlich D. II. (424–404 v. Chr.) gemeint. **3.** Der in Dan 6,1; 9,1; 11,1 genannte »D. der Meder« ist eine unhistorische Gestalt.

Darkon (hebr., »hart«), Familienhaupt von Sklaven Salomos, die aus dem Exil zurückkehrten (Esr 2,56; Neh 7,58).*

Datan und *Abiram*, zwei Söhne Eliabs (2) aus dem Stamme Ruben, die sich nach 4Mose 16 gegen Mose empörten und zur

Strafe – gemeinsam mit → Korach – von der Erde verschlungen wurden; diese Erzählung spiegelt vielleicht frühe Auseinandersetzungen um die Führerschaft in den Stämmen wider.

David, der zweite und bedeutendste König des Volkes Israel. D., Sohn des Bauern Isai, stammte aus Betlehem in Juda. Als junger Mann wurde er an den Hof des Königs Saul berufen, um diesen durch Musikspiel von seiner depressiven Stimmung zu befreien (1Sam 16,14–23). Er schloß mit Sauls Sohn Jonatan (2) Freundschaft, stieg zum Heerführer auf (1Sam 18,1–5) und heiratete Sauls Tochter Michal (1Sam 18,17–27). Saul wurde eifersüchtig auf D., und D. mußte vor den Nachstellungen Sauls fliehen (1Sam 18,26–26,25). Er schuf sich eine Söldnertruppe (1Sam 22,2) und führte mit ihr ein Freibeuterdasein in der Wüste Juda, bis er sich in den Dienst des Philisterkönigs Achisch von Gat stellte (1Sam 27). Innerhalb dieser Berichte finden sich sagen- oder legendenhafte Erzählungen wie z. B. die von der Salbung D.s durch Samuel (1Sam 16,1–13) oder von D.s Sieg über Goliat (1Sam 17).

Durch kluge Politik (z. B. 1Sam 25,42 f.; 30) konnte D. sein Ansehen in Juda so festigen, daß er nach dem Tode Sauls um 1000 v. Chr. König über Juda (2Sam 2,1–4a) und nach dem Tode Ischbaals, des Nachfolgers Sauls, auch König über die Nordstämme (2Sam 5,1–3) wurde. Das von ihm eroberte Jerusalem machte er zu seiner Hauptstadt (2Sam 5,6–9). Durch Siege über die umliegenden Völker schuf er ein großes Reich (2Sam 8,1–14). Später kam es zu den Aufständen des D.-Sohnes Abschalom (1) (2Sam 15–19) und des Scheba (1) (2Sam 20,1–22). In diesen Auseinandersetzungen um die Thronfolge gelang es D.s Sohn Salomo, von D. zum König bestimmt zu werden (1Kön 1–2). So wurde D. zum Begründer einer Dynastie, die über das Südreich Juda bis zum Verlust der Eigenstaatlichkeit durch die Babylonier (587/586 v. Chr.) herrschte.

D., der zweifellos Lieder gedichtet hat (2Sam 1,19–27; 3,33 f.), galt später als Begründer des Gesangs im Jerusalemer Tempelgottesdienst (z. B. 1Chr 6,16; 25); daher schrieb man ihm – sicherlich zu Unrecht – die Verfasserschaft vieler Psalmen zu.

Debir, König der Stadt Eglon (Jos 10,3), nahm mit →Adoni-Zedek an einer kanaan. Koalition gegen Israel teil.*

Debora (hebr., »Biene«), **1.** Amme der Rebekka (1Mose 35,8); **2.** Profetin und Richterin, die den Barak zum – siegreichen – Kampf gegen den kanaan. König Sisera aufrief (Richt 4) und als Verfasserin des »D.-Liedes« (Richt 5), eines der ältesten Texte des AT, gilt; **3.** Ahnfrau des Tobit und Tobias (Tob 1,8).

Dedan, nach 1Mose 10,7; 1Chr 1,9 ein Nachkomme Hams, nach 1Mose 25,3; 1Chr 1,32 ein Enkel Abrahams, ein Volk in Nordwestarabien, dessen Zentrum die Oase D. war und das sich durch Karawanenhandel auszeichnete (z. B. Jes 21,13).

Deguël →Reguël.

Deker, Vater eines Statthalters Salomos, dessen Name nicht überliefert ist (1Kön 4,9).*

Delaja (hebr., »Jahwe hat [aus der Gefahr] herausgezogen«), **1.** ein Nachkomme des Königs Jojachin (1Chr 3,24); **2.** Vorsteher einer Priesterklasse (1Chr 24,18); **3.** Familienhaupt von aus dem Exil Heimgekehrten, die ihre israelit. Abstammung nicht nachweisen konnten (Esr 2,60; Neh 7,62); **4.** Vater des Profeten Schemaja (18) (Neh 6,10); **5.** ein Minister des Königs Jojakim (Jer 36,12.25).*

Delila, Geliebte des Simson, die ihm durch ihre Beharrlichkeit das Geheimnis seiner Kraft entriß (Richt 16,4–21).*

Demas (griech., Kurzform von *Demetrius*), Begleiter und Mitarbeiter des Paulus (Kol 4,14; Phlm 24; 2Tim 4,10).*

Demetrius (griech., »der [Göttin] Demeter gehörig«). **1.** D. I., Sohn des Seleukus IV., nach Ermordung seines Cousins Antiochus V. König von Syrien (162–150 v. Chr.); er bekämpfte die Makkabäer und wurde im Kampf gegen Alexander Balas getötet (1Makk 7–10; 2Makk 14). **2.** D. II., Sohn des Vorigen, König von Syrien (145–140 und 129–126 v. Chr.), Nachfolger des Alexander Balas, hatte Antiochus VI. und seinen Bruder Antiochus VII. zum Gegner (1Makk 11–14). **3.** Ein Silberschmied in Ephesus, der sein Gewerbe durch die Predigt des Paulus bedroht sah und einen Aufruhr erregte (Apg 19,23–40). **4.** Ein sonst unbekannter Christ (3Joh 12).

Demophon, ein syr. Feldherr unter Antiochus V. (2Makk 12,2).*

Diana → Artemis.

Diblajim, Schwiegervater des Profeten Hosea (Hos 1,3).*

Dibri, ein Daniter, dessen Enkel wegen Gotteslästerung getötet wurde (3Mose 24,10–23).*

Didymus (griech., »Zwilling«), griech. Name des Thomas, eines Jüngers Jesu (Joh 11,16; 20,24; 21,2).*

Dikla, ein Sohn Joktans, d. h. ein südarab. Stamm oder ein südarab. Gebiet (1Mose 10,27; 1Chr 1,21).*

Dina, Tochter Jakobs mit Lea (1Mose 30,21), deren Entehrung durch Sichem, den Sohn des Fürsten der Stadt Sichem, einen Racheakt ihrer Brüder auslöste (1Mose 34).

Dionysius (griech., »dem [Gott] Dionysos gehörig«), ein Athener, der durch die Predigt des Paulus zum Glauben kam (Apg 17,34).*

Dionysos, griech. Gott des Weins und der ekstatischen Raserei (2Makk 6,7; 14,33).*

Dioskuren (griech., »Söhne des [Gottes] Zeus«), die Zwillinge Kastor und Pollux, Schutzpatrone der Seeleute; Apg 28,11 erwähnt ein Schiff mit einer Galionsfigur oder aufgemalten Bildern der D.*

Diotrephes (griech., »von [dem Gott] Zeus ernährt«), ein Gemeindeleiter (3Joh 9), der durch seinen Einfluß die Aufnahme der Sendboten des hinter dem 2. und 3. Johannesbrief stehenden »Alten« in seine Gemeinde verhindert. Dieser Konflikt spiegelt vermutlich die Auseinandersetzungen zwischen der ihre Organisation festigenden Ortsgemeinde und dem frühchristl. Profetentum gegen Ende des 1.Jh.s wider.

Dischan, einer der Söhne Seïrs (z. B. 1Mose 36,21), d. h. eine Sippe in Edom.

Dischon, 1. einer der Söhne Seïrs (1Mose 36,21.26.30; 1Chr 1,38.41 b); **2.** Sohn des Ana, Enkel des Seïr (1Mose 36,25; 1Chr 1,41 a); D. (1) und (2) sind Sippen in Edom.*

Dodai (hebr., »Freund [Jahwes]«), nach 1Chr 27,4 ein Heerführer Davids, der in 2Sam 23,9; 1Chr 11,12 *Eleasar, der Sohn*

Dodos heißt; es handelt sich um verschiedene Überlieferungen.*

Dodawa, Vater des Profeten Eliëser (6) (2Chr 20,37).*

Dodo (hebr., »Freund [Jahwes]«), **1.** Vater des Richters Tola (Richt 10,1); **2.** Vater des Eleasar (3), eines Helden Davids (2Sam 23,9; 1Chr 11,12; →Dodai); **3.** Vater des Elhanan (2), eines anderen Helden Davids (2Sam 23,24; 1Chr 11,26).*

Doëg, ein Edomiter im Dienst Sauls, der Davids Abmachung mit den Priestern von Nob verriet und letztere auf Befehl Sauls umbrachte (1Sam 21,8; 22,9–22; Ps 52,2).*

Dorymenes, Vater des Ptolemäus (3), eines Befehlshabers des Königs Antiochus IV. (1Makk 3,38; 2Makk 4,45).*

Dositheus, 1. Überbringer der griech. Übersetzung des Esterbuches zu den Juden in Ägypten (Est 10,3 l); **2.** ein Feldherr des Judas (1) Makkabäus (2Makk 12,19.24.35).*

Drusilla, Frau des Prokurators (Statthalters) Felix, Tochter des Herodes Agrippa I. (Apg 24,24).*

Duma, ein Sohn Ismaels, d. h. ein nordarab. Stamm (1Mose 25,14; 1Chr 1,30); der Name hängt vielleicht zusammen mit einer Oase D. (Jes 21,11).*

E

Ebal, ein Enkel Seïrs (1Mose 36,23; 1Chr 1,40), d. h. eine Sippe in Edom.*

Ebed (hebr., »Knecht«, eigtl. *äbäd*; vgl. *Abd*), **1.** Vater des Gaal, der einen Aufstand gegen Abimelech (2) anführte (Richt 9,26–35); **2.** ein Familienhaupt, dessen Söhne aus dem Exil heimkehrten (Esr 8,6).*

Ebed-Melech (hebr., »Knecht des Königs«), äthiop. Kämmerer des Königs Zidkija, der dem Profeten Jeremia das Leben rettete (Jer 38,7–12; 39,15–18).*

Eber, 1. Urenkel Sems, Ahnherr der »Söhne E.s«, der Hebräer (1Mose 10,21.24); **2.** ein Nachkomme Gads (1Chr 5,13); **3.** ein Nachkomme Benjamins (1Chr 8,12); **4.** ein weiterer (1Chr 8,22); **5.** Haupt einer priesterlichen Familie, die aus dem Exil zurückkehrte (Neh 12,20).

Eden (hebr., »Wonne«), **1.** ein Levit zur Zeit des Königs Hiskija (2Chr 29,12), identisch mit *Iddo* (2) (1Chr 6,6); **2.** ein Levit oder Priester zur Zeit des Königs Hiskija (2Chr 31,15), vielleicht identisch mit dem Vorigen.*

Eder (hebr., Kurzform von *Adriël*), **1.** ein Nachkomme Benjamins (1Chr 8,15); **2.** ein Levit (1Chr 23,23; 24,30).*

Edna, Frau des Raguël, Mutter der Sara (2) und Großmutter des Tobias (z. B. Tob 7,2 f.), in der Lutherbibel *Hanna*.

Edom, Edomiter, Volk südl. des Toten Meeres. Die E. standen anfangs in enger Beziehung zu den israelit. Südstämmen; aber seit David, der die E. unterwarf, um in den Besitz der Städte Elat und Ezjon-Geber und der Bodenschätze der E. zu kommen, bildete sich ein feindseliges Verhältnis zu Juda heraus, das in der Folgezeit zu wechselvollen Kämpfen führte. Nach der Zerstörung Jerusalems (587 v. Chr.), an der die E. beteiligt waren (z. B. Ps 137,7), drangen sie in das entvölkerte Südjuda ein und wurden um 300 v. Chr. von den nachrückenden Nabatäern auf dieses Gebiet (→ Idumäer) beschränkt.

Efa, 1. arab. Stamm, mit den Midianitern verwandt (1Mose 25,4;

Jes 60,6; 1Chr 1,33); **2.** Nebenfrau Kalebs (1Chr 2,46); **3.** deren Urenkel (1Chr 2,47).*

Efai (hebr., »Vögelchen«), ein Judäer, dessen Söhne sich als Offiziere dem Statthalter Gedalja (1) anschlossen (Jer 40,8).*

Efer (hebr., »[Hirsch-, Reh-, Gazellen-]Junges«), **1.** ein Sohn Midians (1Mose 25,4; 1Chr 1,33); **2.** ein Nachkomme Kalebs (1Chr 4,17); **3.** ein Sippenhaupt des Stammes Manasse (1Chr 5,24).*

Eflal (hebr., »rissig, schartig»), ein Nachkomme Jerachmeels (1Chr 2,37).*

Efod, Vater des Hanniël (1), eines Führers des Stammes Manasse (4Mose 34,23).*

Efraim, einer der zwölf Stämme Israels, der auf dem Südteil des gleichnamigen Gebirges in Mittelpalästina wohnte. Seit der Auflösung des Reiches Davids und Salomos war E. der führende Stamm des Nordreichs Israel, und so wurde dieses bei den Profeten oft einfach E. genannt (z. B. Hos 4,17; Jes 7,2). E., das mit dem Untergang des Nordreichs unter assyr. Herrschaft geriet, wurde von Joschija dem Südreich Juda angegliedert und bildete seit der babylon. Herrschaft einen Teil der Provinz Samaria. – Als Ahnherr dieses Stammes gilt ein Sohn Josefs und Bruder Manasses (1Mose 41,50–52).

Efrata, eine Sippe bei oder in Betlehem, aus der David stammte (1Sam 17,12; Rut 1,2), die auf eine Frau Kalebs zurückgeführt wird (1Chr 2,19; 4,4).

Efron (hebr., »kleines Junges«; vgl. *Efer*), ein Hetiter, von dem Abraham das Feld und die Höhle Machpela kaufte (1Mose 23,8–18).

Egla (hebr., »Jungkuh«), eine Frau Davids (2Sam 3,5; 1Chr 3,3).*

Eglon, König von Moab, unter dem die Moabiter in das Westjordanland hinübergriffen und der von Ehud (1) ermordet wurde (Richt 3,12–30).*

Ehi, ein Sohn Benjamins (1Mose 46,21).*

Ehud, 1. ein Richter, der durch die Ermordung des Moabiterkönigs Eglon die Israeliten von dessen Herrschaft befreite (Richt

3,15–4,1; in 1Chr 8,3 ist statt »Gera und Abihud« zu lesen: »Gera, Vater E.s«); **2.** ein Nachkomme Benjamins (1Chr 7,10), vielleicht mit dem Vorigen identisch.*

Eker, ein Nachkomme Jerachmeels (1Chr 2,27).*

El (eigtl. *äl*), semit. Wort für »Gott«, war im kanaan. Bereich Name des höchsten Gottes. Einige Gottesnamen des AT – z. B. »El der Ewigkeit« (1Mose 21,33), »El von Bet-El« (1Mose 35,7), »El-Schaddai« – bezeichneten ursprünglich wohl (wie →Baal) Erscheinungsformen jenes höchsten Gottes, den Israel mit seinem Gott Jahwe identifizierte. Dementsprechend wird Jahwe im AT auch sonst des öfteren El genannt, vor allem in poetischen Texten (z. B. Ps 86,15; 95,3), und sind mit »El« zahlreiche Personennamen gebildet.

Ela, 1. ein »Fürst« (d. h. wohl: ein Bezirk) in Edom (1Mose 36,41; 1Chr 1,52); **2.** Vater des Schimi (4), eines der Vögte Salomos (1Kön 4,18); **3.** König des Nordreichs Israel (882–881 v. Chr.), wurde nach kurzer Regierungszeit von Simri getötet (1Kön 16,6–14); **4.** Vater des Königs Hoschea (2Kön 15,30; 17,1; 18,1.9); **5.** ein Sohn Kalebs (1Chr 4,15); **6.** ein Sippenhaupt in Jerusalem (1Chr 9,8).*

Elad (hebr., »Gott hat bezeugt« oder »Gott hat sich wieder zugewandt«), ein Sohn Efraims (1Chr 7,21).*

Elada (hebr., »Gott hat sich geschmückt«), ein Nachkomme Efraims (1Chr 7,20).*

Elam, 1. nach 1Mose 10,22 Ahnherr des Volkes E. östl. von Babylonien mit der Hauptstadt Susa (im heutigen Iran) (Jes 11,11; 21,2; 22,6); im Laufe wechselvoller Auseinandersetzungen mit den Reichen des Zweistromlandes kam E. 639 v. Chr. unter assyr., dann med. und schließlich pers. Oberherrschaft; **2.** ein Nachkomme Benjamins (1Chr 8,24); **3.** ein Torwächter am Tempel in Jerusalem (1Chr 26,3); **4.** ein Familienhaupt, dessen Söhne aus dem Exil zurückkehrten (Esr 2,7; 8,7; 10,26), Mitunterzeichner der Gesetzesverpflichtung (Neh 10,15); **5.** ein Priester, der an der Mauerweihe in Jerusalem teilnahm (Neh 12,42).

Elasa (hebr., »Gott hat geschaffen«), **1.** ein Nachkomme Jerachmeels (1Chr 2,39 f.); **2.** ein Nachkomme des Königs Saul (1Chr 8,37; 9,43); **3.** ein Priester, der seine ausländische Frau zurückschickte (Esr 10,22); **4.** ein Gesandter des Königs Zidkija zu Nebukadnezzar (Jer 29,3).

Eldaa → Eldaga.

Eldad (hebr., »Gott ist Oheim/Freund« oder »Gott hat geliebt«; gleichbedeutend mit *Elidad*), ein Ältester, der während der Wüstenwanderung in profetische Verzückung geriet (4Mose 11,26 f.).*

Eldaga, ein Sohn Midians (1Mose 25,4; 1Chr 1,33).*

Eleasar (hebr., »Gott hat geholfen«), **1.** ein Sohn Aarons und Ahnherr eines führenden Jerusalemer Priestergeschlechts (z. B. 2Mose 6,23; 1Chr 5,29); **2.** Sohn Abinadabs (3), Wächter der Lade in Kirjat-Jearim (1Sam 7,1); **3.** einer der Helden Davids (2Sam 23,9; 1Chr 11,12), der nach 1Chr 27,4 →*Dodai* heißt; **4.** ein Levit (1Chr 23,21 f.); **5.** ein Mann zur Zeit Esras (Esr 8,33); **6.** ein Israelit, der seine ausländische Frau verstieß (Esr 10,25); **7.** ein Priester zur Zeit Nehemias (Neh 12,42); **8.** ein Bruder des Judas (1) Makkabäus (1Makk 2,5); **9.** Vater des Jason (1), den Judas (1) Makkabäus nach Rom sandte (1Makk 8,17); **10.** ein jüd. Gesetzeslehrer und Märtyrer (2Makk 6,18–31); **11.** ein jüd. Anführer zur Makkabäerzeit (2Makk 8,23), identisch mit *Asarja* (25); **12.** nach Sir 50,27; 51,30 Sohn des Sirach und Vater des Jesus (1); **13.** ein Ahnherr Jesu (Mt 1,15).

Elhanan (hebr., »Gott war gnädig«), **1.** einer der Helden Davids, in einer Parallelüberlieferung zu 1Sam 17 Bezwinger des Goliat (2Sam 21,19; anders 1Chr 20,5); **2.** ein anderer Held Davids (2Sam 23,24; 1Chr 11,26).*

Eli, 1. Priester in Schilo, bei dem Samuel aufwuchs; als seine beiden Söhne im Kampf gegen die Philister fielen, starb auch E. (1Sam 1–4); dieses Unheil wird in 1Sam 2,12–36 auf den Mißbrauch des Priesteramtes durch E.s Söhne zurückgeführt; **2.** ein Vorfahr Jesu (Lk 3,23).

Elia → Elija.

Eliab (hebr., »Gott ist Vater«), **1.** Anführer des Stammes Sebulon

(z. B. 4Mose 1,9; 2,7); **2.** ein Rubeniter, Vater des → Datan und Abiram (1) (4Mose 16,1); **3.** ältester Bruder Davids (1Sam 16,6; 17,13–28); **4.** nach 1Chr 6,12 ein Ahnherr Samuels, der in 1Sam 1,1 → *Elihu* (1) heißt; **5.** ein Mitkämpfer Davids (1Chr 12,10); **6.** ein Levit (1Chr 15,18.20); **7.** ein Ahnherr der Judit (Jdt 8,1).

Eliam (hebr., »Gott ist Vatersbruder«; in der Lutherbibel in 2Sam 11,3; 1Chr 3,5 für *Ammiël* (3)), ein Krieger Davids (2Sam 23,34).*

Eliata, ein Tempelsänger (1Chr 25,4.27).*

Elidad (hebr., »Gott ist Oheim/Freund« oder »Gott hat geliebt«; gleichbedeutend mit *Eldad*), leitete für den Stamm Benjamin die Aufteilung Kanaans (4Mose 34,21).*

Eliël (hebr., »mein Gott ist Gott«), **1.** ein Sippenhaupt im Stamm Manasse (1Chr 5,24); **2.** nach 1Chr 6,19 ein Ahnherr Samuels, der in 1Sam 1,1 → *Elihu* (1) heißt; **3.** ein Nachkomme Benjamins (1Chr 8,20); **4.** ein weiterer (1Chr 8,22); **5.** und **6.** zwei Krieger Davids (1Chr 11,46 f.); **7.** ein Mitstreiter Davids (1Chr 12,12); **8.** ein Levit, der an der Überführung der Lade teilnahm (1Chr 15,9.11); **9.** ein Levit zur Zeit des Königs Hiskija (2Chr 31,13).*

Eliënai (hebr., Kurzform von *Eljoënai*), ein Nachkomme Benjamins (1Chr 8,20).*

Eliëser (hebr., »Gott ist Hilfe«), **1.** ein Knecht Abrahams (1Mose 15,2; der Text ist verstümmelt); **2.** ein Sohn des Mose, Ahnherr eines Levitengeschlechts (2Mose 18,4; 1Chr 23,15.17; 26,25); **3.** ein Nachkomme Benjamins (1Chr 7,8); **4.** ein Priester, der bei der Überführung der Lade beteiligt war (1Chr 15,24); **5.** ein Anführer des Stammes Ruben (1Chr 27,16); **6.** ein Profet zur Zeit des Königs Joschafat (2Chr 20,37); **7.** einer der Gesandten Esras zu Iddo (5) (Esr 8,16); **8.–10.** drei Israeliten, die ihre ausländischen Frauen zurückschickten (Esr 10,18.23.39); **11.** ein Ahnherr Jesu (Lk 3,29).*

Elifal (hebr., entweder Kurzform von *Elifelet* oder »Gott hat gerichtet«), ein Krieger Davids (1Chr 11,35), der in 2Sam 23,34 *Elifelet* (2) heißt.*

Elifas, **1.** ein Sohn Esaus, Ahnherr edomit. Stämme (1Mose 36,4–16); **2.** einer der Freunde Ijobs (Ijob 2,11).

Elifelehu, ein Levit, Torwächter und Zitherspieler (1Chr 15,18.21).*

Elifelet (hebr., »Gott ist Rettung«; gleichbedeutend mit *Elpelet*), **1.** ein Sohn Davids (2Sam 5,16; 1Chr 3,8; 14,7); in 1Chr 3,6 und 14,5 – als *Elpelet* – dürfte der Name versehentlich zugefügt worden sein; **2.** einer der Helden Davids (2Sam 23,34), der in 1Chr 11,35 *Elifal* heißt; **3.** ein Nachkomme des Königs Saul (1Chr 8,39); **4.** einer der aus dem Exil Zurückgekehrten (Esr 8,13); **5.** Israelit, der seine ausländische Frau zurückschickte (Esr 10,33).*

Elihoref, ein Schreiber des Königs Salomo (1Kön 4,3).*

Elihu (hebr., »mein Gott ist er« oder »Gott ist es«), **1.** ein Ahnherr Samuels (1Sam 1,1), der in 1Chr 6,12 *Eliab* und in 1Chr 6,19 *Eliël* heißt; die Gründe für die Abweichungen sind nicht erkennbar; **2.** ein Verbündeter Davids (1Chr 12,21); **3.** ein Torwächter am Tempel in Jerusalem (1Chr 26,7); **4.** ein Bruder Davids (1Chr 27,18); **5.** vierter Gesprächspartner im Ijobbuch, dessen Gestalt und Reden (Ijob 32–37) erst nachträglich in das Buch eingefügt wurden.*

Elija (hebr., »Gott ist Jahwe«). **1.** Ein Profet des 9. Jh.s, der im Nordreich Israel vor allem als Gegenspieler des Königs Ahab und dessen Frau Isebel wirkte. Von E. wird in 1Kön 17–19; 21 und 2Kön 1–2 berichtet: Auf E.s Wort hin tritt wegen Ahabs Götzendienstes eine Dürre ein, während der E. von Raben mit Speise versorgt wird, einer Witwe auf wunderbare Weise hilft und ein gestorbenes Kind wieder lebendig macht (1Kön 17), nach einer Begegnung mit Ahab durch ein Gottesurteil die Kultstätte auf dem Berg Karmel von den Anhängern des Baal für Jahwe zurückgewinnt und das Ende der Dürre bewirkt (1Kön 18). Auf der Flucht vor Isebel wandert E., von einem Engel versorgt, zum Berg Horeb, wo er Zeuge einer Gotteserscheinung wird (1Kön 19). Wegen des Justizmordes an Nabot kündigt E. den Untergang der Dynastie Ahabs an (1Kön 21), und er profezeit dem Sohn Ahabs, Ahasja, den Tod, weil dieser sich bei einer Krankheit statt an Jahwe an den Gott der Philisterstadt Ekron wendet (2Kön 1). Schließlich setzt er Elischa zu seinem Nachfolger ein (2Kön 2). – Bei einem Teil der E.-Erzählungen (bes. 1Kön 17) handelt es sich zweifellos um legendenhafte Wundergeschichten; bei anderen ist es fraglich, wie weit sie den tatsächlichen Vorgängen entsprechen. Sie zeigen jedoch, daß E. entschlossen für den reinen Jahweglauben eintrat und daß sein Wirken die Nachwelt tief beeindruckte, weshalb sie sein Bild in den E.-Erzählungen erheblich ausgestaltete. – Die in späteren Zeiten noch weiter zunehmende Hochschätzung E.s führte dazu, daß man ihn als Vorläufer des Tages Jahwes erwartete (Mal 3,23 f.; Sir 48,10; vgl. Mk 9,11 f.). **2.** Ein Nachkomme Benjamins (1Chr 8,27). **3.** und **4.** Zwei Israeliten, die ihre ausländischen Frauen zurückschickten (Esr 10,21.26). **5.** Ein Ahnherr der Judit (Jdt 8,1).

Elika, einer der Helden Davids (2Sam 23,25).*

Elimelech (hebr., »Gott ist König«), ein Efratiter aus Betlehem, der mit seiner Familie nach Moab auswanderte, Schwiegervater der Rut (Rut 1–4).

Elisa →Elischa.

Elisabet (griech. Form des hebr. *Elischeba* »Gott ist Fülle/ Glück«; in der Lutherbibel *Elisabeth*), Mutter Johannes' des Täufers und Verwandte Marias, der Mutter Jesu (Lk 1).*

Elischa (hebr., »Gott hat geholfen«). **1.** Ein Nachkomme Jafets (1Mose 10,4; 1Chr 1,7), wahrscheinlich die Bewohner Zyperns (Ez 27,7). **2.** Profet im Nordreich Israel (9. Jh. v. Chr.), nach 1Kön 19,19–21; 2Kön 2 von Elija zum Nachfolger berufen. Die meist legendenhaften Erzählungen über E. in 2Kön 2–8; 13 schildern ihn als Wundertäter und Nothelfer vor allem im Kreis einer religiösen Gemeinschaft, deren Mitglieder »Profetensöhne« genannt wurden, und in den Kämpfen gegen die Aramäer von Damaskus. Historisch dürfte zutreffen, daß E. parapsychologische Fähigkeiten besaß und Vorsteher einer »Profetensöhne«-Gemeinschaft (Menschen, die sich mittels rhythmischer Bewegungen in Ekstase versetzten) in Gilgal war, und ebenso, daß er sich indirekt an der Revolution Jehus (2) beteiligte (2Kön 9,1–10) und diese unterstützte, weil er Jehu als Verfechter des reinen Jahweglaubens betrachtete.

Elischafat (hebr., »Gott hat gerichtet«), einer der am Komplott gegen die Königin Atalja Beteiligten (2Chr 23,1).*

Elischama (hebr., »Gott hat erhört«), **1.** Anführer des Stammes Efraim (z. B. 4Mose 2,18); **2.** ein Sohn Davids (2Sam 5,16; 1Chr 3,8); **3.** Großvater des Jischmael (1), der den Gedalja (1) ermordete (2Kön 25,25; Jer 41,1); **4.** ein Nachkomme Jerachmeels (1Chr 2,41); **5.** in 1Chr 3,6 fälschlich für *Elischua*, einen Sohn Davids; **6.** ein Priester zur Zeit des Königs Joschafat (2Chr 17,8); **7.** ein Beamter des Königs Jojakim (Jer 36,12.20 f.).

Elischeba (hebr., »Gott ist Fülle/Glück«), Frau Aarons (2Mose 6,23).*

Elischua (hebr., »Gott ist Hilfe«), ein Sohn Davids (2Sam 5,15; 1Chr 14,5), der in 1Chr 3,6 fälschlich *Elischama* heißt.*

Eliud, ein Ahnherr Jesu (Mt 1,14 f.).*

Elizafan (hebr., »Gott hat geborgen«), **1.** ein Oberhaupt der Kehatiter, einer Levitenklasse (z. B. 4Mose 3,30); **2.** leitete für den Stamm Sebulon die Aufteilung Kanaans (4Mose 34,25).

Elizur (hebr., »Gott ist Fels«), Anführer des Stammes Ruben (z. B. 4Mose 2,10).

Eljachba (hebr., »Gott birgt«), ein Krieger Davids (2Sam 23,32; 1Chr 11,33).*

Eljada (hebr., »Gott hat erkannt«), **1.** ein Sohn Davids (2Sam 5,16; 1Chr 3,8), der in 1Chr 14,7 richtiger *Beeljada* heißt; **2.** Vater des Königs Reson von Damaskus (1Kön 11,23); **3.** ein Offizier des Königs Joschafat (2Chr 17,17).*

Eljakim (hebr., »Gott läßt erstehen«), **1.** ein Palastvorsteher des Königs Hiskija (Jes 22,20), Unterhändler bei der Belagerung Jerusalems (2Kön 18,18–19,2; Jes 36,3–37,2); **2.** früherer Name des Königs Jojakim (2Kön 23,34; 2Chr 36,4); **3.** ein Priester im nachexil. Jerusalem (Neh 12,41); **4.** und **5.** zwei Vorfahren Jesu (Mt 1,13; Lk 3,30).*

Eljasaf (hebr., »Gott hat hinzugefügt«), **1.** ein Anführer des

Stammes Gad (z. B. 4Mose 2,14); **2.** ein Oberhaupt der Levitenklasse Gerschon (4Mose 3,24).

Eljaschib (hebr., »Gott läßt zurückkehren«), **1.** ein Nachkomme des Königs Jojachin (1Chr 3,24); **2.** ein leitender Priester (1Chr 24,12); **3.** Vater des Johanan (12) (Esr 10,6); **4.** Hoherpriester (Neh 3,1), Helfer beim Wiederaufbau der Mauer Jerusalems (Neh 3,20 f.), Vater des Johanan (13) (Neh 12,33) und des Jojada (5) (Neh 13,28), nach Neh 12,10 f. (22) fälschlich Großvater des Johanan (13); **5.–7.** drei Israeliten, die ihre ausländischen Frauen zurückschickten (Esr 10,24.27.36); **8.** ein Priester, Aufseher der Tempelräume (Neh 13,4–7).

Eljoënai (hebr., »auf Jahwe [sind] meine Augen [gerichtet]«), **1.** ein Nachkomme des Königs Jojachin (1Chr 3,23 f.); **2.** ein Nachkomme Simeons (1Chr 4,36); **3.** ein Nachkomme Benjamins (1Chr 7,8); **4.** ein Torhüter am Tempel in Jerusalem (1Chr 26,3); **5.** ein Familienhaupt, aus dem Exil zurückgekehrt (Esr 8,4); **6.** ein Priester, der seine ausländische Frau zurückschickte (Esr 10,22; Neh 12,41), ebenso wie **7.** ein anderer Israelit (Esr 10,27).*

Elkana, 1. ein Levit, Nachkomme Kehats (2Mose 6,24; 1Chr 6,8.10.21); **2.** nach 1Chr 6,12.19 ein Nachkomme des E. (3), Vater Samuels (1Sam 1,1–2,10); **3.** ein Nachkomme des E. (1) (1Chr 6,11.20); **4.** ein Verbündeter Davids (1Chr 12,7); **5.** ein Levit, Ahnherr des Berechja (3) (1Chr 9,16); **6.** ein weiterer Levit (1Chr 15,23); **7.** Großwesir des Königs Ahas (2Chr 28,7).*

Elmadam, ein Vorfahr Jesu (Lk 3,38).*

Elnaam (hebr., »Gott ist Wonne«), Vater des Jeribai und des Joschawja, zweier Helden Davids (1Chr 11,46).*

Elnatan (hebr., »Gott hat gegeben«), **1.** Schwiegervater des Königs Jojachin (2Kön 24,8); **2.** und **3.** zwei Gesandte Esras zu Iddo (5) (Esr 8,16); **4.** ein Beamter des Königs Jojakim (Jer 26,22; 36,12.25), vielleicht identisch mit E. (1).*

Elon, 1. Schwiegervater Esaus, nach 1Mose 26,34 Vater der Basemat, nach 1Mose 36,2 Vater der Ada (2); **2.** ein Sohn Sebulons (1Mose 46,14; 4Mose 26,26); **3.** ein Richter (Richt 12,11).*

Elpaal (hebr., »Gott hat gemacht«), ein Nachkomme Benjamins (1Chr 8,11 f.14.18).*

Elpelet (hebr., »Gott ist Rettung«; gleichbedeutend mit *Elifelet*), wohl versehentlich in 1Chr 14,5 zugefügt; vgl. *Elifelet* (1).*

El-Roï (hebr., »der Gott, der mich sieht«), ein Name, mit dem Hagar Gott bezeichnet (1Mose 16,13).*

Elsabad (hebr., »Gott hat geschenkt«), **1.** ein Verbündeter Davids (1Chr 12,13); **2.** ein Torwächter am Tempel in Jerusalem (1Chr 26,7).*

El-Schaddai → Schaddai.

Elusai (hebr., »Gott ist Kraft« oder Kurzform von *Eliëser*), ein Verbündeter Davids (1Chr 12,6).*

Elymas, nicht mehr durchschaubarer Beiname des Zauberers Barjesus (Apg 13,8).*

Emiter, moabit. Bezeichnung für die Ureinwohner des Ostjordanlandes (1Mose 14,5; 5Mose 2,10 f.).*

Enan (hebr., »Quelle«), **1.** Vater des Ahira, eines Fürsten des Stammes Naftali (4Mose 1,15); **2.** in der Lutherbibel ein Vorfahr Judits (Jdt 8,1).

Enosch (hebr., ein – neben *Adam* selteneres – Wort für »Mensch«), Gestalt der Vorzeit, Sohn Sets und Enkel Adams (1Mose 4,26; 5,6).

Epänetus (griech., »der Gepriesene«), einer der ersten Christen Asiens (Röm 16,5).*

Epaphras (griech., Kurzform von *Epaphroditus*), ein Lehrer der Gemeinde von Kolossä (Kol 1,7; 4,12), Mitgefangener des Paulus (Phlm 23).*

Epaphroditus (griech., »von [der Göttin] Aphrodite begünstigt«, d. h. »liebenswert«), Christ in Philippi, Abgesandter der Gemeinde, der dem gefangenen Paulus Gaben überbrachte (Phil 2,25–30; 4,18).*

Ephraim → Efraim.

Epikureer, eine von Epikur (341–270 v. Chr.) gegründete Philosophenschule in Athen, deren höchstes Ziel ein ruhiges, ungestörtes Leben war; in Apg 17,18 erwähnt.*

Epiphanes (griech., »der offenbare [Gott]«), Beiname der syr.

Könige **1.** Antiochus IV. (z. B. 1Makk 1,10) und **2.** Alexander Balas (1Makk 10,1).

Er, 1. ein Sohn Judas, erster Mann der Tamar (1) (1Mose 38,3.6 f.); **2.** ein Enkel Judas (1Chr 4,21); **3.** ein Vorfahr Jesu (Lk 3,28).

Eran, ein Nachkomme Efraims (4Mose 26,36).*

Erastus (griech., »begehrenswert«), Mitarbeiter des Paulus auf der 3. Missionsreise (Apg 19,22), vermutlich mit dem in Röm 16,23; 2Tim 4,20 erwähnten E. identisch.*

Eri, ein Sohn Gads (1Mose 46,16; 4Mose 26,16).*

Esau, nach dem bibl. Bericht Zwillingsbruder Jakobs, verliert an diesen das Erstgeburtsrecht und den Vatersegen und wird später von ihm abermals überlistet (1Mose 25,19–34; 27; 32–33). Er vertritt gegenüber dem Hirten Jakob den Typ des Jägers und gilt – wohl auf einer späteren Überlieferungsstufe – als Ahnherr Edoms (z. B. 1Mose 36,1–19; Jer 49,8–10).

Esbai, Vater des Naarai, eines Helden Davids (1Chr 11,37).*

Eschbaal, in 1Chr 8,33; 9,39 andere Namensform für →*Ischbaal,* einen Sohn Sauls.*

Eschban, ein Enkel Seïrs (1Mose 36,26; 1Chr 1,41), d. h. eine Sippe in Edom.*

Eschek, ein Nachkomme Benjamins (1Chr 8,39).*

Eschkol (hebr. *äschkol* »Weintraube«), ein traubenreiches Tal bei Hebron (4Mose 13,23 f.); nach ihm hat wohl ein sagenhafter Bundesgenosse Abrahams (1Mose 14,13.24) seinen Namen.*

Eschtemoa, ein Nachkomme Kalebs (1Chr 4,17.19).*

Eschton, ein Nachkomme Kalebs (1Chr 4,11 f.).*

Eser (hebr., »Hilfe«), **1.** ein Nachkomme Judas (1Chr 4,4); **2.** ein Sohn Efraims (1Chr 7,21); **3.** ein Verbündeter Davids (1Chr 12,10); **4.** ein Helfer beim Bau der Mauer Jerusalems (Neh 3,19); **5.** ein Priester, der an der Mauerweihe in Jerusalem teilnahm (Neh 12,42).*

Esra (aram., »Hilfe«, oder hebr. Kurzform von *Asarja*). **1.** Ein Nachkomme Kalebs (1Chr 4,17). **2.** Ein Priester im babylon. Exil, der nach dem bibl. Bericht im 7. Jahr des pers. Königs Artaxerxes (Esr 7,7) als »Beauftragter für das Gesetz des Gottes des Himmels« (Esr 7,12) mit etwa 1500 Personen, Frauen und Kinder nicht gerechnet, nach Jerusalem zog (Esr 8), dort die Mischehen auflöste (Esr 9–10) und – während bereits Nehemia in Jerusalem tätig war – in einer feierlichen Versammlung die Israeliten auf »das Gesetz« verpflichtete (Neh 8–10). Wahrscheinlich wirkte E. nicht vor und neben, sondern nach Nehemia, so daß seine Mission unter Artaxerxes II. in das Jahr 398 v. Chr. fiel. Das von E. eingeführte Gesetz war vermutlich der Kernbestand des Pentateuchs (d. h. der Mosebücher), wie er im babylon. Exil gesammelt und verschriftet worden war. Indem E. ihn zum bindenden Gesetz machte, schuf er die Voraussetzung für die spätere Entwicklung des Judentums zur Gesetzesreligion. **3.** Ein aus dem Exil heimgekehrter Priester (Neh 12,1.13). **4.** Ein Teilnehmer bei der Mauerweihe in Jerusalem (Neh 12,33).

Esrachiter, ein nicht mehr durchschaubarer Beiname der »Weisen« Etan (1) (1Kön 5,11; Ps 89,1) und Heman (2) (Ps 88,1).*

Esri (hebr., »meine Hilfe«), **1.** unter David Aufseher über die Landarbeiter (1Chr 27,26); **2.** ein jüd. Anführer zur Makkabäerzeit (2Makk 12,36), identisch mit *Asarja* (25) (1Makk 5,18) und *Eleasar* (11) (2Makk 8,23).*

Ester, Hauptgestalt des Esterbuches. Dieses erzählt, wie E., eine junge Jüdin, zur Hauptfrau des Perserkönigs Artaxerxes (*Xerxes*; in der Lutherbibel *Ahasveros*) aufsteigt und mit Hilfe ihres Vormundes Mordechai den Plan des Wesirs Haman, die Juden im Perserreich umzubringen, vereitelt, wobei Haman den Tod findet; die Juden erhalten daraufhin die Vollmacht, ihre Feinde im ganzen Perserreich zu vernichten, und zur Erinnerung an den Sieg der Juden wird das Purimfest zu einer ständigen Einrichtung erhoben. Dieses Fest will das Esterbuch geschichtlich begründen. Die E.-Gestalt ist aber unhistorisch; es handelt sich um eine Novelle mit stark völkischer Tendenz, die im 3. oder 2. Jh. v. Chr. abgefaßt wurde.

Etam (hebr., »Raubvögel-Ort«), eine Stadt (Jos 15,59), deren Name in 1Chr 4,3 als ein Nachkomme Judas erscheint.*

Etan, 1. ein berühmter Weiser (1Kön 5,11), der in 1Chr 2,6.8 als

Nachkomme Judas und in 1Chr 6,29; 15,17.19 unter den Nachkommen Levis als Tempelsänger erscheint (ebenso Ps 89,1); ansonsten heißt er →*Jedutun*; **2.** ein Ahnherr des Sängers Asaf (2) (1Chr 6,27).*

Etbaal (hebr. für phöniz. *Ittobaal* »mit ihm ist Baal«), König von Sidon, Vater der Isebel (1Kön 16,31).*

Etnan (hebr., »Geschenk«), ein Nachkomme Judas (1Chr 4,7).*

Etni (hebr., Kurzform von *Etnan*), **1.** ein Nachkomme Levis (1Chr 6,6; in der Lutherbibel *Jeotrai*); **2.** ein Ahnherr des Sängers Asaf (2) (1Chr 6,26).*

Eubulus (griech., »der gut Ratende«), ein röm. Christ (2Tim 4,21).*

Euergetes (griech., »Wohltäter«), Beiname des ägypt. Königs Ptolemäus VII. (Vorrede zu Sir).*

Eumenes, König von Pergamon (197–160 v. Chr.), Bundesgenosse der Römer (1Makk 8,8).*

Eunike (griech., »die Siegreiche«), christl. gewordene Jüdin in Lystra, Mutter des Timotheus (2Tim 1,15).*

Eupator, Beiname des syr. Königs Antiochus V. (z. B. 1Makk 6,17).

Eupolemus, ein Gesandter des Judas (1) Makkabäus nach Rom (1Makk 8,17; 2Makk 4,11).*

Eutychus (griech., »der Glückliche«), ein junger Mann in Troas, der während der Predigt des Paulus einschlief und aus dem Fenster fiel (Apg 20,9).*

Eva, hebr. *chawwa*, nach 1Mose 3,20; 4,1 Name der ersten Frau. Den Namen »E.«, der in 1Mose 3,20 mit hebr. *chaj* »lebend« zusammengestellt wird, hat man auf verschiedene Weise zu erklären versucht (z. B. von aram. *chiwja* »Schlange«), ohne zu einem sicheren Ergebnis zu kommen. Im hebr. AT wird E. nicht weiter erwähnt (sonst nur noch Tob 8,6) und im NT nur beiläufig genannt (2Kor 11,3; 1Tim 2,13).*

Evodia (griech., »die einen guten Weg macht«), Christin in Philippi (Phil 4,2).*

Ewi, ein midianit. König, von den Israeliten während der Wüstenwanderung besiegt (4Mose 31,8; Jos 13,21).*

Ewil-Merodach (babylon., »Verehrer Marduks«; vgl. *Merodach*), babylon. König (562–560 v. Chr.), der den jud. König Jojachin nach 37jähriger Gefangenschaft begnadigte (2Kön 25,27–30; Jer 52,31–34).*

Ezbon, 1. ein Sohn Gads (1Mose 46,16), der in 4Mose 26,16 *Osni* heißt; **2.** ein Nachkomme Benjamins (1Chr 7,7).*

Ezechiel (hebr., »Gott möge kräftig machen«; im Hebr. gleichlautend mit *Jeheskel*; von Luther eingedeutscht als *Hesekiel*), aus einer Priesterfamilie stammender Profet in der Zeit des babylon. Exils, der zu den Judäern gehörte, die 597 v. Chr. mit dem König Jojachin nach Babylonien deportiert wurden, und der dort von 593 bis 571 v. Chr. wirkte. Von seinem Exilort aus verfolgte er den Zusammenbruch des Staates Juda mit der Zerstörung Jerusalems (587 v. Chr.) und der Deportation weiterer Judäer. Seine Worte sind im Ezechielbuch weitgehend in chronologischer Ordnung gesammelt. Es gliedert sich in vier Hauptabschnitte. Der erste Abschnitt (Kap. 1–24), eingeleitet mit einer Berufungsvision (1,1–3,15), enthält hauptsächlich Aussprüche aus der Zeit vor der Eroberung Jerusalems (593–587 v. Chr.), in denen E. der Stadt Jerusalem und den in Palästina – er spricht fast durchweg von »Israel« – verbliebenen Judäern Unheil ankündigt. Der zweite Abschnitt (Kap. 25–32) besteht aus Drohworten gegen sieben Nachbarvölker, besonders die Inselstadt Tyrus und Ägypten, die beide sich dem nach E.s Überzeugung von Jahwe als Vollstrecker des Gerichts über Israel bestimmten Babylonierkönig Nebukadnezzar widersetzten. Der dritte Abschnitt (Kap. 33–39) enthält vor allem die Aussprüche E.s, in denen er nach dem Fall Jerusalems die Verbannten tröstet und ihnen Heil und einen neuen Bund verkündet. Der vierte Abschnitt (Kap. 40–48) stellt einen Visionsbericht dar, in dem der neue Tempel, das neue Jerusalem und das neue Land Israels geschildert werden.

Ezer, ein Sohn Seïrs (1Mose 36,21.27.30; 1Chr 1,38.42), »Fürst«, d. h. ein Stamm in Edom.*

F

Fasiron, vermutlich ein arab. Stamm (1Makk 9,66).*

Felix (lat., »glücklich«), um 52–58 n. Chr. Prokurator (Statthalter) des röm. Protektorats Judäa, der in seiner Residenz Cäsarea den Paulus zwei Jahre lang in Untersuchungshaft hielt, wobei unlautere Motive im Spiel gewesen sein könnten (Apg 23,24–24,27; 25,14); sein Nachfolger ist Festus.*

Festus (lat., »festlich«), Porzius F., nach Felix um 58–62 n. Chr. Prokurator (Statthalter) des röm. Protektorats Judäa, der in seiner Residenz Cäsarea das Verfahren gegen Paulus eröffnete und dessen Berufung an den Kaiser weiterleitete (Apg 25–26).*

Fortunatus (lat., »vom Glück begünstigt«), Christ aus Korinth, der als Gesandter seiner Gemeinde zusammen mit Achaikus und Stephanas zu Paulus nach Ephesus reiste (1Kor 16,17).*

G

Gaal, Anführer eines – erfolglosen – Aufstandes gegen Abimelech (2) in Sichem (Richt 9,26–41).*

Gabaël (hebr., »Gott ist erhaben«), **1.** Ahnherr des Tobit und Tobias (Tob 1,1); **2.** Mann in Rages, bei dem Tobit Geld hinterlegt hatte (Tob 1,14); zu ihm schickt Tobit den Tobias, um das Geld zu holen (Tob 4,1.20; 9,5).

Gabbai, ein Benjaminiter im nachexil. Jerusalem (Neh 11,8).*

Gabriel (hebr., »Mann Gottes«), ein Engel, der Daniels Visionen deutet und die Schrift auslegt (Dan 8,16f.; 9,21) und die Geburt Johannes' des Täufers und Jesu ankündigt (Lk 1,19.26).*

Gabrija (hebr., »Mann Jahwes«), Vater oder Bruder des →Gabaël (2) (Tob 1,14; 4,20).*

Gad. 1. Einer der zwölf Stämme Israels, der auf dem Gebirge nordöstl. des Toten Meeres wohnte (z. B. Jos 13,24–28). Als Ahnherr dieses Stammes gilt ein Sohn Jakobs mit der Silpa (1Mose 30,9–11). **2.** Ein Profet und Ratgeber Davids (2Sam 24,11–19). **3.** Ein Glücksgott (Jes 65,11), dessen Name mit dem semit. Wort für »entscheiden« zusammenhängt.

Gaddi, 1. ein Sippenhaupt des Stammes Manasse (4Mose 13,11); **2.** Beiname des Makkabäers Johanan (19) (1Makk 2,2).*

Gaddiël, ein Sippenhaupt des Stammes Sebulon (4Mose 13,10).*

Gadi, Vater des Königs Menahem (2Kön 15,14.17).*

Gaham, ein Sohn Nahors (2) und Neffe Abrahams (1Mose 22,24).*

Gahar, Familienhaupt von aus dem Exil zurückgekehrten Tempeldienern (Esr 2,47; Neh 7,49).*

Gaius, 1. und **2.** zwei Reisebegleiter des Paulus (Apg 19,29; 20,4); **3.** ein Christ in Korinth (Röm 16,23; 1Kor 1,14); **4.** Empfänger des 3. Johannesbriefes (3Joh 1).*

Gajus → Gaius.

Galal, 1. ein Levit im nachexil. Jerusalem (1Chr 9,15); **2.** Ahnherr des Abda (2), eines Tempelsängers (1Chr 9,16; Neh 11,17).*

Galater, 1. die Gallier (Kelten in Oberitalien) (1Makk 8,2); **2.** ein keltischer Volksstamm, der in röm. Zeit in der Gegend des heutigen Ankara wohnte und einerseits der Landschaft Galatien, andererseits der – weit größeren – röm. Provinz Galatien den Namen gab; an die Bewohner der ersteren ist der Galaterbrief gerichtet (vgl. Apg 16,6; 18,23).

Galiläer, die Bewohner der Gegend westl. des Sees Genesaret und nördl. der Ebene Jesreel, die zur Zeit Jesu der Herrschaft des Herodes Antipas (4 v. – 39 n. Chr.) unterstand. Hier lag der Schwerpunkt des Wirkens Jesu, und hier wählte er seine Jünger (Apg 1,11; 2,7; vgl. Mt 26,69–73; 27,55).

Gallio, Prokonsul (Statthalter) der röm. Provinz Achaia (südl. Griechenland) (51/52 oder 52/53 n. Chr.); er lehnte es ab, sich in den Streit der Juden von Korinth mit Paulus einzumischen (Apg 18,12–17).*

Gamaliël (hebr., »Gott hat mir Gutes getan«), ein berühmter pharisäischer Schriftgelehrter, der nach Apg 5,34–40 vor dem Hohen Rat für die Apostel eintrat und nach Apg 22,3 Lehrer des Paulus war.*

Gamliël (hebr., »Gott hat Gutes erwiesen«), ein Führer im Stamm Manasse (z. B. 4Mose 1,10).

Gamul, Leiter einer Priesterklasse (1Chr 24,17).*

Gareb (hebr., »kräftig«), ein Krieger Davids (2Sam 23,38; 1Chr 11,40).*

Garmiter, ein nicht mehr durchschaubarer Beiname des Keïla (1Chr 4,19).*

Gasam, Familienhaupt von aus dem Exil zurückgekehrten Tempeldienern (Esr 2,48; Neh 7,51).*

Gases (hebr., »zur Zeit der Schafschur geboren«), ein Sohn Kalebs (1Chr 2,46); in der Lutherbibel im selben V. fälschlich für *Jahdai.**

Gatam, ein Enkel Esaus, d. h. ein Stamm in Edom (1Mose 36,11.16; 1Chr 1,36).*

Gebal, ein arab. Stamm südöstl. des Toten Meeres (Ps 83,8).*

Geber (hebr., »Mann«, »stark«), **1.** Vater eines Statthalters Salomos (1Kön 4,13), dessen Name nicht genannt wird; **2.** ein Statthalter Salomos (1Kön 4,19).*

Gedalja (hebr., »Jahwe hat Großes getan«), **1.** Mitglied einer bedeutenden jud. Beamtenfamilie, der 587/586 v. Chr. vom König Nebukadnezzar zum Statthalter in Juda eingesetzt, aber schon nach zwei Monaten ermordet wurde (2Kön 25,22–25; Jer 40–41; 43,6); er stand dem Profeten Jeremia nahe (Jer 39,14); **2.** Leiter einer Sängerklasse (1Chr 25,3.9); **3.** ein Priester, der seine ausländische Frau verstieß (Esr 10,18); **4.** ein Minister des Königs Zidkija (Jer 38,1); **5.** Vater des Profeten Zefanja (Zef 1,1).*

Gedor (hebr., »pockennarbig«), ein Benjaminiter (1Chr 8,31; 9.37).*

Gehasi, Diener des Profeten Elischa (2Kön 4,12–36; 8,4 f.), nach 2Kön 5,20–27 wegen seiner Gewinnsucht mit Aussatz bestraft.*

Gemalli, Vater des Ammiël (1), eines Daniters (4Mose 13,12).*

Gemarja (hebr., »Jahwe hat vollführt«), **1.** ein Gesandter des Königs Zidkija zum König Nebukadnezzar (Jer 29,3); **2.** ein Beamter des Königs Jojakim (Jer 36,10–12.25).*

Gennäus, Vater des Apollonius (4), eines syr. Feldherrn (2Makk 12,2).*

Genubat, Sohn des Edomiterkönigs Hadad (4) (1Kön 11,20).*

Gera (hebr., »Schützling [eines Gottes]«), **1.** ein Sohn Benjamins (1Mose 46,21), nach 1Chr 8,3 dessen Enkel; **2.** ein Enkel des Vorigen (1Chr 8,7); **3.** Vater des Schimi (2), der ein Gegner Davids war (2Sam 16,5).

Gerschom, 1. Ahnherr der Priesterschaft am Heiligtum in Dan (Richt 18,20), der als Sohn des Mose galt (2Mose 2,22); **2.** ein aus dem Exil heimgekehrter Priester (Esr 8,2).

Gerschon, ein Sohn Levis (1Mose 46,11), Ahnherr einer Levitenklasse, deren niederer Dienst am späteren Tempel in 4Mose 4,21–28 dargestellt wird.

Geschan, ein Nachkomme Kalebs (1Chr 2,47).*

Geschem, Statthalter einer arab. Provinz, der sich dem Mauerbau in Jerusalem widersetzte (Neh 2,19; 6,1 f.6).*

Geschuriter, 1. Aramäer, die das kleine Königtum Geschur am Nordostrand Palästinas bildeten (Jos 13,11); David war mit der Tochter Talmais (2), eines Königs von Geschur, verheiratet (2Sam 3,3); **2.** ein Nomadenstamm im Süden Palästinas (1Sam 27,8).

Geseriter, ein Nomadenstamm im Süden Palästinas (1Sam 27,8; in der Lutherbibel *Girsiter*).*

Geter, ein Sohn (1Mose 10,23) – so die Lutherbibel auch in 1Chr 1,17 – und nicht ein Bruder (1Chr 1,17) Arams (1), d. h. ein aram. Stamm.*

Geüël, ein Anführer des Stammes Gad (4Mose 13,15).*

Gibbar, nach Esr 2,20 Familienhaupt von Heimkehrern aus dem Exil; gemeint ist wohl der Ort Gibeon (Neh 7,25).*

Giddalti, Leiter einer Klasse von Tempelsängern (1Chr 25,4.29).*

Giddel, Familienhäupter von Heimkehrern aus dem Exil: **1.** von Tempeldienern (Esr 2,47; Neh 7,49); **2.** von Sklaven Salomos (Esr 2,56; Neh 7,58).*

Gideon. 1. Ein Richter, der als Führer eines israelit. Heeresaufgebots einen Angriff der Midianiter gegen die Israeliten in Mittelpalästina abwehrte. Die Überlieferung des AT über G. (Richt 6–8), die G. mit Jerubbaal, dem Vater Abimelechs (2), gleichsetzt, besteht weitgehend aus Kult- (z. B. Richt 6,25–32) und Heldensagen (z. B. Richt 8,4–21). G.s Midianitersieg ist später sprichwörtlich geworden (z. B. Jes 9,3). **2.** Ein Ahnherr der Judit (Jdt 8,1).

Gidoni, Vater des Abidan, eines führenden Benjaminiters (4Mose 1,11).

Gilalai, Priester oder Levit, der an der Mauerweihe in Jerusalem teilnahm (Neh 12,36).*

Gilead, 1. eine Gegend im Ostjordanland, Siedlungsgebiet des Stammes Machir, der dem Stamm Manasse zugerechnet und mit ihm genealogisch als sein Sohn verknüpft wurde (4Mose 32,39 f.); dementsprechend erscheint G. auch als Sohn Machirs (z. B. 4Mose 26,29 f.; 1Chr 2,21); **2.** ein Angehöriger des Stammes Gad (1Chr 5,14).

Ginat, Vater des Thronprätendenten Tibni (1Kön 16,21 f.).*

Ginneton, ein aus dem Exil heimgekehrter Priester (Neh

12,4.16), Mitunterzeichner der Gesetzesverpflichtung (Neh 10,7).*

Girgaschiter, eines der Völker Kanaans (z. B. 1Mose 15,21).

Girsiter → Geresiter.

Gischpa, ein Vorsteher der Tempeldiener (Neh 11,21).*

Gog, 1. ein Nachkomme Rubens (1Chr 5,4); **2.** nach Ez 38–39 mythischer Fürst des Nordens, der beim endzeitlichen Völkerangriff auf Jerusalem zugrunde geht; in Offb 20,8 ist G. der endzeitliche Feind Gottes.*

Goliat, riesenhafter Philister, der nach 1Sam 17 von David, aber nach der wohl ursprünglicheren Überlieferung 2Sam 21,19 von Davids Gefolgsmann Elhanan (1) getötet wurde.

Gomer, 1. ein Volk im Norden (1Mose 10,2f.; 1Chr 1,5f.; Ez 38,6), wahrscheinlich die Kimmerer im Nordosten der heutigen Türkei; **2.** (hebr., entweder Kurzform von *Gemarja* oder »genug« [nämlich der Töchter]), Frau des Profeten Hosea (Hos 1,3).*

Gorgias, Feldherr des Königs Antiochus IV., von Judas (1) Makkabäus besiegt (1Makk 4,16–22).

Griechen, in den Makkabäerbüchern und im NT (im AT →Jawan) die Menschen der nach den Eroberungen Alexanders d. Gr. entstandenen hellenist. Kultur, daher die Könige oder Untertanen des Seleukidenreiches (1Makk 1,10; 8,18) und zugleich die Nichtjuden, also Heiden überhaupt (z. B. 2Makk 4,36; 11,2; Joh 7,35; Apg 14,1; 16,1; Röm 1,16). Als Merkmal der G. bezeichnet Paulus ihr Streben nach Weisheit (1Kor 1,22–24).

Guni, 1. ein Sohn Naftalis (1Mose 46,24; 4Mose 26,48; 1Chr 7,13); **2.** Ahnherr des Ahi (1), ein Gaditer (1Chr 5,15).*

H

Habaja (hebr., »Jahwe hat geborgen«), Familienhaupt von Heimkehrern aus dem Exil, die ihre israelit. Herkunft nicht nachweisen konnten (Esr 2,61; Neh 7,63).*

Habakuk (hebr., ein Gartengewächs), ein Profet im Südreich Juda, der nach Ausweis des Habakukbuches – es besteht aus einem Wechselgespräch zwischen dem Profeten und Gott angesichts des Siegeslaufs der Babylonier (Hab 1,2–2,5), einer Reihe von Weherufen (Hab 2,6–20) und einem Hymnus (Hab 3) – während der ersten Bedrohung Judas durch die Babylonier wirkte, also zwischen 608 und 598 v. Chr.; in einer späteren Legende wurde er zum Helfer Daniels in der Löwengrube (Dan 14,33–39).

Habazzinja, ein Rechabiter (Jer 35,3).*

Hachalja, Vater des Nehemia (Neh 1,10; 10,2).*

Hachmoni, Vater des Jischbaal, eines Helden Davids (2Sam 23,8), der in 1Chr 11,11 und 27,2 (hier als Sohn des Sabdiël (1)) fälschlich *Jaschobam* heißt, und Vater des Jehiël (3), des Erziehers der Söhne Davids (1Chr 27,32).*

Hadad (Name eines nordwestsemit. Vegetationsgottes), **1.** ein Sohn Ismaels (1Mose 25,15; 1Chr 1,30), d. h. ein arab. Stamm; **2.** vierter König über Edom (1Mose 36,35 f.; 1Chr 1,46 f.); **3.** achter König über Edom (1Chr 1,50 f.; in 1Mose 36,39 fälschlich *Hadar*); **4.** König über Edom zur Zeit Salomos (1Kön 11,14–25).*

Hadad-Eser (hebr., »Hadad ist Hilfe«), König des Aramäerreiches von Zoba in Nordsyrien, von David geschlagen (2Sam 8,3–10), später von Reson verdrängt (1Kön 11,23 f.).

Hadad-Rimmon, ein nicht mehr durchschaubarer Name in Sach 12,11, der vielleicht durch Verschmelzung der beiden Götter Hadad und Rimmon entstanden ist. Für ihn als sterbenden und auferstehenden Gott werden Klageriten durchgeführt.*

Hadar, in 1Mose 36,39 fälschlich Name des Edomiterkönigs *Hadad* (3).*

Hadassa, jüd. Name der →Ester (Est 2,7).*

Hadlai (hebr., »Dicksack«), Vater des Amasa (2), eines Offiziers (2Chr 28,12).*

Hadoniram, in der Lutherbibel in 1Kön 4,6; 5,28 für *Adoniram*.*

Hadoram, 1. ein Sohn Joktans (1Mose 10,17; 1Chr 1,21), d. h. ein arab. Stamm; **2.** Sohn des Toï, des Königs von Hamat (2Sam 8,10 – in der Lutherbibel *Joram*; 1Chr 18,10); **3.** in 2Chr 10,18 fälschlich für *Adoniram* (in der Lutherbibel *Adoniram*).*

Hagab, Familienhaupt von Tempeldienern, die aus dem Exil heimkehrten (Esr 2,46).*

Hagaba, Familienhaupt von Tempeldienern, die aus dem Exil heimkehrten (Esr 2,45; Neh 7,48).*

Hagar, die ägypt. Sklavin der Sara, die dem Abraham den Ismael gebar und später verstoßen wurde (1Mose 16,1–16; 21,8–21); bei Paulus erscheint sie in allegorischer Auslegung als Sinnbild des Alten Bundes (Gal 4,24 f.).

Hagariter, ein arab. Stamm im Ostjordanland (z. B. 1Chr 5,10; Ps 83,7); ob sie mit Hagar zusammenhängen, ist unsicher.

Haggai (hebr., »am Festtag geboren«), Profet, der im Jahre 520 v. Chr., dem zweiten Jahr des Perserkönigs Darius, in Jerusalem als Zeitgenosse des Sacharja wirkte. Mit seiner Verkündigung suchte er die Judäer zum Wiederaufbau des 587/586 v. Chr. von den Babyloniern zerstörten Tempels zu bewegen, der daraufhin unter Führung des von den Persern eingesetzten Kommissars Serubbabel und des Hohenpriesters Jeschua (3) in Angriff genommen wurde (Hag 1,12–15a).

Haggedolim, Vater des Sabdiël (2) (Neh 11,14).*

Haggi (hebr., »am Festtag geboren«), ein Sohn Gads (1Mose 46,16; 4Mose 26,15).*

Haggija, ein Levit (1Chr 6,15).*

Haggit (hebr., »am Festtag geboren«), eine Frau Davids, Mutter des Adonija (1) (2Sam 3,4; 1Kön 1,5).

Hakkoz →Koz.

Hakufa (hebr., »gekrümmt«), Familienhaupt von aus dem Exil heimgekehrten Tempeldienern (Esr 2,51; Neh 7,53).*

Halfi, Vater des Judas (2), eines Heerführers (1Makk 11,70).*

Ham, einer der drei Söhne Noachs (z. B. 1Mose 5,32), nach 1Mose 10,6–20 Stammvater der nordafrikan. und südarab. Völker; der Name dient auch als Bezeichnung für Ägypten (z. B. Ps 78,51).

Haman, im Esterbuch höchster Würdenträger am pers. Hof, der die Juden im Perserreich umbringen wollte, aber vorher zu Fall kam (Est 3,1–9,24).

Hammat, nach 1Chr 2,55 – einer nicht mehr durchschaubaren Überlieferung – Ahnherr der Keniter.*

Hammedata, Vater des Judenverfolgers Haman (Est 3,1).

Hammuël, ein Nachkomme Simeons (1Chr 4,26).*

Hamor (hebr., »Esel«), kanaan. Herrschergeschlecht oder Ahnherr eines solchen in Sichem (1Mose 33,19; 34; Jos 24,32; Richt 9,28); in Apg 7,16 liegt eine Verwechslung mit → *Efron* vor.*

Hamul, ein Sohn des Perez und Enkel des Juda (1Mose 46,12; 4Mose 26,21; 1Chr 2,5).*

Hamutal, Frau des Königs Joschija, Mutter der Könige Joahas und Zidkija (2Kön 23,31; 24,18; Jer 52,1).*

Hanaël, Vater des Ministers Achikar (Tob 1,21).*

Hanamel (hebr., »Gott war gnädig«; gleichbedeutend mit *Hananel*), Vetter des Profeten Jeremia, dessen Acker der Profet während der Belagerung Jerusalems kaufte (Jer 32,7–12).*

Hanan (hebr., Kurzform von *Hananel*), **1.** ein Nachkomme Benjamins (1Chr 8,23); **2.** ein weiterer (1Chr 8,38; 9,44); **3.** ein Krieger Davids (1Chr 11,43); **4.** Familienhaupt von aus dem Exil heimgekehrten Tempeldienern (Esr 2,46; Neh 7,29); **5.** ein Levit zur Zeit Esras (Esr 8,7; 10,11); **6.** und **7.** zwei Mitunterzeichner der Gesetzesverpflichtung (Neh 10,23.27); **8.** Aufseher über die Tempelvorräte (Neh 13,13); **9.** ein »Gottesmann«, für dessen Söhne ein Raum im Tempel reserviert war (Jer 35,4).*

Hananel (hebr., »Jahwe war gnädig«; gleichbedeutend mit *Hanamel*), Ahnherr des Tobit und des Tobias (Tob 1,8).*

Hanani (hebr., Kurzform von *Hananja*), **1.** ein jud. Profet (1Kön 16,1; 2Chr 16,7); **2.** ein Leiter einer Sängerklasse (1Chr 25,4); **3.** ein Priester, der seine ausländische Frau verstieß (Esr 10,20); **4.** ein Bruder des Nehemia (Neh 1,2; 7,2); **5.** ein Priester, der an der Mauerweihe in Jerusalem teilnahm (Neh 12,36).

Hananias (griech. Form von hebr. *Hananja*), **1.** ein Christ in Jerusalem, der mit seiner Frau Saphira wegen Betruges getötet wurde (Apg 5,1–10); **2.** ein Christ in Damaskus, der den erblindeten Paulus heilte und taufte (Apg 9,10–19; 22,12–16); **3.** Hoherpriester, der das Verhör des Paulus leitete (Apg 23,2; 24,1).*

Hananja (hebr., »Jahwe war gnädig«), **1.** ein Nachkomme des Königs Jojachin (1Chr 3,19.21); **2.** ein Nachkomme Benjamins (1Chr 8,24); **3.** ein Leiter einer Sängerklasse (1Chr 25,4.23); **4.** Oberbefehlshaber des Königs Usija (2Chr 26,11); **5.** ein Israelit, der seine ausländische Frau verstieß (Esr 10,28); **6.** ein Salbenhersteller, der beim Wiederaufbau der Mauer Jerusalems half (Neh 3,8); **7.** ein anderer Helfer beim Wiederaufbau der Mauer (Neh 3,30); **8.** Befehlshaber der Zitadelle von Jerusalem (Neh 7,2); **9.** ein Mitunterzeichner der Gesetzesverpflichtung (Neh 10,24); **10.** Haupt der priesterlichen Familie Jirmeja (6) (Neh 12,12); **11.** ein Trompetenbläser bei der Mauerweihe in Jerusalem (Neh 12,41); **12.** ein Profet, der sich dem Profeten Jeremia entgegenstellte und dies mit dem Leben bezahlte (Jer 28); **13.** Vater des Zidkija (5), eines Beamten des Königs Jojakim (Jer 36,12); **14.** Vater des Offiziers Jirija (Jer 37,13); **15.** einer der Freunde Daniels (Dan 1,6–19; 2,17; 3,88; 1Makk 2,59); **16.** ein Bekannter des Tobit, als dessen Sohn der Engel Rafael sich ausgibt (Tob 5,13 f.); **17.** Ahnherr der Judit (Jdt 8,1; in der Lutherbibel *Jamnor*).*

Hanna (hebr., »er [Gott] war gnädig«), **1.** Mutter Samuels (1Sam 1–2); **2.** Frau des Tobit, Mutter des Tobias (z. B. Tob 1,9); **3.** Witwe und Profetin, die mit Simeon (5) in den Tempel kam, um das Jesuskind zu begrüßen (Lk 2,36–38).

Hannas (griech., Form von hebr. *Hananja*), Hoherpriester (6–15 n. Chr.), dessen Einfluß auch unter seinem Nachfolger Kajaphas bestimmend blieb (Lk 3,2; Joh 8,13.24; Apg 4,6).*

Hanniël (hebr., »Gott war gnädig«), **1.** leitete für den Stamm Manasse die Aufteilung Kanaans (4Mose 34,23); **2.** ein Nachkomme Aschers (1Chr 7,39).*

Hanun (hebr., »begnadet«), **1.** König der Ammoniter, der mit David in Konflikt geriet (2Sam 10,1–4; 1Chr 19,2–6); **2.** und **3.** zwei Helfer beim Wiederaufbau der Mauer Jerusalems (Neh 3,13.30).

Haran, 1. Bruder Abrahams (1Mose 11,26–31); **2.** ein Sohn Kalebs (1Chr 2,46); **3.** ein Levit (1Chr 23,9).*

Harariter (2Sam 23,11) oder »aus Haran« (2Sam 23,33; 1Chr 11,34 f.), einer unbekannten Stadt oder Sippe.*

Harbona, ein Hofbeamter des Xerxes (Est 1,10; 7,9).*

Haref (hebr., »klug«), ein Nachkomme Judas (1Chr 2,51).*

Harhaja, Vater des Usiël (6), eines Helfers beim Wiederaufbau der Mauer Jerusalems (Neh 3,8).*

Harhas, Großvater des Schallum (2), des Mannes der Profetin Hulda (2Kön 22,14); in 2Chr 34,22 heißt er *Hasra* (in der Lutherbibel *Harhas*).*

Harhur, Familienhaupt von Tempeldienern, die aus dem Exil heimkehrten (Esr 2,51; Neh 7,53).*

Harif (hebr., »klug«), Familienhaupt von Heimkehrern aus dem Exil und Mitunterzeichner der Gesetzesverpflichtung (Neh 7,24; 10,20); in Esr 2,18 heißt er *Jora* (in der Lutherbibel *Jorah*).*

Harim (hebr., »geweiht«), **1.** Priester (1Chr 24,8), dessen Söhne aus dem Exil heimkehrten, Mitunterzeichner der Gesetzesverpflichtung (Esr 2,39; 10,21; Neh 7,42; 10,6; 12,3.15); in Neh 12,3 heißt er in der Lutherbibel *Rehum*; **2.** Familienhaupt von Heimkehrern aus dem Exil, Mitunterzeichner der Gesetzesverpflichtung (Esr 2,32; 10,31; Neh 3,11; 7,35; 10,28).*

Harnefer (ägypt., »[der Gott] Horus ist gut«), ein Nachkomme Aschers (1Chr 7,36).*

Harscha, Familienhaupt von Tempeldienern, die aus dem Exil heimkehrten (Esr 2,52; Neh 7,54).*

Harufiter, in der Lutherbibel in 1Chr 12,6 für »aus Haruf«, einer unbekannten Stadt oder Sippe.*

Harum, nach 1Chr 4,8 Vater des Aharhel; aber der Text ist verderbt.*

Harumaf (hebr., »Spaltnase«), Vater des Jedaja (3), der beim Wiederaufbau der Mauer Jerusalems half (Neh 3,10).*

Haruz (hebr., »Gold« oder »fleißig«), Großvater des Königs Amon (2Kön 21,19).*

Hasadja (hebr., »Güte Jahwes«), ein Nachkomme des Königs Jojachin (1Chr 3,20).*

Hasaël, (hebr., »Gott hat [das Elend] angesehen«), König des Aramäerreiches von Damaskus (842–800 v. Chr.), dessen gewaltsame Thronbesteigung in 2Kön 8,7–15 mit dem Profeten Elischa verbunden wird. Er kämpfte gegen das Nordreich Israel, dem er große Gebietsverluste beibrachte (2Kön 10,32 f.), und gegen das Südreich Juda (2Kön 12,18 f.).

Hasaja (hebr., »Jahwe hat [das Elend] angesehen«), Ahnherr des Maaseja (15) (Neh 11,5).*

Haschabja (hebr., »Jahwe hat [das Wohlverhalten] angerechnet«; in der Lutherbibel in Esr 10,25 für *Malkija* (5)); **1.** Ahnherr des Sängers Etan (1) (1Chr 6,30); **2.** Vorfahr des Leviten Schemaja (5) (1Chr 9,14; Neh 11,15); **3.** ein Leiter einer Sängerklasse (1Chr 25,3.19); **4.** ein Levit und Verwalter Davids (1Chr 26,30); **5.** ein Levit und Stammesführer unter David (1Chr 27,17); **6.** ein Führer der Leviten unter König Joschija (2Chr 35,9); **7.** ein Levit, der die Tempelgeräte zurückbrachte und die Gesetzesverpflichtung unterzeichnete (Esr 8,19.24; Neh 10,12; 12,24); **8.** ein Helfer beim Wiederaufbau der Mauer Jerusalems (Neh 3,17); **9.** Ahnherr des Leviten Usi (5) (Neh 11,22); **10.** Haupt der priesterlichen Familie Hilkija (6) (Neh 12,21).*

Haschabna, Mitunterzeichner der Gesetzesverpflichtung (Neh 10,26).*

Haschabneja, 1. Vater des Hattusch (2), eines Helfers beim Wiederaufbau der Mauer Jerusalems (Neh 3,10); **2.** ein Levit (Neh 9,5).*

Haschbaddana, ein Teilnehmer der Gesetzesverlesung (Neh 8,4).*

Haschub (hebr., »einer, dem [das Wohlverhalten] angerechnet wird«), **1.** Vater des Leviten Schemaja (4) (1Chr 9,14; Neh 11,15); **2.** und **3.** zwei Helfer beim Wiederaufbau der Mauer Jerusalems (Neh 3,11.23); **4.** ein Mitunterzeichner der Gesetzesverpflichtung (Neh 10,24).*

Haschuba, ein Nachkomme des Königs Jojachin (1Chr 3,20).*

Haschum (hebr., »plattnasig«), ein Familienhaupt der nachexil. Zeit (Neh 8,4; 10,19), dessen Söhne aus dem Exil heimkehrten (Esr 2,19; Neh 7,22) und von denen einige ihre ausländischen Frauen verstießen (Esr 10,33).*

Hasidäer (hebr., »die Frommen«), jüd. Männer, die sich unter Antiochus IV. zusammenschlossen, um der Hellenisierung entgegenzutreten (1Makk 2,42; 7,13; 2Makk 14,6); aus den H.n gingen später die → Pharisäer hervor.*

Hasiël (hebr., »Gott hat [das Elend] angesehen«), ein Levit (1Chr 23,9).*

Hasmonäer → Makkabäer.

Haso, ein Sohn Nahors (2), ein Neffe Abrahams (1Mose 22,22).*

Hasra, Großvater des Schallum (2), des Mannes der Profetin Hulda (2Chr 34,22; in der Lutherbibel *Harhas* wie in 2Kön 22,14).*

Hasufa (hebr., »schnell«), Familienhaupt von Tempeldienern, die aus dem Exil heimkehrten (Esr 2,43; Neh 7,46).*

Hatach, ein Hofbeamter im Dienst der Ester (Est 4,5–10).*

Hatat (hebr., »Schwächling«), ein Nachkomme Judas (1Chr 4,13).*

Hatifa (hebr., »geraubt«), Familienhaupt von Tempeldienern, die aus dem Exil heimkehrten (Esr 2,54; Neh 7,56).*

Hatita, Familienhaupt von Torwächtern, die aus dem Exil heimkehrten (Esr 2,42; Neh 7,45).*

Hattil, Familienhaupt von aus dem Exil heimgekehrten Knechten Salomos (Esr 2,57; Neh 7,59).*

Hattusch, 1. ein Sohn Schechanjas (1), eines Nachkommen des Königs Jojachin (1Chr 3,22; Esr 8,2); **2.** Helfer beim Wiederaufbau der Mauer Jerusalems (Neh 3,10); **3.** ein Priester, Mitunterzeichner der Gesetzesverpflichtung (Neh 10,5; 12,2).*

Hazarmawet, ein Sohn Joktans (1Mose 10,26; 1Chr 1,20), d. h. ein Land in Südarabien, das heutige Hadramaut.*

Hazi, nach 1Chr 2,52 Sohn des Schobal (2); richtiger – so auch die Lutherbibel – »Hälfte«.*

Hazlelponi, Tochter des Hur (2), eines Nachkommen Judas (1Chr 4,3).*

Heber (hebr., »Gefährte«), **1.** ein Sohn Aschers (1Mose 46,17; 4Mose 26,45; 1Chr 7,31 f.); **2.** ein Keniter, Mann der →Jaël (Richt 4,11.17.21; 5,24); **3.** ein Nachkomme Judas (1Chr 4,18); **4.** ein Nachkomme Benjamins (1Chr 8,17).*

Hebräer (hebr. *Ibri*), eine nicht allzu häufige Bezeichnung der Israeliten im Gegensatz zu anderen Völkern (1Mose 14,13; 2Mose 21,2), besonders den Ägyptern (z. B. 1Mose 39,14) und den Philistern (z. B. 1Sam 4,6–9); der Name hängt wohl zusammen mit den *Habiru / Apiru* der ägypt. und mesopotam. Texte des 2. Jt.s v. Chr., bei denen es sich vielleicht um ins Kulturland eindringende Nomaden handelt. In nachexil. Zeit hat das Wort einen feierlichen Klang (z. B. Jon 1,9; Jdt 10,12), und in Apg 6,1 bezeichnet es die Glieder der aramäisch sprechenden Urgemeinde im Gegensatz zu den → Hellenisten.

Hebron, 1. ein Enkel Levis (z. B. 2Mose 6,18; 1Chr 15,9); **2.** ein Enkel Kalebs (1Chr 2,42 f.), Personifizierung der Stadt H. (hebr., »Bündnis-Ort«) in Juda.

Hefer, 1. ein Sohn Manasses (Jos 17,2 f.) oder Gileads (4Mose 26,32 f.; 27,1); **2.** ein Nachkomme Judas (1Chr 4,6); **3.** ein Krieger Davids (1Chr 11,36).*

Hefzi-Bah (hebr., »ich habe Gefallen an ihr«), Mutter des Königs Manasse (2Kön 21,1).*

Hegai, Haremsaufseher des Xerxes (Est 2,3–15).*

Hegemonides, Befehlshaber des Königs Antiochus V. (2Makk 13,24).*

Hela (hebr., »Halsgeschmeide«), eine Frau des Aschhur (1Chr 4,5.7).*

Heldai, 1. ein Befehlshaber Davids (1Chr 27,15), identisch mit *Heled*; **2.** ein Heimkehrer aus dem Exil (Sach 6,10.14).*

Heled, ein Krieger Davids (2Sam 23,29; 1Chr 11,30), identisch mit *Heldai* (1).*

Helek (hebr., Kurzform von *Hilkija*), ein Sohn Manasses (Jos 17,2) oder Gileads (4Mose 26,30); vgl. *Likhi.**

Helez (hebr., »er [Gott] hat gerettet«), **1.** ein Krieger (2Sam 23,26; 1Chr 11,27) und Befehlshaber (1Chr 27,10) Davids; **2.** ein Nachkomme Jerachmeels (1Chr 2,39).*

Heliodor (griech., »Geschenk des [Sonnengottes] Helios«), Reichskanzler unter Seleukus IV., der nach 2Makk 3,7–40 die Schatzkammer des Jerusalemer Tempels zu berauben suchte und durch göttliches Eingreifen daran gehindert wurde.

Helkai (hebr., Kurzform von *Hilkija*), Haupt einer Priesterfamilie (Neh 12,15).*

Hellenisten (in der Lutherbibel »griechische Juden«), griech. sprechende, außerhalb Palästinas geborene Juden, von denen eine bedeutende Anzahl Christen wurden (Apg 6,1), darunter vermutlich Stephanus und Paulus, während andere dem neubekehrten Paulus nach dem Leben trachteten (Apg 9,29).*

Helon (hebr., »stark«), Vater des Eliab (1) (z. B. 4Mose 1,9; 2,7).

Hemam, ein Enkel des Seïr (1Mose 36,22; 1Chr 1,39), d. h. eine Sippe in Edom.*

Heman, 1. ein berühmter Weiser (1Kön 5,11), vielleicht identisch mit **2.** dem Ahnherrn einer Sängergilde am Jerusalemer Tempel (z. B. 1Chr 6,18; 25,1; Ps 88,1).

Hemdan, ein Enkel Seïrs (1Mose 36,26; 1Chr 1,41), d. h. eine Sippe in Edom.*

Hen (hebr., »Gnade«, »Anmut«), nach Sach 6,14 Sohn des Zefanja (4) (in der Lutherbibel fehlt der Name), der in V. 10 *Joschija* heißt; wahrscheinlich ist auch in V. 14 *Joschija* zu lesen.*

Henadad, ein Levit, dessen Söhne beim Wiederaufbau der Mauer Jerusalems halfen (Esr 3,9), Vater des Binnui (4) (Neh 3,18.24; 10,10).*

Henoch, 1. Gestalt der Urzeit, wurde wegen seiner Frömmigkeit (die auch darin angedeutet wird, daß seine Lebenszeit 365 Jahre beträgt) zu Lebzeiten entrückt (1Mose 5,18–24; Hebr 11,5; zum Stammbaum → Set); **2.** ein Sohn Midians (1Mose 25,4; 1Chr 1,33); **3.** ein Sohn Rubens (z. B. 1Mose 46,9).

Herakles, halbgöttlicher Held der griech. Sage, der in Tyrus als Gott verehrt wurde (2Makk 4,19 f.).*

Heresch (hebr., »stumm«), ein Levit (1Chr 9,15).*

Hermas (griech., »zu [dem Gott] Hermes gehörig«), ein Christ in Rom (Röm 16,14).*

Hermes, 1. griech. Gott der Händler und Redner, mit dem Paulus nach Apg 14,12 verwechselt wurde; **2.** ein Christ in Rom (Röm 16,14).*

Hermogenes (griech., »von [dem Gott] Hermes stammend«), kleinasiat. Christ, der auf nicht näher bekannte Weise Paulus im Stich ließ (2Tim 1,15).*

Herodes (griech., »heldenhaft«). **1.** König über den größten Teil Palästinas (37–4 v. Chr.); er gründete hellenist. Städte (z. B. Cäsarea; vgl. Apg 23,35) und begann in Jerusalem den glanzvollen Tempelneubau. Die Geburt Jesu fiel wahrscheinlich in die letzte Zeit seiner Herrschaft (Mt 2; Lk 1,5). **2.** H. (Antipas), Sohn des Vorigen, Tetrarch (»Landesfürst«, von Rom abhängiger Regent) von Galiläa und Peräa (4 v. – 39 n. Chr.). Er war der Landesherr Jesu (Lk 23,7–11.15). Wegen der Heirat mit seiner Schwägerin Herodias von Johannes dem Täufer verurteilt, ließ er diesen einkerkern und dann enthaupten (Mk 6,17–28). **3.** → Agrippa (1).

Herodianer (in der Lutherbibel »Anhänger des Herodes«), jüd. Parteigänger des Herodes (2), die sich gegen Jesus mit den ihnen sonst verhaßten Pharisäern zusammenfanden (Mt 22,16; Mk 3,6; 12,13).*

Herodias, Enkelin des Herodes (1), verließ ihren ersten Mann, um den Herodes (2), ihren Onkel, zu heiraten, und veranlaßte den Tod Johannes' des Täufers (Mt 14,3.6; Mk 6,17–22; Lk 3,19).*

Herodion, ein Judenchrist in Rom (Röm 16,11).*

Hesed (hebr., Kurzform von *Hasadja*), Vater eines namentlich nicht bekannten Statthalters Salomos (1Kön 4,10).*

Hesekiel → Ezechiel.

Hesir, 1. Leiter einer Priesterklasse (1Chr 24,15); **2.** Mitunterzeichner der Gesetzesverpflichtung (Neh 10,21).*

Hesjon, Großvater des aram. Königs Ben-Hadad (1) (1Kön 15,18).*

Hesli, ein Ahnherr Jesu (Lk 3,25).*

Het, nach 1Mose 10,15; 1Chr 1,13 ein Sohn Kanaans, Ahnherr der *Hetiter*, womit das AT nicht das um 1200 v. Chr. untergegangene Großreich (in Anatolien) bezeichnet, sondern dessen Nachfolgestaaten in Nordsyrien (1Kön 10,29; 2Kön 7,6) und einzelne Personen (z. B. 1Sam 26,6; 2Sam 11,3), deren Herkunft vielleicht auf die Hetiter zurückgeht; in späterer Zeit galten die Hetiter dann einfach als vorisraelit. Bevölkerung Kanaans (z. B. 1Mose 23; 2Mose 3,8).

Hezro, ein Krieger Davids (2Sam 23,35; 1Chr 11,37).*

Hezron, 1. ein Sohn Rubens (z. B. 1Mose 46,9); **2.** ein Enkel Judas (z. B. 1Mose 46,12) und Ahnherr Davids (Rut 4,18 f.).

Hiddai, ein Krieger Davids (2Sam 23,30; 1Chr 11,32).*

Hiël (hebr., Kurzform von *Ahiël* »Bruder Gottes«), Mann aus Bet-El, der zur Zeit des Königs Ahab die Mauer Jerichos wiederaufbaute (1Kön 16,34).*

Hieronymus (griech., »mit heiligem Namen«), ein syr. Feldherr unter Antiochus V. (2Makk 12,2).*

Hilkija (hebr., »Jahwe ist mein Teil«), **1.** Vater des Palastvorstehers Eljakim (1) (z. B. 2Kön 18,18; Jes 22,20); **2.** ein Hoherpriester zur Zeit des Königs Joschija, der nach 2Kön 22–23 das »Gesetzbuch« im Tempel fand und damit Joschijas Kultreform auslöste; **3.** ein Ahnherr des Sängers Etan (1) (1Chr 6,30); **4.** ein Torwächter am Tempel in Jerusalem (1Chr 26,11); **5.** ein vornehmer Laie zur Zeit Esras (Neh 8,4); **6.** ein aus dem Exil heimgekehrter Priester (Neh 12,7.21); **7.** Vater des Profeten

Jeremia (Jer 1,1); **8.** Vater des Gemarja (1) (Jer 29,3); **9.** Ahnherr des Baruch (1) (Bar 1,1); **10.** und **11.** zwei Ahnherren der Judit (Jdt 8,1); **12.** Vater der Susanna (Dan 13,2).

Hillel, Vater des Richters Abdon (1) (Richt 12,13.15).*

Hiob → Ijob.

Hira, Freund Judas (1Mose 38,1.12).*

Hiram (hebr., Kurzform von *Ahiram* »der Bruder ist erhaben«), **1.** König von Tyrus (973–942 v. Chr.), der König Salomo im Rahmen eines Handelsvertrages (1Kön 5,15–26) umfangreiche Mengen an Bauholz lieferte und sachkundige Bauarbeiter stellte, ihm außerdem beim Aufbau einer Handelsflotte behilflich war (1Kön 9,26–28); Salomos Gegenleistung bestand in Öl und Weizen und in der Abtretung von zwanzig Städten in Galiläa (1Kön 9,11); **2.** ein Kunsthandwerker (1Kön 7,13–45); → Hiram-Abi.

Hiram-Abi, nach 2Chr 2,12; 4,16 ein anderer Name des Hiram (2); aber das Wort *Abi* (hebr., »Vater«, vgl. *Ab*) dürfte hier »Meister« oder »Berater« (so die Lutherbibel) bedeuten.*

Hiski (hebr., Kurzform von *Hiskija*), ein Nachkomme Benjamins (1Chr 8,17).*

Hiskia → Hiskija.

Hiskija (hebr., »Jahwe ist Stärke«). **1.** König des Südreichs Juda (725–697 v. Chr.; 2Kön 18–20). Er war lange Zeit treuer Vasall der Assyrer, schloß sich jedoch einer 705 v. Chr. einsetzenden Aufstandsbewegung gegen die Assyrer an. Wahrscheinlich im Zusammenhang damit beseitigte er assyr. und andere fremde Kultsymbole, was ihm das uneingeschränkte Lob des bibl. Berichterstatters einbringt (2Kön 18,3–7). 701 v. Chr. unternahm der Assyrerkönig Sanherib eine Strafexpedition gegen Juda und belagerte Jerusalem; H. mußte einen hohen Tribut zahlen (2Kön 18,13–16). Von Begegnungen H.s mit dem Profeten Jesaja berichten die – großenteils legendenhaften – Erzählungen 2Kön 18,17–20,19 = Jes 36–39. **2.** Ein Nachkomme des Königs Jojachin (1Chr 3,23). **3.** Haupt einer Familie, die aus dem Exil heimkehrte, in Esr 2,16; Neh 7,21 mit → *Ater* (1) identifiziert, in Neh 10,18 neben Ater. **4.** Ein Ahnherr des Profeten Zefanja (Zef 1,1).

Hiwiter, ein kanaan. Volk (z. B. 2Mose 3,8), als dessen Siedlungsgebiet Sichem (1Mose 34,2), Gibeon (Jos 9,7) und der Fuß des Libanon (2Sam 24,7) genannt werden.

Hobab, ein Keniter (Richt 4,11), der nach 4Mose 10,29 Israel in der Wüste führen sollte. Ein späterer Zusatz in 4Mose 10,29 macht ihn zum Sohn Reguëls und außerdem – wie auch ein späterer Zusatz in Richt 4,11 – zum Schwiegervater des Mose (→ Jitro).*

Hod (hebr., Kurzform von *Hodija*), ein Nachkomme Aschers (1Chr 7,37).*

Hodawja (hebr., »preist Jahwe«), **1.** ein Nachkomme des Königs Jojachin (1Chr 3,24); **2.** ein Sippenhaupt in Manasse (1Chr 5,24); **3.** ein Benjaminiter (1Chr 9,7); **4.** Familienhaupt von Leviten, die aus dem Exil heimkehrten (Esr 2,40; 3,9; Neh 7,43); er ist auch in Neh 10,11 statt *Hodija* (2) gemeint.*

Hodesch (hebr., »am Neumondstag geboren«), Frau des Benjaminiters Schaharajim (1Chr 8,9).*

Hodija (hebr., »Jahwe ist Hoheit«), **1.** in 1Chr 4,19 genannt; der Text ist verderbt; **2.** ein Levit, Mitunterzeichner der Gesetzesverpflichtung (Neh 8,7; 9,5; 10,14.19; in V. 11 ist *Hodawja* (4) gemeint.)*

Hofni, einer der beiden frevlerischen Söhne des Priesters Eli (1Sam 1,3; 4,11).

Hofra, ägypt. Pharao, der 588 v. Chr. ein Entsatzheer gegen die Babylonier vor Jerusalem schickte (Jer 37,5–11; 44,30).*

Hogla (hebr., »Rebhuhn«), eine der Töchter des → Zelofhad (z. B. 4Mose 27,1).

Hoham, ein König von Hebron, der an einer kanaan. Koalition gegen Israel teilnahm (Jos 10,3) und besiegt wurde.*

Holofernes, Heerführer des Königs Nebukadnezzar, der Judäa bedrohte, aber von der schönen Witwe Judit umgarnt und enthauptet wurde (Jdt 2,4–14,19).

Horam, König von Geser, der gegen Israel kämpfte und besiegt wurde (Jos 10,33).*

Hori, 1. ein Enkel des Seïr (1Mose 36,22; 1Chr 1,39), d. h. eine Sippe in Edom; **2.** Vater des Schafat (1), eines Kundschafters der Mosezeit (4Mose 13,5).*

Horiter, alte Bevölkerung des Gebirges Seïr (1Mose 14,6), von den Edomitern vertrieben (5Mose 2,12.22). Es handelt sich wohl um Nachkommen der Hurriter (Churriter), eines im 2. Jt. v. Chr. vor allem in Syrien und Nordmesopotamien mächtigen Volkes. Die Liste der Söhne und Enkel des »H.s Seïr« in 1Mose 36,20–30 beschreibt die Stämme und Sippen der Edomiter. In 1Mose 36,2 ist statt *Hiwiter* wohl *Horiter* (so auch die Lutherbibel) zu lesen.*

Hosa, ein Torwächter am Jerusalemer Tempel (1Chr 16,38; 26,10 f.16).*

Hoschaja (hebr., »Jahwe hat geholfen«), **1.** Vater des Offiziers Asarja (22) (Jer 42,1; 43,2); **2.** ein Teilnehmer bei der Mauerweihe in Jerusalem (Neh 12,32).*

Hoschama (hebr., »Jahwe hat erhört«), ein Sohn des Königs Jojachin (1Chr 3,18).*

Hoschea (hebr., Kurzform von *Hoschaja*; im Hebr. gleichlautend mit *Hosea*), **1.** anderer Name des → Josua (4Mose 13,8.16); **2.** letzter König des Nordreichs Israel (732–722 v. Chr.), der den Thron nach einem Putsch bestieg (2Kön 15,30); als er die Tributzahlungen an den assyr. König Salmanassar einstellte, um sich mit den Ägyptern zu verbünden, entsandte Salmanassar ein Heer gegen Israel, eroberte Samaria und nahm H. gefangen (2Kön 17,1–6; 18,1.9 f.); **3.** Führer des Stammes Efraim (1Chr 27,20); **4.** ein Mitunterzeichner der Gesetzesverpflichtung (Neh 10,24).*

Hosea (hebr., Kurzform von *Hoschaja*; im Hebr. gleichlautend mit *Hoschea*), Profet im Nordreich Israel, der etwa 750–725 v. Chr. wirkte. Die Botschaft H.s kreist um das Thema von der Liebe Jahwes zu Israel – verglichen mit der Liebe eines Gemahls zur Gemahlin (Hos 2,4–25) und mit der Liebe eines Vaters zu seinem Kind (Hos 11,1–10) – und um das Thema des »Ehebruchs«, der Treulosigkeit Israels, die im Bruch der mitmenschlichen Gebote (Hos 4,1 f.) und vor allem in der Hinwendung zu den Fruchtbarkeitsriten des Baalkultes (z. B. Hos 4,10–19; 9,1) zum Ausdruck kommt. Deshalb kündigte H. den Untergang des Nordreichs an (Hos 9,11–13), den er aber als zur Umkehr führendes Läuterungsgericht ansah (Hos 14,2–9). Seine Botschaft bekräftigte H. zeichenhaft durch sein Verhältnis zu einer (ehebrecherischen) Frau, das in Kap. 1 als Er- und in Kap. 3 als Ich-Bericht dargestellt wird. Unlösbar ist wohl das viel diskutierte Problem, ob es sich um ein und dasselbe Ereignis oder um zwei verschiedene, um eine Frau oder zwei handelt und wie man das »Huren« der Frau (Hos 1,2; 3,3) verstehen soll – als eheliche Untreue, Tempelprostitution oder Teilnahme an einem kanaan. Fruchtbarkeitsritus.

Hotam (hebr., »Siegel«), **1.** ein Nachkomme Aschers (1Chr 7,32.35); **2.** Vater des Schama und des Jëiël (3), zweier Krieger Davids (1Chr 11,44).*

Hotir, ein Leiter einer Sängerklasse (1Chr 25,4.28).*

Hubba, ein Nachkomme Aschers (1Chr 7,34).*

Hufam, ein Sohn Benjamins (4Mose 26,39), der in 1Mose 46,21 und 1Chr 7,12 (der Text ist verderbt) *Huppim* heißt.*

Hul, ein Sohn (1Mose 10,23) – so die Lutherbibel auch in 1Chr 1,17 – und nicht ein Bruder (1Chr 1,17) Arams (1).*

Hulda (hebr., »Maulwurf«), eine Profetin, die im Auftrag des Königs Joschija über das im Tempel gefundene Gesetzbuch befragt wurde (2Kön 22,14–20; 2Chr 34,22–28).*

Huppa, Leiter einer Priesterklasse (1Chr 24,13).*

Huppim, 1. nach 1Mose 46,21 und 1Chr 7,12 (der Text ist verderbt) ein Sohn Benjamins, der in 4Mose 26,39 *Hufam* heißt; **2.** nach 1Chr 7,15 ein Nachkomme Manasses; der Text ist verderbt.*

Hur, 1. ein Begleiter des Mose und des Aaron (z. B. 2Mose 17,10); **2.** ein Midianiterkönig (4Mose 31,8), Vasall des Königs Sihon (Jos 13,21); **3.** Vater eines nicht namentlich genannten Statthalters Salomos (1Kön 4,8); **4.** ein Sohn Kalebs (1Chr 2,19 f.), in 1Chr 4,1 zu den Söhnen Judas gerechnet; **5.** Vater des Refaja (5) (Neh 3,9).

Huram, nach 1Chr 8,5 ein Nachkomme Benjamins.*

Huri, ein Nachkomme Gads (1Chr 5,14).*
Huscha, ein Ort (2Sam 21,18), der in 1Chr 4,4 als Nachkomme Judas personifiziert wird.*
Huschai, 1. ein Vertrauter Davids, der diesem bei Abschaloms (1) Aufstand entscheidend half (2Sam 15,32–37; 16,16–17,22; 1Chr 27,33); **2.** Vater des Statthalters Baana (4) (1Kön 4,16).*
Huscham (hebr., »großnäsig«), ein edomit. König (1Mose 36,34 f.; 1Chr 1,45 f.).*
Huschim (hebr., »großnäsig«), **1.** ein Sohn Dans (1Chr 7,12; der Text ist verderbt), der in 1Mose 46,23; 4Mose 26,42 *Schuham* heißt; **2.** eine Frau des Benjaminiters Schaharajim (1Chr 8,8).*
Hymenäus, ein Irrlehrer, aus der Gemeinde ausgeschlossen (1Tim 1,20; 2Tim 2,17).*
Hyrkanus, reicher Mann, der Geld im Jerusalemer Tempelschatz hinterlegt hatte (2Makk 3,11).*

I

I (hebr., »wo?«), Bestandteil von Eigennamen (*Ieser*, *Ijob*, *Ikabod*, *Isebel*), in denen durch die Klage: »Wo ist ...?« der Gedanke zum Ausdruck kommt, daß der Namensträger ein verstorbenes Familienglied neu verkörpert.

Ibri (im Hebr. gleichlautend mit *Hebräer*), ein Levit (1Chr 24,27).*

Ibzan, ein Richter (Richt 12,8–10).*

Iddo, 1. Vater des Statthalters Ahinadab (1Kön 4,14); **2.** ein Levit zur Zeit des Königs Hiskija (1Chr 6,6), identisch mit *Eden* (1) (2Chr 29,12); **3.** ein Seher, der eine Chronik über Rehabeam und Abija verfaßt haben soll (2Chr 12,15; 13,22), wohl identisch mit *Jedo* (2Chr 9,29); **4.** Großvater des Profeten Sacharja (Sach 1,1.7; Esr 5,1; 6,14); **5.** Ortsvorsteher in Kasifja in Babylonien; an ihn wandte sich Esra, um Diener für den Tempel zu erhalten (Esr 8,17); **6.** Haupt einer priesterlichen Familie, die aus dem Exil heimkehrte (Neh 12,4.16).*

Idumäer, Bezeichnung der Edomiter in hellenist. Zeit (2Makk 10,15 f.). Ursprünglich im Süden des Toten Meeres ansässig, waren sie nach 587 v. Chr. nach Nordosten in das Gebiet um Hebron vorgedrungen, das darum den Namen *Idumäa* erhielt.*

Ieser (hebr., »wo ist die Hilfe?«; vgl. *I*), in 4Mose 26,30 fälschlich für *Abiëser* (1).*

Ijob (hebr., »wo ist der Vater?«; vgl. *I* und *Ab*; von Luther eingedeutscht als *Hiob*), Hauptgestalt des Ijobbuches. Dieses besteht aus Reden in Versform (Ijob 3,1–42,6), die von einem Prosaprolog (Ijob 1–2) und -epilog (Ijob 42,7–12) eingerahmt sind. Der Prolog erzählt, wie der fromme I. durch Unglücksschläge, die Gott auf Veranlassung des Satans über ihn bringt, geprüft wird, aber an Gott festhält, und wie darauf drei Freunde I. besuchen. Der Epilog berichtet von I.s neuem Glück. Hier erscheint I. als vorbildlich frommer Mann der Vorzeit, ebenso in Ez 14,14.20. Die Lage seiner Heimat, das

Land Uz östl. von Palästina (Ijob 1,1.3), ist unbekannt. Diese Angabe zeigt aber, daß I. ursprünglich eine außerisraelit. Gestalt war.

In die – alte – Rahmenerzählung ist zwischen dem 5. und 3. Jh. v. Chr. die Versdichtung eingefügt worden, in der I. sich mit den Freunden über den Sinn seines Leidens auseinandersetzt. Während I. überzeugt ist, daß er schuldlos leidet, vertreten die Freunde den Grundsatz, daß Glück und Unglück eines Menschen Folge seines Tuns sind, daß also I. gesündigt haben muß. Dabei steigern sich I.s Reden zur Herausforderung Gottes (Ijob 31), und Gott antwortet, indem er auf die Größe und die Wunder der Schöpfung hinweist (Ijob 38–39). Die Antwort Gottes bleibt mehrdeutig, weil sie gar nicht auf die Herausforderung I.s einzugehen scheint. Offenbar will der Dichter sagen, daß Gott seiner Welt wohltätig zugewandt ist und ihm deshalb auch I. vertrauen kann.

Ikabod (hebr., »wo ist die Herrlichkeit?«; vgl. *I*), Enkel des Priesters Eli, der an einem für Israel und die Familie Elis verhängnisvollen Tag geboren wurde; sein Name wird volksetymologisch – falsch – mit »Unehre« erklärt (1Sam 4,21; 14,3).*

Ikkesch (hebr., »verkehrt, verdreht«), Vater des Ira (2), eines Kriegers Davids (2Sam 23,26; 1Chr 11,28).*

Ilai, ein Krieger Davids (1Chr 11,29), der in 2Sam 23,28 *Zalmon* heißt.*

Immanuel. Der hebr. Ausdruck »I.« bedeutet »Mit uns ist Gott« und war – wie sich von dem verwandten Ausdruck »Jahwe Zebaot ist mit uns« (Ps 46,8.12) und von Jes 8,10 her vermuten läßt – anscheinend ein Heilsruf des Jerusalemer Tempelkultes. Damit dürfte der Name »I.« in Jes 7,14 zusammenhängen. Nach Jes 7,10–17 kündigt Jesaja dem jud. König Ahas, der sich vor der Bedrohung durch den König des Nordreichs Israel und den König von Damaskus fürchtet, als »Zeichen« an, daß eine junge Frau einen Sohn gebären und ihn »I.« nennen werde; bald darauf werde das Gebiet der beiden feindlichen Könige verödet sein, aber dann werde auch über Juda Unheil kommen. Sicherlich bezieht sich der heilvolle Name »I.« auf die –

als vorübergehend – geweissagte Bewahrung Jerusalems, und vielleicht ist gemeint, daß diese Bewahrung schon bald kommen wird, so daß irgendeine schwangere Frau ihrem Kind dann den Namen »I.« geben kann. Man hat in ihr auch z. B. die Gemahlin des Königs oder des Profeten oder eine mythologische Gestalt vermutet, ohne zu einem allgemein anerkannten Ergebnis zu gelangen.

Immer (hebr., »Lamm«), **1.** Leiter einer Priesterklasse (1Chr 24,14), dessen Söhne aus dem Exil heimkehrten (z. B. Esr 2,37; 10,20); **2.** Vater des Zadok (4) (Neh 3,29).

Imri (hebr., Kurzform von *Amarja*), **1.** ein Judäer (1Chr 9,4); **2.** Vater des Sakkur (5) (Neh 3,2).*

Inder, in 1Makk 6,37 Bezeichnung für einen Elefantenführer, wohl wegen der Herkunft der Elefanten.*

Ir (hebr., »Eselsfüllen«), **1.** ein Benjaminiter (1Chr 7,7); **2.** nach 1Chr 7,12 ein anderer Nachkomme Benjamins; der Text ist wohl verderbt.*

Ira (hebr., »Eselsfüllen«), **1.** ein Priester Davids (2Sam 20,26); **2.** ein Krieger Davids (2Sam 23,26; 1Chr 11,28; 27,9); **3.** ein anderer Krieger Davids (2Sam 23,38; 1Chr 11,40).*

Irad, Sohn Henochs (1Mose 4,18), identisch mit *Jered* (zum Stammbaum →Set).*

Iram, ein »Fürst«, d. h. wohl ein Bezirk Edoms (1Mose 36,43; 1Chr 1,54).*

Iru, ein Sohn Kalebs (1Chr 4,15).*

Isaak (hebr., siehe unten), einer der Erzväter Israels. Nach dem bibl. Bericht ist I. der Sohn Abrahams und Saras. Obwohl beide schon sehr alt sind, wird er ihnen auf eine Verheißung Gottes hin (1Mose 18,9–14) wider Erwarten geboren (1Mose 21,1–7). Er ist Träger der dem Abraham von Gott gegebenen Segenszusage (1Mose 26,2–5). Zunächst wächst er mit Ismael, dem Sohn Abrahams und der Magd Hagar, auf; aber auf Wunsch Saras verstößt Abraham Hagar und Ismael (1Mose 21,8–21). Gott stellt Abrahams Glauben auf die Probe und verlangt, daß er I. opfert, verhindert jedoch im letzten Augenblick die Tötung I.s (1Mose 22,1–19). Für den heranwachsenden I. läßt Abraham eine Frau aus seiner Heimat am Eufrat holen; es ist Rebekka, eine Nichte Abrahams, die I. heiratet (1Mose 24). Ihnen werden zwei Söhne, Esau und Jakob, geboren (1Mose 25,21–28). Während einer Hungersnot entgeht Rebekka nur knapp einer Gefahr bei Abimelech (1), dem Stadtkönig von Gerar; nach einem Streit um einige Brunnen schließen I. und Abimelech einen Vertrag in Beerscheba, wo I. einen Altar für Jahwe baut (1Mose 26). Der alt und blind gewordene I. wird von Jakob überlistet, so daß I. diesem den Segen gibt, den er Esau zugedacht hatte (1Mose 27,1–28,5). Er stirbt im hohen Alter (1Mose 35,27–29). – Historisch dürfte I. ein Kleinviehnomade gewesen sein, der im Süden Palästinas gelebt hat. Erst nachträglich ist I. genealogisch mit Abraham, Esau und Jakob verknüpft worden. – Der Name »I.« bedeutet »Er [nämlich Gott] lächelt [zu]«; er wird von den Erzählern – unzutreffend – mit dem ungläubigen Lachen Saras (1Mose 18,12) oder Abrahams (1Mose 17,17) oder der Leute (1Mose 21,6) erklärt.

Isai (lat. *Jesse*), ein Angehöriger der Sippe Efrata in Betlehem. Sein jüngster Sohn war David (z. B. 1Sam 16,1–22). Deshalb wird der erwartete Messias in Jes 11,1.10 als »Reis (Sproß) aus dem Stamm (dem Baumstumpf, der Wurzel) I.s« bezeichnet.

Ischbaal (hebr., »Mann des Baal«; vgl. *Eschbaal*), ein Sohn Sauls, nach dessen Tod von Abner als König über die Nordstämme eingesetzt, nach zweijähriger Regierungszeit ermordet (2Sam 2,8–4,12; die Lutherbibel hat hier nach dem Urtext die Verballhornungsform *Isch-Boschet* »Mann der Schande«).*

Ischbi, nach 2Sam 21,16 ein Gegner Davids; der Text ist verderbt; in der Lutherbibel erscheint der Name nicht.*

Isch-Boschet → Ischbaal.

Ischhod (hebr., »lebenskräftig«), ein Nachkomme Manasses (1Chr 7,18).*

Ischtar → Astarte.

Isebel (Aussprache: Isébel; hebr., »wo ist die Hoheit / der Prinz?«; vgl. *I*). **1.** Königstochter aus der phöniz. Stadt Sidon, Frau des Königs Ahab von Israel (1Kön 16,31). Nach dem bibl. Bericht war sie Widersacherin des Profeten →Elija, weil sie den Kult des Baals förderte und den Justizmord an Nabot veranlaßte (1Kön 18–19; 21). Sie wurde von Jehu getötet (2Kön 9,30–37). **2.** Symbolische Bezeichnung – mit Bezug auf I. (1) – einer Profetin in der Gemeinde von Thyatira (Offb 2,20).

Iskariot, Beiname des →Judas (4), der als Glied des Zwölferkreises Jesus verriet (z. B. Mt 10,4), und seines Vaters Simon (7) (z. B. Joh 6,71). Die Bedeutung ist unsicher; eine Ableitung von lat. *sicarius* »Dolchmann, Bandit« kommt jedoch kaum in Frage; wahrscheinlicher ist, daß »I.« eine hebr. Herkunftsbezeichnung ist: »Mann aus Kerijot« (d. h. Kerijot-Hezron in Moab; vgl. Jos 15,25).

Ismael (hebr., »Gott hört«; im Hebr. gleichlautend mit *Jischmael*), **Ismaeliter,** ein Nomadenverband in der arab. Wüste, der sich aus zwölf Stämmen zusammensetzte (1Mose 25,12–18). Das AT nennt die I. manchmal als Feinde Israels (z. B. Ps 83,7), aber auch als friedliche Händler (1Mose 37,25–27). Als Ahnherr der I. gilt ein Sohn Abrahams und Hagars, ein Halbbruder Isaaks (1Mose 16; 21,1–21).

Israel. Der Name »I.« (hebr., *Jisrael*), der in 1Mose 32,29 und Hos 12,4 damit erklärt wird, daß Jakob mit Gott (El) gestritten (hebr. *sara*) habe, kann in der Tat »El streitet« oder aber »El herrscht« bedeuten.

Nach der Darstellung des AT in den Büchern 2Mose bis Jos entstand I. in Ägypten aus den Nachkommen Jakobs als Zwölfstämmeverband, der unter Führung des Mose fluchtartig Ägypten verließ und nach einem langen Marsch durch die Wüste, wobei er an den Berg Sinai kam, unter Führung des Josua das Land Kanaan, also Palästina, in einem Zug eroberte. Diese Darstellung ist – wie das AT selber mehrfach, wenn auch nur versteckt zu erkennen gibt – nicht historisch, sondern das Ergebnis eines langen Überlieferungsprozesses, in dem Traditionen verschiedenster Art zu einem Gesamtbild vereinigt wurden.

Die Einzelheiten der Entstehung I.s sind ungewiß. Auf jeden

Fall waren die Vorfahren des Volkes I. Nomaden, die im 13. bis 11. Jh. v. Chr. allmählich in Palästina seßhaft wurden und die im Lauf der Zeit größere Einheiten, Stämme, bildeten. Die Stämme hingen anfangs nur lose miteinander zusammen und zerfielen – geographisch bedingt – in zwei Gruppen: den Stamm Juda im Süden und die übrigen, die Nordstämme. Unter dem Druck vor allem der Philister kam es um 1000 v. Chr. zum Heerkönigtum Sauls. Nach der Niederlage und dem Tod Sauls wurde der Judäer David zunächst König über Juda (2Sam 2,1–4a), dann auch über die Nordstämme (2Sam 5,1–5), die hier als »I.« dem Reich Juda gegenübergestellt werden. Als Davids Sohn und Nachfolger Salomo 926 v. Chr. starb, trennten sich die Nordstämme von Juda und bildeten ein eigenes Reich, das sich »I.« nannte (1Kön 12,1–20). Das Nordreich verlor seine staatliche Eigenständigkeit 722 v. Chr. durch die Assyrer, das Südreich verlor sie 587/586 v. Chr. durch die Babylonier, die einen Teil der jud. Oberschicht in das babylon. Exil führten.
Der Name »I.« war also eine politisch-staatsrechtliche Bezeichnung für das Nordreich im Gegenüber zum Südreich Juda. Daneben wird der Name »I.« aber auch für den gesamten Stämmeverband – also unter Einschluß Judas – verwendet, und zwar sowohl für die Stämme in der frühen, vorstaatlichen Zeit (Richt 5,9) als auch für das aus dem Nord- und Südreich bestehende Gottesvolk (z. B. Jes 8,14), schließlich sogar für die Judäer im babylon. Exil (z. B. Jes 45,4) und die aus dem Exil heimgekehrten Judäer (z. B. Esr 2,70).

Issachar. 1. Einer der zwölf Stämme Israels, der ein kleines, aber fruchtbares Gebiet in Galiläa südwestl. des Sees Gennesaret bewohnte. Der Name »I.« läßt sich als »Lohnarbeiter« deuten, und in 1Mose 49,14 f. wird I. als »fronpflichtiger Knecht« bezeichnet. Daher vermutet man, daß der Stamm seinen Siedlungsraum erkaufen mußte, indem er Fronarbeiten leistete und seine politische Selbständigkeit aufgab. Hierbei ist an die Oberherrschaft kanaan. Stadtstaaten zu denken, vielleicht an die von Schunem, das im Gebiet von I. lag. Als Ahnherr des

Stammes gilt ein Sohn Jakobs und Leas (1Mose 30,14–18). **2.** Ein Levit und Torhüter am Tempel in Jerusalem (1Chr 26,5).

Itamar, Ahnherr eines Jerusalemer Priestergeschlechts (z. B. 1Chr 24,2–6; Esr 8,2), der als Sohn Aarons gilt (2Mose 6,23).

Itiël, ein Benjaminiter im nachexil. Jerusalem (Neh 11,7).*

Ittai, 1. Führer einer Söldnertruppe Davids, der diesen während Abschaloms (1) Aufstand unterstützte (2Sam 15,19–22; 18,2.5.12); **2.** ein Krieger Davids (2Sam 23,29; 1Chr 11,31).*

J

Jaakoba (hebr., »er [Gott] schützt« = *Jakob*), ein Nachkomme Simeons (1Chr 4,36).*

Jaala (hebr., »Steinbock«), Familienhaupt von Knechten Salomos, die aus dem Exil heimkehrten (Esr 2,56; Neh 7,58).*

Jaareschja (hebr., »Jahwe hat gepflanzt«), ein Nachkomme Benjamins (1Chr 8,27).*

Jaasai (hebr., Kurzform von *Jaasiël*), Israelit, der seine ausländische Frau heimschickte (Esr 10,37).*

Jaasanja (hebr., »Jahwe hat erhört«), **1.** ein Heerführer Gedaljas (1) (2Kön 25,23; Jer 40,8); **2.** ein Familienhaupt der Rechabiter (Jer 35,3); **3.** und **4.** zwei führende Jerusalemer zur Zeit Ezechiels (Ez 8,11; 11,1).*

Jaasiël (hebr., (1) und (3) »Gott hat gemacht«, (2) »Gott hat ernährt«), **1.** ein Krieger Davids (1Chr 11,47); **2.** ein Levit, Torwächter und Harfenspieler (1Chr 15,18.20; 16,5); **3.** Führer des Stammes Benjamin (1Chr 27,21).*

Jaasija (hebr., »Jahwe hat ernährt«), ein Familienhaupt der Leviten (1Chr 24,26 f.).*

Jabal, nach 1Mose 4,20 Sohn des Lamech und der Ada, Urvater aller Hirten.*

Jabesch, Vater des Königs Schallum (1) (2Kön 15,10.13 f.).*

Jabez, ein Nachkomme Judas (1Chr 4,9 f.).*

Jabin, nach Jos 11,1–15 Anführer einer nordkanaan., von Josua besiegten Koalition; seine Gestalt wurde auch mit der Deboraschlacht verknüpft (Richt 4,2–24; Ps 83,10).*

Jachdiël (hebr., »Gott freue sich«), ein Sippenhaupt des Stammes Manasse (1Chr 5,24).*

Jachdo (hebr., »er [Gott] freue sich«), ein Vorfahr des Gaditers Abihajil (3) (1Chr 5,14).*

Jachin (hebr., »er [Gott] macht fest«), **1.** ein Sohn Simeons (z. B. 1Mose 46,10), identisch mit *Jarib* (1) (1Chr 4,24); **2.** ein Priester (1Chr 9,10; Neh 11,10); **3.** ein Leiter einer Priesterklasse (1Chr 24,17).

Jachleel (hebr., »Gott zeigt sich freundlich«), ein Sohn Sebulons (1Mose 46,14; 4Mose 26,26).*

Jachmai (hebr., »er [Gott] schützt«), ein Nachkomme Issachars (1Chr 7,2).*

Jachseja (hebr., »Jahwe schaut«), ein Israelit, der sich der Scheidung von seiner ausländischen Frau widersetzte (Esr 10,15).*

Jachsera (hebr., »vorsichtig« oder »schlau«), Großvater des Priesters Amasai (2) (1Chr 9,12); → Achsai.*

Jachzeel (hebr., »Gott hat zugeteilt«), ein Sohn Naftalis (1Mose 46,24; 4Mose 26,48; 1Chr 7,13).*

Jada (hebr., »er [Gott] hat erkannt«), Enkel des Jerachmeel (1Chr 2,28.32).*

Jaddai (hebr., »er [Gott] hat erkannt«), ein Israelit, der seine ausländische Frau zurückschickte (Esr 10,43).*

Jaddua (hebr., »er [Gott] hat erkannt«), **1.** Mitunterzeichner der Gesetzesverpflichtung (Neh 10,22); **2.** ein Hoherpriester (Neh 12,11.22).*

Jadon, ein Helfer beim Wiederaufbau der Mauer Jerusalems (Neh 3,7).*

Jaël (hebr., »Steinbock, Bergziege«), eine Frau, die nach der Deboraschlacht den besiegten Heerführer Sisera tötete (Richt 4,17–22; 5,6.24).*

Jafet, dritter Sohn Noachs (1Mose 5,32), gilt als Ahnherr der Völker Kleinasiens und der Ägäis (1Mose 10,2).

Jafia, 1. König von Lachisch, Teilnehmer an einer antiisraelit. Koalition (Jos 10,3); **2.** ein Sohn Davids (2Sam 5,15).

Jaflet (hebr., »er [Gott] hat errettet«), ein Nachkomme Aschers (1Chr 7,32 f.).*

Jahasiël (hebr., »Gott schaut«), **1.** ein Verbündeter Davids (1Chr 12,5); **2.** ein Priester (1Chr 16,6); **3.** ein Levit, Sohn Hebrons (1Chr 23,19; 24,23); **4.** ein Levit, Sohn Secharjas (12) (2Chr 20,14 f.); **5.** Vater des Schechanja (4) (Esr 8,5).*

Jahat, 1. ein Nachkomme Judas (1Chr 4,2); **2.** ein Levit, Sohn des Libni (1) und Enkel des Gerschom (1) (1Chr 6,5), nach 1Chr 6,28 Sohn des Gerschom (1), nach 1Chr 23,10 Sohn des Schimi

(1); **3.** ein Levit, Sohn des Schelomit (4) (1Chr 24,22); **4.** ein Levit zur Zeit des Königs Joschija (2Chr 34,12).*

Jahdai (hebr., »Jahwe leitet«), ein Enkel Kalebs (1Chr 2,46 f.; in der Lutherbibel fälschlich nach dem Urtext *Gases*).*

Jahwe, der Eigenname des Gottes Israels, der im AT ungleich häufiger vorkommt als die hebr. Wörter für »Gott« und »Herr«. Der Name »J.« ist allerdings nicht überliefert, sondern durch Kombination erschlossen. Denn der hebr. Text des AT bestand ursprünglich nur aus Konsonanten, so daß der Gottesname als *Jhwh* erschien. Seit etwa 300 v. Chr. wurde er aus Scheu, den Gottesnamen auszusprechen, als *adonaj* »Herr« gelesen. Als nun der hebr. Text des AT mit Vokalen versehen wurde, stellte man den Gottesnamen als eine Mischform aus den Konsonanten *Jhwh* und den Vokalen von *adonaj* dar, und so ergab sich für Nichthebräer die noch heute vielfach verwendete Form *J^{e}howah*.

Wahrscheinlich ist »J.«, entsprechend der Darstellung des AT in 2Mose 3 und 6, den Israeliten durch Mose bekannt geworden, und möglicherweise hat Mose den J.-Glauben von den Midianitern oder Kenitern übernommen. Die Deutung des Namens »J.« in 2Mose 3,14: »Ich bin, der ich bin« = ich werde dasein (bei meinen Verehrern), als der ich dasein werde, leitet ihn von dem hebr. Verb *hjh* »sein, wirken, geschehen« ab. Je nach dem Verständnis dieser schwierigen Stelle liegt hier eine Verweigerung der Definition Gottes vor oder eine Selbstvorstellung Gottes in seiner gegenwärtigen oder in der Zukunft sich erweisenden Gestalt.

Der Name »J.« erscheint häufig in Eigennamen, und zwar am Anfang in der Form *Jo-* (im Hebr. Kurzform von *Jeho-*, z. B. *Jehoschafat* neben *Joschafat*), am Schluß in der Form *-ja* (im Hebr. Kurzform von *-jahu*, z. B. *Elijahu* neben *Elija*), manchmal eingedeutscht als *-ia* (*Jeremia*, *Nehemia*).

Jaïr (hebr., »Jahwe erstrahlt«), **1.** Sippe des Stammes Manasse, nach der die »Zeltdörfer J.s« im Ostjordanland benannt sind (z. B. 4Mose 32,41); **2.** ein Richter (Richt 10,3–5); **3.** Vater des Elhanan (1) (2Sam 21,19); **4.** Vater des Mordechai (Est 2,6).

Jaïrus (griech. Form von hebr. *Jaïr*), ein galil. Synagogenvorsteher, dessen Tochter nach Mk 5,21–24.35–43 durch Jesus vom Tod erweckt wurde.

Jakan, ein Nachkomme Gads (1Chr 5,13).*

Jake (hebr., »vorsichtig«), Vater des Agur (Spr 30,1).*

Jakim (hebr., »er [Gott] läßt wiedererstehen«), **1.** ein Nachkomme Benjamins (1Chr 8,19); **2.** Leiter einer Priesterklasse (1Chr 24,12).*

Jakob (in der Lutherbibel in 1Makk 8,17 für *Koz* (2)). **1.** Einer der Erzväter Israels (1Mose 25,21–35,29). Nach dem bibl. Bericht ist er ein Sohn Isaaks und Rebekkas. Der hebr. Name »J.« bedeutet eigentlich: »er [nämlich Gott] möge schützen«, wird aber im AT volksetymologisch als »er betrügt« verstanden (1Mose 27,36), und so handeln zahlreiche J.s-Geschichten von schlauem Betrug. J. bringt seinen Zwillingsbruder Esau durch List um seine Erstgeburt (1Mose 25,27–34) und durch Betrug um den Segen (1Mose 27). Er flieht vor der Rache Esaus nach Mesopotamien zu seinem Onkel Laban, und bei der Rückkehr von dort überlistet er Esau, so daß dieser ihn in Frieden läßt (1Mose 32,1–22; 33,1–16). Auch der Aufenthalt bei Laban ist von Betrug und List begleitet. J. dient um Labans Tochter Rahel, aber eine List Labans bringt ihn dazu, erst dessen Tochter Lea und dann Rahel zu heiraten. Später gewinnt er durch List den besten Teil von Labans Herden und flieht darauf mit seiner Familie vor Laban, was ebenfalls mit List und Betrug vor sich geht; Laban holt ihn ein, und beide schließen einen Vertrag miteinander (1Mose 29–31). – Im Zusammenhang mit den J.-Laban-Erzählungen steht die von der Geburt der zwölf Söhne J.s (1Mose 29,31–30,24; 35,16–18). Andere Erzählungen kreisen um das Thema des dem J. von Gott zugesagten oder verliehenen Segens: eine doppelte Offenbarung Gottes bei Bet-El (1Mose 28,10–22; 35,1–15) und der Kampf zwischen J. und Gott am Fluß Jabbok (1Mose 32,23–33); dabei gibt ihm Gott den Namen »Israel«. Sein Tod wird in 1Mose 49,29–50,14 berichtet. – Der Bericht des 1. Mosebuches über J. ist das Ergebnis eines langen Überlieferungsvorgangs, in dessen Verlauf Erzählungen unterschiedlicher Herkunft zusammengewachsen sind und J. zum Sohn Isaaks und zum Ahnherrn der zwölf Stämme Israels wurde. Historisch dürfte J. ein Kleinviehnomade, wahrscheinlich im Ostjordanland, gewesen sein. **2.** Nach Mt 1,15 f. Vater Josefs (10), des Vaters Jesu.

Jakobus (griech. Form von hebr. *Jakob*). **1.** Sohn des Zebedäus und Bruder des Johannes (2), Glied des Zwölferkreises (Mk 1,19), einer der drei vertrautesten Jünger Jesu (Mk 5,37; 9,2; 14,33), von König Herodes → Agrippa I. hingerichtet (um 44 n. Chr.; Apg 12,1 f.). **2.** Sohn des Alphäus, ebenfalls Glied des Zwölferkreises (Mk 3,18), wohl zu unterscheiden von **3.** J. dem Kleinen (Mk 15,40); → Maria (3). **4.** J. der Herrenbruder (Gal 1,19). Er gehörte ebensowenig wie die übrigen Angehörigen Jesu (Mk 3,21) zum vorösterlichen Jüngerkreis, wurde jedoch wohl kurze Zeit nach Jesu Tod durch eine Erscheinung des Auferstandenen (1Kor 15,7) bekehrt und spielte von da an eine zentrale Rolle in der judenchristl. Gemeinde in Jerusalem (Gal 1,19; 2,9). Von etwa 44 bis zu seinem Märtyrertod um 64 war er ihr alleiniger Leiter. In der Auseinandersetzung zwischen Heiden- und Judenchristen war er der große Antipode des Paulus (Gal 2,12), obwohl er den radikal gesetzestreuen Standpunkt der Judaisten nicht geteilt zu haben scheint (Apg 21,18–26). Seine große Autorität spiegelt sich darin, daß man ihm – fälschlich – den Jakobusbrief (eine judenchristl. Lehrschrift, die zum rigorosen Gehorsam gegen Gottes Gebot im Geiste Jesu auffordert und zwischen 70 und 80 entstanden ist) zuschrieb. **5.** Vater des Judas (6), eines nur Lk 6,16; Apg 1,13 erwähnten Gliedes des Zwölferkreises.

Jalam, ein Sohn Esaus (1Mose 36,5) und »Fürst« (1Mose 36,18), d. h. ein Stamm in Edom.

Jalon, ein Nachkomme Kalebs (1Chr 4,17).*

Jambres und *Jannes*, nach einer apokryphen Überlieferung, auf die 2Tim 3,8 anspielt, Namen der ägypt. Zauberer, die durch Aaron überwunden wurden (2Mose 7,11 f.22).*

Jambri, vermutlich ein arab. Stamm (1Makk 9,36–38).*

Jamin (hebr., »glücklich«; vgl. *Benjamin*), **1.** ein Sohn Simeons (z. B. 1Mose 46,10); **2.** ein Nachkomme Jerachmeels (1Chr 2,27); **3.** ein Levit (Neh 8,7).

Jamlech (hebr., »er [Gott] verleiht Herrschaft«), ein Nachkomme Simeons (1Chr 4,34).*

Jamliku, Erzieher des späteren Königs Antiochus VI. (1Makk 11,39).*

Jamnor, in der Lutherbibel in Jdt 8,1 für *Hananja* (17).*

Janai (hebr., »er [Gott] erhört«), ein Sohn Gads (1Chr 5,12).*

Jannai, ein Ahnherr Jesu (Lk 3,24).*

Jannes, ein Zauberer, neben →Jambres genannt (2Tim 3,8).*

Jarha, ägypt. Sklave des Jerachmeeliters Scheschan, der dessen Schwiegersohn wird (1Chr 2,34 f.).*

Jarib (hebr., »er [Gott] streitet«), **1.** ein Sohn Simeons (1Chr 4,24), identisch mit *Jachin* (1); **2.** ein Botschafter Esras zu Iddo (5) (Esr 8,16); **3.** ein Priester, der seine ausländische Frau zurückschickte (Esr 10,18).*

Jaroach, ein Nachkomme Gads (1Chr 5,14).*

Jaschen, ein Krieger Davids (2Sam 23,32; 1Chr 11,34).*

Jaschobam (hebr., »der Vatersbruder kehrt wieder«), **1.** in 1Chr 11,11; 27,2 fälschlich für *Jischbaal* (2Sam 23,8), ein Krieger Davids; **2.** ein Verbündeter Davids (1Chr 12,7; in der Lutherbibel *Joschobam*).*

Jaschub (hebr., »er [Gott] wendet sich zu«), **1.** ein Sohn Issachars (1Mose 46,13); **2.** ein Israelit, der seine ausländische Frau heimschickte (Esr 10,29).

Jasis, Aufseher über das Kleinvieh Davids (1Chr 27,31).*

Jason, 1. Gesandter des Judas (1) Makkabäus nach Rom (1Makk 8,17); **2.** Vater des Gesandten Antipater (1Makk 12,16; 14,22); **3.** Autor eines Geschichtswerkes, das dem 2Makk als Vorlage gedient hat (2Makk 2,23); **4.** Bruder des Hohenpriesters Onias III., der das Hohepriesteramt kaufte und die Juden hellenisieren wollte (2Makk 4,7–26; 5,5–10); **5.** ein Christ in Thessalonich, bei dem Paulus wohnte (Apg 17,5–9), vielleicht identisch mit **6.** einem Christen in Korinth (Röm 16,21).

Jatniël, ein Torhüter am Tempel in Jerusalem (1Chr 26,2).*

Jawan, hebr. Name für Jonien und die Jonier (Jes 66,19; Ez 27,13), als deren Ahnherr ein Sohn Jafets galt (1Mose 10,2.4; 1Chr 1,5.7); in späterer Zeit wurde der Name auf das Reich Alexanders d. Gr. und der Seleukiden ausgedehnt (Dan 8,21; 10,20; 11,2; Joel 4,6; Sach 9,13; die Lutherbibel hat hier »Griechen« oder »Griechenland«).*

Jeberechja (hebr., »Jahwe segnet«), Vater des Secharja (28) (Jes 8,2).*

Jebusiter, die vorisraelit. Bewohner Jerusalems (z. B. Jos 15,63; Richt 1,21; 2Sam 5,6), häufig als eines der Völker Kanaans genannt (z. B. 2Mose 3,8).

Jechdeja (hebr., »Jahwe freue sich«), **1.** ein Levit (1Chr 24,20); **2.** Aufseher über die Esel Davids (1Chr 27,30).*

Jecholja (hebr., »Jahwe hat sich mächtig erwiesen«), Mutter des Königs Usija (2Kön 15,2; 2Chr 26,3).*

Jechonja (hebr., »Jahwe hat sicher hingestellt«), **1.** ein in der Lutherbibel in 1Sam 6,19 erwähnter Mann, der im Urtext nicht vorkommt; **2.** in der Lutherbibel mehrfach für *Jojachin* (z. B. Jer 24,1).

Jedaja (hebr., »Jahwe hat erkannt«), **1.** ein Nachkomme Simeons (1Chr 4,37); **2.** ein Priester zur Zeit Nehemias (z. B. 1Chr 9,10; Neh 11,10); **3.** ein Helfer beim Wiederaufbau der Mauer Jerusalems (Neh 3,10); **4.** ein anderer Priester (Neh 12,7.21); **5.** ein Heimkehrer aus dem Exil (Sach 6,10.14).

Jediaël (hebr., »der, den Gott kennt«), **1.** ein Sohn Benjamins (1Chr 7,6.10f.); **2.** ein Krieger Davids (1Chr 11,45); **3.** ein Verbündeter Davids (1Chr 12,21); **4.** ein Torhüter am Tempel in Jerusalem (1Chr 26,2).*

Jedida (hebr., »Geliebte«), Mutter des Königs Joschija (2Kön 22,1).*

Jedidja (hebr., »Geliebter Jahwes«), Beiname Salomos (2Sam 12,25).*

Jedo (hebr., »er [Gott] schmückt«), ein Seher (1Chr 9,29), wohl identisch mit *Iddo* (3).*

Jedutun, ein Sänger Davids, Ahnherr der Sänger und Instrumentenspieler am Tempel (z. B. 1Chr 16,41 f.; 25,1; Ps 39,1), identisch mit *Etan* (1).

Jeftah →Jiftach.

Jefunne, 1. Vater des Kaleb (z. B. 4Mose 13,6); **2.** ein Nachkomme Aschers (1Chr 7,38).

Jehallelel (hebr., »Gott leuchtet auf«), **1.** ein Nachkomme Kalebs (1Chr 4,16); **2.** Vater des Leviten Asarja (16) (2Chr 29,12).*

Jeheskel (hebr., »Gott möge kräftig machen«; im Hebr. gleichlautend mit *Ezechiel*), Leiter einer Priesterklasse (1Chr 24,16).*

Jehiël (hebr., »möge er leben, o Gott«; in der Lutherbibel in 1Chr 11,44; 2Chr 20,14 für *Jëiël* (3) und (5)), **1.** ein Levit, Torwächter und Harfenspieler (1Chr 15,18.20; 16,5); **2.** ein Levit, für den Tempelschatz verantwortlich (1Chr 23,8; 26,21 f.; 29,8); **3.** Erzieher der Söhne Davids (1Chr 27,32); **4.** ein Sohn des Königs Joschafat (2Chr 21,2); **5.** und **6.** zwei Leviten zur Zeit des Königs Hiskija (2Chr 29,14; 31,13); **7.** ein Priester zur Zeit des Königs Joschija (2Chr 35,8); **8.** Vater des Obadja (10) (Esr 8,9); **9.** ein Priester (Esr 10,21) und **10.** ein anderer Israelit (Esr 10,2.26), die beide ihre ausländischen Frauen heimschickten.*

Jehija, ein Levit, Torwächter bei der Lade (1Chr 15,24).*

Jehiskija (hebr., »Jahwe stärkt«), ein Offizier im Nordreich Israel (2Chr 28,12).*

Jehu. 1. Ein Profet, der gegen König Bascha auftrat (1Kön 16,1–4). **2.** König des Nordreichs Israel (845– 818 v. Chr.). Er war Offizier im israelit. Heer und kam durch eine Revolte an die Macht, in deren raschem und blutigem Verlauf er den König Joram von Israel und dessen Neffen Ahasja, den König von Juda, tötete und die gesamte israelit. Königsfamilie umbringen ließ (2Kön 9–10). J., der nach 2Kön 9,1–10 von einem Jünger des Profeten Elischa zum König gesalbt wurde, dürfte ein Verfechter des reinen Jahweglaubens gegenüber dem Baalskult gewesen sein. Er wurde zum

Begründer einer Dynastie, die ein Jh. lang über Israel herrschte. **3.** Ein Nachkomme Jerachmeels (1Chr 2,38). **4.** Ein Nachkomme Simeons (1Chr 4,35). **5.** Ein Verbündeter Davids (1Chr 12,3).

Jehudi (hebr., »Jude«), ein Mann am Hof Jojakims (Jer 36,14,21.23).*

Jehudit (hebr., »Jüdin«), in der Lutherbibel in 1Mose 26,34 für *Judit* (1) (im Hebr. gleichlautend).*

Jëiël, 1. ein Nachkomme Rubens (1Chr 5,7); **2.** ein Ahnherr Sauls (1Chr 8,29; 9,35); **3.** ein Krieger Davids (1Chr 11,44; in der Lutherbibel *Jehiël*); **4.** ein Torwächter (1Chr 15,18); **5.** ein Vorfahr des Jahasiël (4) (2Chr 20,14; in der Lutherbibel *Jehiël*); **6.** ein Beamter des Königs Usija (2Chr 26,11); **7.** ein Levit zur Zeit des Königs Hiskija (2Chr 29,13); **8.** ein Levit zur Zeit des Königs Joschija (2Chr 35,9); **9.** ein Heimkehrer aus dem Exil (Esr 8,13); **10.** ein Israelit, der seine ausländische Frau heimschickte (Esr 10,43).

Jekamam (hebr., »der Vatersbruder ersteht wieder«), ein Levit (1Chr 23,19; 24,23).*

Jekamja (hebr., »Jahwe läßt wiedererstehen«), **1.** ein Nachkomme Jerachmeels (1Chr 2,41); **2.** ein Sohn des Königs Jojachin (1Chr 3,18).*

Jekutiël (hebr., »Gott ernährt«), ein Nachkomme Judas (1Chr 4,18).*

Jemima (hebr., »Taube«), eine Tochter Ijobs (Ijob 42,14).*

Jemuël, ein Sohn Simeons (1Mose 46,10; 2Mose 6,15; 4Mose 26,12).*

Jeotrai, in der Lutherbibel in 1Chr 6,6 für *Etni* (1).*

Jerach, ein Sohn des Joktan (1Mose 10,26; 1Chr 1,20), ein Stamm oder Gebiet in Südarabien.*

Jerachmeel (hebr., »Gott erbarmt sich«), **1.** nach 1Chr 2,9.25–33.42 Ahnherr der *Jerachmeeliter*, eines Unterstammes von Juda (1Sam 27,10; 30,29); **2.** ein Levit (1Chr 24,29); **3.** ein Sohn des Königs Jojakim (Jer 36,26).*

Jered, 1. ein Nachkomme Adams (1Mose 5,15), identisch mit

Irad (zum Stammbaum →Set); **2.** ein Nachkomme Judas (1Chr 4,18).

Jeremai, ein Israelit, der seine ausländische Frau heimschickte (Esr 10,33).*

Jeremia (hebr., »Jahwe gründet«; im Hebr. gleichlautend mit *Jirmeja*), jud. Profet, der nach Jer 1,1–3 von 627 bis 587 v. Chr. wirkte. Das Hauptthema seiner Botschaft ist die Anklage gegen die religiöse und sittliche Verderbtheit seines Volkes und die Drohung, daß Jahwe deshalb Unheil über das Volk bringen werde. Der Frühzeit des Profeten – vor der Reform des Königs Joschija 621 v. Chr. – weist man die Abschnitte Jer 2; 3,1–5.19 f. und ebenso die in Jer 4,5–6,26 gesammelten Worte zu, die einen Feind aus dem Norden ankündigen. Daneben hat J. wahrscheinlich in der späteren Regierungszeit Joschijas Heil für das ehemalige Nordreich Israel geweissagt (zumindest Jer 3,12 f.; 31,15–20). Weitgehend aus der Zeit des Königs Jojakim (608–598 v. Chr.) scheinen die in Jer 7–20 enthaltenen Worte – soweit J. ihr Verfasser ist – zu stammen. Der Regierungszeit Jojachins (598/597 v. Chr.) gehören Jer 13,15–27; 22,20–23 an und der Regierungszeit Zidkijas (597–587 v. Chr.) wohl Jer 23,5 f.9–31. Seine Unheilsbotschaft, die auch Worte über das Königshaus und über die einzelnen Könige (Jer 21,11–14; 22,6–22) umfaßt, hat J. durch Zeichenhandlungen unterstrichen (z. B. Jer 13,1–10; 27,1–12). Bei den Worten gegen fremde Völker (Jer 46–51) steht so viel fest, daß Jer 46,3–11 (über Ägypten), nicht aber Jer 50,1–51,58 (über Babel) von J. stammen. Aus der mehrfachen Verwendung von Klagemotiven (z. B. Jer 8,4–7; 12,7–13) wie aus den sog. »Konfessionen« J.s (z. B. Jer 12,1–5; 15,15–21; 20,7–13) dürfte hervorgehen, daß er eine sehr empfindsame Natur war. – Das Jeremiabuch enthält außer den Worten J.s eine Reihe von Berichten, in denen dargestellt wird, welchen Anfeindungen der Profet von 608 bis etwa 593 v. Chr. (Jer 26; 20,1–6; 28–29) und vor allem in der Endphase der jud. Geschichte 588/587 v. Chr. bis zu seiner Verschleppung nach Ägypten (Jer 37–43) ausgesetzt war, hauptsächlich weil er sich der von den Königen

Jojakim und Zidkija betriebenen oder unterstützten Politik, die zum Aufstand gegen die babylon. Oberherrschaft führte, entgegenstellte.

Jeremot (in der Lutherbibel in 1Chr 24,30; 25,22; 27,19 für *Jerimot* (3), (4) und (5) und in 1Chr 8,14 für *Jeroham* (2)), **1.** ein Nachkomme Benjamins (1Chr 7,8; in der Lutherbibel *Jerimot*); **2.** ein Levit (1Chr 23,23), identisch mit *Jerimot* (3); **3.–5.** drei Israeliten, die ihre ausländischen Frauen heimschickten (Esr 10,26.27.29).*

Jeribai (hebr., »er [Gott] streitet«; gleichbedeutend mit *Jarib*), ein Krieger Davids (1Chr 11,46).*

Jeriël (hebr., »Gott sieht«), ein Enkel Issachars (1Chr 7,2).*

Jerija (hebr., »Jahwe sieht«), ein Levit, ein Sohn Hebrons (1Chr 23,19; 24,23; 26,31).*

Jerimot (hebr., »Dicksack«; in der Lutherbibel in 1Chr 7,8 für *Jeremot*), **1.** ein Nachkomme Benjamins (1Chr 7,7); **2.** ein Verbündeter Davids (1Chr 12,6); **3.** ein Levit (1Chr 24,30), identisch mit *Jeremot* (2) (so die Lutherbibel); **4.** ein Levit, Leiter einer Sängerklasse (1Chr 25,4.22; in der Lutherbibel in V. 22 *Jeremot*); **5.** ein Führer des Stammes Naftali (1Chr 27,19; in der Lutherbibel *Jeremot*); **6.** ein Sohn Davids (2Chr 11,18); **7.** ein Levit zur Zeit des Königs Hiskija (2Chr 31,13).*

Jeriot (hebr., »furchtsam«), ein Sohn Kalebs (1Chr 2,18).*

Jerobeam. 1. J. I. (926–907 v. Chr.), der erste König des Nordreichs Israel (1Kön 12,20–14,20). J. war Fronvogt unter Salomo, empörte sich gegen diesen und mußte nach Ägypten fliehen (1Kön 11,26–40). Nach dem Tode Salomos kehrte er zurück und wurde von Israel, dem Nordteil des Reiches Salomos, zum König gewählt (1Kön 12,1–19). Um Israel von der damals zentralen Kultstätte, dem Jerusalemer Tempel, unabhängig zu machen, erhob er die Jahwe-Heiligtümer in Bet-El und Dan zu Staatsheiligtümern und stattete sie mit je einem goldenen Stierbild aus. Diese Maßnahme wird ihm und seinen Nachfolgern von den bibl. Berichterstattern als »Sünde J.s« zum Vorwurf gemacht. **2.** J. II. (787–747 v. Chr.), der letzte bedeutende König des Nordreichs Israel. Da das Reich von

Damaskus, das sich großer Gebiete Israels bemächtigt hatte, im Niedergang begriffen war, konnte J. die alten Grenzen Israels wiederherstellen und vielleicht sogar erweitern (2Kön 14,23–29). Unter J.s Regierung scheint Israel eine wirtschaftliche Blütezeit erlebt zu haben.

Jeroham, 1. Großvater Samuels (1Sam 1,1; 1Chr 6,12.19); **2.** ein Benjaminiter (1Chr 8,14 [in der Lutherbibel *Jeremot*]. 27); **3.** ein weiterer (1Chr 9,8); **4.** Vater des Priesters Adaja (5) (1Chr 9,12; Neh 11,12); **5.** ein Verbündeter Davids (1Chr 12,8); **6.** Vater des Asarel (4) (1Chr 27,22); **7.** Vater des Offiziers Asarja (12) (2Chr 23,1).*

Jerubbaal (hebr., »Baal streitet« oder »Baal zeigt sich groß«), Vater Abimelechs (2) (z. B. Richt 9,1–5); wird mit Gideon gleichgesetzt (z. B. Richt 6,32; 7,1), ist aber wohl von ihm zu unterscheiden.

Jeruscha (hebr., »die in Besitz Genommene«), Mutter des Königs Jotam (2Kön 15,33; 2Chr 27,1).*

Jesaja (hebr., »Jahwe hat geholfen«; im Hebr. gleichlautend mit *Jeschaja*; in der Lutherbibel für *Jeschaja*). Profet, der in der 2. Hälfte des 8. Jh.s v. Chr. in Jerusalem wirkte. Eines der beiden großen Themen seiner Botschaft ist die Drohung, daß Jahwe über die Jerusalemer Oberschicht wegen der Ausbeutung der wirtschaftlich Schwachen Unheil bringen werde. Dies entfaltet J. in seinem »Weinberglied« (Jes 5,1–7), in einer Reihe von Weherufen (Jes 5,8–14.17–24; 10,1–3), in Drohworten (Jes 2,12–17: der Tag Jahwes; Jes 3,1–7: die bevorstehende Anarchie; Jes 1,21–26: Jerusalem im Läuterungsgericht; Jes 3,16 f.24: gegen den Hochmut der Jerusalemer Frauen) und in anklagenden Mahnworten (Jes 1,10–20). – Das andere große Thema seiner Botschaft ist die Politik des Königs Hiskija in den Jahren 703–701 v. Chr., die darauf zielte, mit Hilfe Ägyptens die assyr. Oberherrschaft abzuschütteln. Ihr weissagt der Profet das völlige Scheitern. Diese Botschaft ist enthalten in dem Komplex Jes 28,14–31,3. Aus derselben Zeit stammt vielleicht der Weheruf über Assur in Jes 10,5–9.13–15 und die Schilderung eines feindlichen Anmarsches gegen Jerusalem in

Jes 10,27b–32. Das Ergebnis jener Politik – die Kapitulation Hiskijas vor den Assyrern 701 v. Chr. – spiegelt sich in Jes 1,4–8; 22,1–14. – Ferner sind aus der Frühzeit des Profeten in dem Komplex Jes 7,1–8,18 an den König Ahas und die Jerusalemer während des syr.-efraimit. Krieges (734/733 v. Chr.) gerichtete Droh- und Mahnworte und in Jes 9,7–20; 5,25–29; 17,1–6; 28,1–4 Drohworte gegen das Nordreich Israel überliefert. – Unter den Texten, bei denen die Verfasserschaft J.s sehr umstritten ist, spielen Jes 29,1–7; 31,4–8 (hier wird Jahwes Hilfe für das von Feinden bedrängte Jerusalem geweissagt) und die »messianischen Weissagungen« Jes 9,1–6; 11,1–9 eine herausragende Rolle.

Jeschaja (hebr., »Jahwe hat geholfen«; im Hebr. gleichlautend mit *Jesaja*), **1.** ein Nachkomme des Königs Jojachin (1Chr 3,21); **2.** Leiter einer Sängerklasse (1Chr 25,3.15); **3.** ein Schatzmeister Davids (1Chr 26,25); **4.** ein Heimkehrer aus dem Exil (Esr 8,7); **5.** ein Levit zur Zeit Esras (Esr 8,19); **6.** ein Benjaminiter, Ahnherr des Sallu (1) (Neh 11,7).*

Jeschebab (hebr., »Jahwe bringt den Vater zurück«), Leiter einer Priesterklasse (1Chr 24,13).*

Jescher (hebr., »er [Gott] ist recht«), ein Sohn Kalebs (1Chr 2,18).*

Jeschischai (hebr., »hochbetagt«), ein Gaditer (1Chr 5,14).*

Jeschohaja, ein Simeoniter (1Chr 4,36).*

Jeschua (hebr., Kurzform von *Joschua* = *Josua*), **1.** Leiter einer Priesterklasse (1Chr 24,11); **2.** ein Levit zur Zeit des Königs Hiskija (2Chr 31,15); **3.** ein Priester, der zusammen mit Serubbabel aus dem Exil heimkehrte (z. B. Esr 2,2; 3,2; 10,18; Neh 12,1), als erster Hoherpriester nach dem Exil den Wiederaufbau des Tempels leitete (z. B. Hag 1,12) und von dem Profeten Sacharja als messianische Gestalt angesehen wurde (Sach 3,1–10); **4.** ein Levit, Zeitgenosse des Vorigen (z. B. Esr 2,40; 3,9; Neh 9,4 f.); **5.** ein Familienhaupt von Heimkehrern aus dem Exil (Esr 2,6), vielleicht identisch mit **6.** dem Vater des Josabad (9) (Esr 8,33); **7.** Vater des Eser (4) (Neh 3,19).

Jeschurun, vielleicht eine Verkleinerungsform von hebr. *jaschar* »gerade; aufrichtig«, poetischer Ehrenname für Israel (5Mose 32,15; 33,5.26; Jes 44,2).*

Jesiël, ein Verbündeter Davids (1Chr 12,3).*

Jesimiël (hebr., »Gott stellt hin«), ein Simeoniter (1Chr 4,36).*

Jesus (griech. Form von hebr. *Jeschua* bzw. *Joschua*; in der Lutherbibel in Mt 27,16 f. Vorname des → Barabbas), **1.** Enkel des → Sirach (Sir 50,27; 51,30); **2.** J., mit Beinamen Justus (3), ein Mitarbeiter des Paulus (Kol 4,11).

Jesus von Nazaret (→ Christus), die zentrale Gestalt des Christentums. **1.** Die maßgeblichen Quellen über J. sind die Evangelien – vor allem die ersten drei – des NT. Sie erlauben zwar nicht die Erstellung einer Biographie Jesu im Sinne einer lükkenlosen Darstellung seiner äußeren und inneren Entwicklung, doch ist die Gewinnung eines zuverlässigen biographischen Rahmens sehr wohl möglich. J. wurde gegen Ende der Regierungszeit von Herodes d. Ä. (37–4 v. Chr.) geboren (Mt 2,1; Lk 1,5). Sein Heimat- und wohl auch sein Geburtsort war Nazaret in Galiläa; die Überlieferung von der Geburt in Betlehem (Mt 1–2; Lk 2) ist, weil von dogmatischen Motiven geprägt, historisch fragwürdig. Gut belegt ist hingegen seine Herkunft aus dem Hause Davids (Mt 1,1–17; Röm 1,3 f.; Mk 10,47 f.). – J. scheint sich vorübergehend der eschatologischen Bußbewegung um Johannes (1) den Täufer angeschlossen zu haben (Joh 1,29), ehe er im 15. Jahr des Kaisers Tiberius (d. h. etwa 28 n. Chr.) eigenständig wirkend an die Öffentlichkeit trat (Lk 3,1). Vieles spricht dafür, daß J. eineinhalb bis zwei Jahre öffentlich gewirkt hat. Der geographische Schwerpunkt seiner Tätigkeit lag in Galiläa im Gebiet um den See Gennesaret. Gut bezeugt ist eine Reise in das Gebiet der Dekapolis im Norden (Mk 8,27–39). Zu einem öffentlichen Auftreten in Jerusalem kam es erst in den letzten Tagen seines Lebens; dort erfolgte dann auch auf Betreiben des jüd. Hohen Rates die Verhaftung Jesu und die Verurteilung zum Tode durch den röm. Statthalter Pontius Pilatus aufgrund des – nachweisbar falschen – Vorwurfs politisch-messianischen Aufrührertums.

Nach der wahrscheinlichsten Datierung fand die Hinrichtung durch Kreuzigung am Rüsttag des Paschafestes des Jahres 30, der auf einen Freitag fiel, d. h. am Freitag, dem 14. Nisan 30, statt (Joh 19,31).

2. J. war kein Religionsstifter; er wollte weder eine neuartige Heilslehre verkündigen noch eine neue religiöse Organisation begründen. Seine Botschaft und sein Wirken waren vielmehr ganz auf Israel bezogen; sie zielten auf die eschatologische Vollendung der im AT begonnenen Geschichte Gottes mit seinem Volk. Drei besonders markante Züge seiner Verkündigung zeichnen sich ab: **a)** *Der Ruf in die Nachfolge.* J. war von einem Kreis von Jüngern umgeben, die er sich aus freier Initiative erwählte (Mk 1,16–20; 2,14) und von denen er die radikale Lösung aller Bindungen zu Sippe und Familie forderte (Mt 8,21 f.; 10,37), wie er selbst auch zu Beginn seines Wirkens diese Bindungen hinter sich gelassen hatte (Mk 3,31–35). **b)** In seiner *Verkündigung der Gottesherrschaft* sah er das in nächster Zukunft erwartete Kommen Gottes nicht primär als Strafgericht, vor dem nur radikaler Gesetzesgehorsam und Askese retten können, sondern als ein die gegenwärtigen Verhältnisse heilvoll verwandelndes, den Menschen in die Gemeinschaft Gottes versetzendes Geschehen. Dieses Geschehen ist bereits in der Gegenwart in Jesu Wort und Tat verborgen gegenwärtig (Mt 11,2–5). So waren die Gleichnisse von der Gottesherrschaft (z. B. Mt 13,1–52) ein einziger eindringlicher Appell, dem Handeln des nahen Gottes in J. Raum zu geben, während die Gleichnisse vom Wiederfinden des Verlorenen (Lk 15) um das Verstehen dessen warben, was sich durch J. vollzog: Wenn er sich den Zöllnern und Sündern, den Deklassierten und Randgruppen der Gesellschaft zuwandte, um ihnen Sündenvergebung zu gewähren und sie in seine Gemeinschaft aufzunehmen, so war damit Gott selbst am Werk mit seiner bedingungslos schenkenden Güte (Mt 20,15) und mit seiner Freude über das Finden des Verlorenen (Lk 15,7.10.32). Auch die Heilungen und Dämonenaustreibungen Jesu, die trotz weitgehender späterer Ausgestaltung in der Gemeindeüberlieferung einen sicheren historischen Kern haben, waren Zeichen für das Kommen der Gottesherrschaft, insofern sie das zukünftige Heilwerden der gesamten Schöpfung signalisierten. c) Was J. in Konflikt mit der herrschenden religiösen Gruppe der Pharisäer brachte, war sein *Vollmachtsanspruch*, der sich vor allem in seiner Stellung zum jüd. Gesetz sowie zu den geheiligten Institutionen des Sabbats und des Tempels manifestierte. J. verkündigte kraft unmittelbarer Autorität mit seinem »ich aber sage euch ...« (Mt 5,21–48) den radikalen, unverkürzten Willen des Schöpfers, der die Grenzen der herkömmlichen Gesetzesinterpretation sprengt und den Menschen zu bedingungsloser Hinwendung zum Nächsten verpflichtet (Lk 10,25–37). Dieser Anspruch, der in den Augen der führenden jüd. Kreise als Gotteslästerung gelten mußte, dürfte den wesentlichen Grund für deren wachsende Feindschaft gegen J. gebildet haben, die sie schließlich dazu bewog, sein gewaltsames Ende herbeizuführen.

3. J. selbst scheint, zumindest in der letzten Phase seines Wirkens, dieses Ende vorausgesehen und bewußt akzeptiert zu haben (Mk 8,31; 9,31). Wenige Tage nach seiner Hinrichtung wurden seine verängstigt nach Galiläa geflohenen Jünger von seiner Erscheinung als Auferstandener überwältigt (1Kor 15,4f.). Dieses zwar historisch eindeutig bezeugte, aber hinsichtlich seiner Rahmenbedingungen nicht mit den üblichen Mitteln des Historikers rekonstruierbare Widerfahrnis machte sie gewiß, daß Gott selbst sich zu J. bekannt und seinem Anspruch Recht gegeben habe.

Jeter (hebr., »er [Gott] hat reichlich gegeben«; in der Lutherbibel in 1Chr 7,38 für *Jitran* (2)), **1.** Sohn Gideons (Richt 8,20); **2.** Vater des Heerführers Amasa (1) (2Sam 17,25; 1Kön 2,5.32; 1Chr 2,17); **3.** ein Nachkomme Jerachmeels (1Chr 2,32); **4.** ein Nachkomme Kalebs (1Chr 4,17).*

Jetet, ein »Fürst«, d. h. wohl ein Bezirk in Edom (1Mose 36,40; 1Chr 1,51).*

Jetur, ein Sohn Ismaels, d. h. ein arab. Stamm im Ostjordanland (1Mose 25,15; 1Chr 1,31; 5,19).*

Jëuël, ein Judäer (1Chr 9,6).*
Jëusch (hebr., »er [Gott] hilft«), **1.** ein Sohn Esaus, ein »Fürst«, d. h. Stamm in Edom (1Mose 36,5.14.18; 1Chr 1,35); **2.** ein Nachkomme Benjamins (1Chr 7,10); **3.** ein Nachkomme Sauls (1Chr 8,39); **4.** ein Levit (1Chr 23,10f.); **5.** ein Sohn des Königs Rehabeam (2Chr 11,19).*
Jëuz, ein Benjaminiter (1Chr 8,10).*
Jezer (hebr., »er [Gott] schuf«), ein Sohn Naftalis (1Mose 46,24; 4Mose 26,49; 1Chr 7,13).*
Jibhar (hebr., »er [Gott] erwählt«), ein Sohn Davids (2Sam 5,15; 1Chr 3,6; 14,5).*
Jibneja (hebr., »Jahwe schafft«), ein Benjaminiter (1Chr 9,8).*
Jibnija (hebr., »Jahwe schafft«), ein Benjaminiter (1Chr 9,8).*
Jibsam (hebr., »duftend«), ein Enkel Issachars (1Chr 7,2).*
Jidbasch (hebr., »honigsüß«), ein Enkel Judas (1Chr 4,3).*
Jiddo (hebr., »er [Gott] hat erkannt«), ein Führer des Stammes Manasse (1Chr 27,21).*
Jidlaf, ein Sohn Nahors (2), ein Neffe Abrahams (1Mose 22,22).*
Jifdeja (hebr., »Jahwe erlöst«), ein Benjaminiter (1Chr 8,25).*
Jiftach (hebr., »Jahwe öffnet [den Mutterschoß]«), Held der Richterzeit, der einen Angriff der Ammoniter auf die Israeliten in der Landschaft Gilead abwehrte (Richt 10,6–12,6) und als Richter tätig war (Richt 12,7). Der aus verschiedenen Traditionen zusammengesetzte Bericht über J. enthält u. a. die Erzählung, wie J. durch ein Gelübde seine einzige Tochter verlor, deren Opfertod (eher wohl: Verlust der Jungfrauschaft) alljährlich von den Mädchen Israels beklagt wurde (Richt 11,30f.34–40), und die Schibbolet-Episode (Richt 12,1–6).
Jigal (hebr., »er [Gott] erlöst«), **1.** ein Sippenhaupt des Stammes Issachar (1Mose 13,7); **2.** ein Krieger Davids (2Sam 23,36), identisch mit *Joël* (7) (1Chr 11,38); **3.** ein Nachkomme des Königs Jojachin (1Chr 3,22).*
Jigdalja (hebr., »Jahwe erweist sich groß«), Vater des »Gottesmannes« Hanan (9) (Jer 35,4).*
Jimla, Vater des Profeten Micha (3) (1Kön 22,8f.; 2Chr 18,7f.).*

Jimna, 1. ein Sohn Aschers (1Mose 46,17; 4Mose 26,44; 1Chr 7,30); **2.** ein Nachkomme Aschers (1Chr 7,35); **3.** Vater des Leviten Kore (2) (2Chr 31,14).*

Jimra, ein Nachkomme Aschers (1Chr 7,36).*

Jirija (hebr., »Jahwe sieht«), ein Offizier des Königs Zidkija (Jer 37,13 f.).*

Jirmeja (hebr., »Jahwe gründet«; im Hebr. gleichlautend mit *Jeremia*), **1.** Vater der Hamutal (2Kön 23,31; 24,18; Jer 52,1); **2.** ein Sippenführer des Stammes Manasse (1Chr 5,24); **3.–5.** drei Verbündete Davids (1Chr 12,5.11.14); **6.** Haupt einer Priesterfamilie, die aus dem Exil heimkehrte (Neh 10,3; 12,1.12); **7.** ein Teilnehmer an der Mauerweihe in Jerusalem (Neh 12,34); **8.** Vater des Rechabiters Jaasanja (2) (Jer 35,3).*

Jischbaal (hebr., »Baal existiert«), ein Krieger Davids (2Sam 23,8), der in 1Chr 11,11; 27,2 fälschlich *Jaschobam* heißt.*

Jischbach (hebr., »er [Gott] beruhigt«), ein Nachkomme Judas (1Chr 4,17).*

Jischbak, ein Sohn Abrahams, d. h. ein Volk oder Land in Arabien (1Mose 25,2; 1Chr 1,32).*

Jischi (hebr., Kurzform von *Jeschaja* = *Jesaja*), **1.** ein Nachkomme Jerachmeels (1Chr 2,31); **2.** ein Nachkomme Judas (1Chr 4,20); **3.** ein Nachkomme Simeons (1Chr 4,42); **4.** ein Sippenhaupt im Stamm Manasse (1Chr 5,24).*

Jischija, 1. ein Nachkomme Issachars (1Chr 7,3); **2.** ein Verbündeter Davids (1Chr 12,7); **3.** ein Levit (1Chr 23,20; 24,25); **4.** ein weiterer (1Chr 24,21); **5.** ein Israelit, der seine ausländische Frau heimschickte (Esr 10,31).*

Jischma (hebr., Kurzform von *Jischmael*), ein Nachkomme Judas (1Chr 4,3).*

Jischmael (hebr., »Gott hört«; im Hebr. gleichlautend mit *Ismael*), **1.** jud. Offizier, der nach dem Fall Jerusalems den Babyloniern Widerstand leistete und später den von diesen eingesetzten Statthalter Gedalja ermordete (2Kön 25,23–25; Jer 40,8.14–16; 41); **2.** ein Nachkomme Sauls (1Chr 8,38; 9,44); **3.** Vater des Fürsten Sebadja (7) (2Chr 19,11); **4.** jud.

Offizier, der am Komplott gegen Atalja beteiligt war (2Chr 23,1); **5.** ein Israelit, der seine ausländische Frau heimschickte (Esr 10,22).*

Jischmaja (hebr., »Jahwe hört«), **1.** ein Verbündeter Davids (1Chr 12,4); **2.** ein Führer im Stamm Sebulon (1Chr 27,19).*

Jischmerai (hebr., »er [Gott] bewahrt«), ein Benjaminiter (1Chr 8,18).*

Jischpa, ein Benjaminiter (1Chr 8,16).*

Jischpan, ein Benjaminiter (1Chr 8,22).*

Jischwa, ein Sohn Aschers (1Mose 46,17; 1Chr 7,30).*

Jischwi, 1. ein Sohn Aschers (1Mose 46,17; 4Mose 26,44; 1Chr 7,30); **2.** ein Sohn Sauls (1Sam 14,49).*

Jisija (hebr., »Jahwe besprengt«, d. h. entsühnt), Israelit, der seine ausländische Frau heimschickte (Esr 10,25).*

Jiska, Tochter Harans (1), Nichte Abrahams (1Mose 11,29).*

Jislia, ein Benjaminiter (1Chr 8,18).*

Jismachja (hebr., »Jahwe stützt«), ein Levit zur Zeit des Königs Hiskija (2Chr 31,13).*

Jismael →Jischmael.

Jisrachja (hebr., »Jahwe geht [als Licht] auf«; in der Lutherbibel in 1Chr 7,3 für *Serachja* (3) und in 1Chr 27,8 für *Serach*), Leiter der Sänger bei der Mauerweihe in Jerusalem (Neh 12,42).*

Jitma, ein Krieger Davids (1Chr 11,46).*

Jitran (hebr., »er [Gott] hat reichlich gegeben«), **1.** ein Enkel des Seïr, d. h. eine Sippe in Edom (1Mose 36,26; 1Chr 1,41); **2.** ein Nachkomme Aschers (1Chr 7,37 f.; in der Lutherbibel in V. 38 *Jeter*).*

Jitream, ein Sohn Davids (2Sam 3,5; 1Chr 3,3).*

Jitro (hebr., »er [Gott] hat reichlich gegeben«), midianit. Priester und Schwiegervater des Mose im Gebiet der Sinaihalbinsel, bei dem Mose sich lange Zeit aufhielt (2Mose 3,1; 4,18) und der für Mose ein Opfermahl veranstaltete (2Mose 18,1–12). – Nach einer anderen Tradition hieß Moses Schwiegervater →Hobab oder →Reguël.

Jizhar (hebr., »er [Gott] glänzt«), Enkel des Levi (2Mose 6,18;

1 Chr 23,12); seine Nachkommen bekleideten weltliche Ämter wie das der Richter (1 Chr 26,29).

Joab (hebr., »Jahwe ist Vater«). **1.** Neffe Davids und Anführer der Söldnertruppe, der »Männer Davids« (z. B. 2Sam 2,13), später Befehlshaber des Heerbanns (2Sam 8,16). Er war beim Aufstand Abschaloms (1) auf der Seite Davids (2Sam 18). Seine möglichen Rivalen Abner und Amasa (1) ermordete er (2Sam 3,22–27; 20,8–10). Beim Aufstand Adonijas (1) entschied er sich für diesen gegen Salomo und wurde von Salomo umgebracht (1 Kön 1,7; 2,28–34). **2.** Ein Judäer (1 Chr 4,14). **3.** Ein Heimkehrer aus dem Exil (Esr 2,6; 8,9).

Joach (hebr., »Jahwe ist Bruder«), **1.** Mitglied der Delegation, die König Hiskija zu den Assyrern sandte (2Kön 18,18–37; Jes 36,3–22); **2.** ein Levit zur Zeit des Königs Hiskija (1 Chr 6,6; 2Chr 29,12); **3.** ein Torwächter am Tempel in Jerusalem (1 Chr 26,4); **4.** ein Beamter des Königs Joschija (2Chr 34,8).*

Joadda, ein Nachkomme Sauls (1 Chr 8,36; 9,42).*

Joaddan (hebr., »Jahwe ist Wonne«), Mutter des Königs Amazja (2Kön 14,2; 2Chr 25,1).*

Joahas (hebr., »Jahwe hat ergriffen«). **1.** König des Nordreichs Israel (818–802 v. Chr.). Seine Regierungszeit war bestimmt durch die Kämpfe mit Hasaël, dem König des Aramäerreiches von Damaskus, der dem J. eine starke Rüstungsbeschränkung auferlegte (2Kön 13,1–9). **2.** König des Südreichs Juda (609 v. Chr.); in Jer 22,10 f.; 1 Chr 3,15 heißt er *Schallum*. Er wurde nach nur dreimonatiger Regierungszeit von dem ägypt. Pharao Necho abgesetzt und gefangengenommen (2Kön 23,31–34). **3.** In 2Chr 21,17; 25,23 für *Ahasja* (2). **4.** Vater des Joach (4) (2Chr 34,8).

Joasch (hebr., »Jahwe hat geschenkt«). **1.** Vater Gideons (z. B. Richt 6,11; 8,32). **2.** Ein Prinz am Hof Ahabs (1 Kön 22,26). **3.** König des Südreichs Juda (840–801 v. Chr.). Er wurde König, nachdem er dem Mordplan seiner Großmutter Atalja entgangen war. An das Aramäerreich von Damaskus mußte er einen schweren Tribut zahlen. Er kam durch eine Verschwörung ums Leben (2Kön 11–12). **4.** König des Nordreichs Israel (802–787 v. Chr.). Er konnte die Gebiete, die Israel an die Aramäer verloren hatte, zurückgewinnen und kämpfte siegreich gegen Amazja, den König von Juda (2Kön 13,10–13.25; 14,8–14). **5.** Ein Nachkomme Judas (1Chr 4,22). **6.** Ein Nachkomme Benjamins (1Chr 7,8). **7.** Ein Verbündeter Davids (1Chr 12,3). **8.** Ein Verwalter Davids (1Chr 27,28).

Jobab, 1. ein Sohn Joktans, d. h. ein Stamm oder Gebiet in Südarabien (1Mose 10,29; 1Chr 1,23); **2.** ein König von Edom (1Mose 36,33 f.; 1Chr 1,44 f.); **3.** König von Merom, Mitglied einer antiisraelit. Koalition (Jos 11,1); **4.** und **5.** zwei Benjaminiter (1Chr 8,9.18).*

Jochebet (hebr., »Jahwe ist Herrlichkeit«), Mutter Aarons, Moses und Mirjams (2Mose 6,20; 4Mose 26,59).*

Joda, ein Ahnherr Jesu (Lk 3,26).*

Joëd (hebr., »Jahwe ist Zeuge«), ein Benjaminiter (Neh 11,7).*

Joël (hebr., »Jahwe ist Gott«), **1.** ein Sohn Samuels (1Sam 8,2; 1Chr 6,13.18; 15,17); **2.** ein Sippenhaupt im Stamm Simeon (1Chr 4,35); **3.** ein Sippenhaupt im Stamm Ruben (1Chr 5,4.8); **4.** ein Sohn Gads (1Chr 5,12); **5.** ein Levit zur Zeit des Königs Hiskija (1Chr 6,21; 2Chr 29,12); **6.** ein Nachkomme Issachars (1Chr 7,3); **7.** ein Krieger Davids (1Chr 11,38), identisch mit *Jigal* (2) (2Sam 23,36); **8.** ein Levit (1Chr 15,7.11; 23,8), verantwortlich für die Tempelschätze (1Chr 26,22); **9.** Führer des Stammes Manasse (1Chr 27,20); **10.** und **11.** zwei Israeliten, die ihre ausländischen Frauen heimschickten (Esr 10,43); **12.** ein Aufseher in Jerusalem (Neh 11,9); **13.** Profet (Joël 1,1; Apg 2,16), der wahrscheinlich in der 1. Hälfte des 4. Jh.s v. Chr. in Jerusalem wirkte und dessen Verkündigung – ausgelöst durch eine Heuschrecken- und Dürrenot (Joël 1) – den »Tag Jahwes« zum Gegenstand hat, der den Frommen Heil (Joël 3) und dem gegen Juda heranziehenden Völkerheer (Joël 2,1–11) den Untergang bringt (Joël 4).*

Joëla, ein Mitkämpfer Davids (1Chr 12,8).*

Joëser (hebr., »Jahwe ist Hilfe«), ein Mitkämpfer Davids (1Chr 12,7).*

Jogli, Vater des Stammesfürsten Bukki (1) (4Mose 34,22).*

Joha (hebr., Kurzform von *Johanan*), **1.** ein Benjaminiter (1Chr 8,16), **2.** ein Krieger Davids (1Chr 11,45).*

Johanan (hebr., »Jahwe hat Gnade erwiesen«; vgl. *Johannes*; in Sir 50,1 steht J. fälschlich für *Onias* (3); richtig die Lutherbibel), **1.** ein jud. Offizier, der sich nach dem Fall Jerusalems mit dem Statthalter Gedalja (1) verbündete (z. B. 2Kön 25,23; Jer 40,8–15; 43,2–5); **2.** ein Sohn des Königs Joschija (1Chr 3,15); **3.** ein Nachkomme des Königs Jojachin (1Chr 3,24); **4.** ein Priester (1Chr 5,35 f.); **5.** und **6.** zwei Mitkämpfer Davids (1Chr 12,5.13); **7.** ein Torwächter am Tempel in Jerusalem (1Chr 26,3); **8.** ein Offizier unter König Joschafat (2Chr 17,5); **9.** Vater des Offiziers Jischmael (4) (2Chr 23,1); **10.** Vater des Offiziers Asarja (15) (2Chr 28,12); **11.** ein Heimkehrer aus dem Exil (Esr 8,12); **12.** Besitzer eines Raumes im Jerusalemer Tempel, Sohn des Eljaschib (3) (Esr 10,6), wohl nicht identisch mit **13.** einem Hohenpriester, Sohn des Eljaschib (4) (Neh 12,23), nach Neh 12,11(22) fälschlich Sohn des Jojada (5) und Enkel des Eljaschib (4); **14.** ein Israelit, der seine ausländische Frau zurückschickte (Esr 10,28); **15.** Sohn des Ammoniters Tobija (3) (Neh 6,18); **16.** und **17.** zwei Priester zur Zeit Nehemias (Neh 12,13.42); **18.** Vater des Mattatias (1) (1Makk 2,1); **19.** ältester Sohn des Mattatias (1), Chef des Nachschubs des Makkabäerheeres, wurde von Arabern ermordet (1Makk 2,2; 9,35–42), vielleicht identisch mit **20.** einem Gesandten zu Lysias (2Makk 11,17); **21.** ein Jude, der für die Juden gewisse Freiheiten erreichte (1Makk 8,17; 2Makk 4,11); **22.** Sohn des Simeon (4) (1Makk 13,53), wurde nach dessen Ermordung Führer der Juden (134–104 v. Chr.) und Hoherpriester (1Makk 16); **23.** ein Ahnherr Jesu (Lk 3,27).

Johanna (griech., weibl. Form von *Johannes*), Jüngerin Jesu, eine der Frauen am leeren Grab (Lk 8,3; 24,10).*

Johannes (griech. Form von hebr. *Johanan*; der Name »J.« steht in der Lutherbibel in den Makkabäerbüchern für *Johanan* (18–22)). **1.** J. der Täufer, Bußprediger und Endzeitprofet, der am Jordan südl. von Jericho um 28 n. Chr. wirkte (Mk 1,2–8). Nach Lk 1 stammte er aus priesterlichem Geschlecht und war mit Jesus verwandt. Im Angesicht des unmittelbar bevorstehenden Kommens Gottes zum Gericht (Mt 3,11: »der Kommende«, vermutlich ursprünglich »Gott«) rief er zur Umkehr auf und übte die Taufe am Jordan, wohl im Sinne einer Vorwegnahme des kommenden Gerichts (der »Feuertaufe«, Mt 3,11). Jesus von Nazaret und vielleicht auch einige seiner Jünger (Joh 1,19–39) waren aus der Bewegung um J. hervorgegangen; bei der Taufe durch J. erfuhr Jesus seine Berufung (Mk 1,9–11) und trennte sich daraufhin von ihm. J. wurde von Herodes Antipas, dessen Ehe mit seiner Schwägerin Herodias er öffentlich verurteilt hatte, gefangengesetzt und enthauptet (Mk 6,17–29). Seine Bewegung lebte jedoch noch lange weiter und bildete infolge zahlreicher verwandter Züge eine ernsthafte Konkurrenz zum Urchristentum. Deshalb wird im NT immer wieder die Verhältnisbestimmung zwischen Jesus und J. zum Thema: J. gilt als Vorläufer (Mt 11,2 f.), als der letzte der Profeten (Lk 16,16), als der das Erscheinen des Messias Vorbereitende und Weissagende (Joh 1,29–34); jeder darüber hinausgehende Anspruch seiner Jünger wird zurückgewiesen (Joh 1,8.20). Paulus hatte noch in Ephesus mit J.-Jüngern zu tun (Apg 18,25; 19,3). **2.** J., der Zebedäussohn, Glied des von Jesus berufenen Zwölferkreises (Mk 3,17), wie sein Bruder Jakobus (1) und Simon → Petrus ursprünglich Fischer am See Gennesaret (Mk 1,14–20). Petrus, J. und Jakobus bildeten den Kern des Zwölferkreises; als die Vertrauten Jesu treten sie mehrfach in den Evangelien in Erscheinung (Mk 9,2; 14,33); J. hat auch nach Ostern eine Zeitlang bei der Leitung der Kirche in Jerusalem eine Rolle gespielt; Paulus nennt ihn – neben Petrus und dem Herrenbruder Jakobus (4) – als eine der drei »Säulen« (Gal 2,9). Nach späterer Überlieferung wirkte er hochbetagt in Kleinasien und schrieb dort in Ephesus das Johannesevangelium und die Johannesbriefe sowie auch – als Verbannter auf Patmos – die Offenbarung des J. Aber dies ist unwahrscheinlich. Vieles spricht dafür, daß er schon relativ früh in Palästina das Martyrium erlitten hat (Mk 10,39). **3.** Vater des Simon →Petrus (Joh 1,42), der nach Mt 16,17 *Jona* heißt, was vielleicht die Kurzform für »J.« ist. **4.** Mitglied einer hohenpriesterlichen Familie, anwesend beim Verhör des Petrus und Johannes (2) (Apg 4,6). **5.** J. mit Beinamen→Markus (z. B. Apg 12,12.25). **6.** J., der Profet und Seher, der auf Patmos die Offenbarung des J. schrieb (Offb 1,4), ist wohl schwerlich mit J. (2) identisch.

Jojachin (hebr., »Jahwe hat sicher hingestellt«), vorletzter König des Südreichs Juda (598/597 v. Chr.). Nach nur dreimonatiger Regierungszeit wurde er von dem babylon. König Nebukadnezzar abgesetzt und zusammen mit vielen Jerusalemern nach Babylonien deportiert und dort gefangengehalten, bis ihn 561 v. Chr. der Sohn Nebukadnezzars zu sich an den königlichen Hof nahm (2Kön 24,8–16; 25,27–30).

Jojada (hebr., »Jahwe hat sich [um mich] gekümmert«), **1.** Vater des Heerführers Benaja (1) (z. B. 2Sam 8,18); **2.** Oberpriester in Jerusalem, der dem Prinzen Joasch (1) das Leben rettete und ihn später zum König über Juda machte (2Kön 11,4–12,10); **3.** Ratgeber Davids (1Chr 27,34); **4.** ein Helfer beim Wiederaufbau der Mauer Jerusalems (Neh 3,6); **5.** ein Priester, von Nehemia aus Jerusalem vertrieben (Neh 12,10f.; 13,28); **6.** ein Priester, Oberaufseher im Tempel (Jer 29,26).

Jojakim (hebr., »Jahwe richtet auf«). **1.** König des Südreichs Juda. Sein ursprünglicher Name »Eljakim« wurde von dem ägypt. Pharao Necho, der ihn zum König einsetzte, in »J.« geändert. Nach dem Sieg des babylon. Königs Nebukadnezzar über Necho wurde J. dessen Vasall, fiel aber später von ihm ab (2Kön 23,34–24,5). J. verstarb vor Nebukadnezzars Strafexpedition; diese traf erst J.s Sohn und Nachfolger Jojachin. **2.** Ein Priester zur Zeit Nehemias (Neh 12,10). **3.** Ein Hoherpriester im Juditbuch (z. B. Jdt 4,6). **4.** Ein reicher Jude in Babylon (z. B. Dan 13,1). **5.** Ein Priester (Bar 1,7).

Jojarib (hebr., »Jahwe schafft Recht«), **1.** Leiter einer Priesterklasse (1Chr 9,10; 24,7), vielleicht identisch mit **2.** einem Priester nach dem Exil (Neh 11,10; 12,6.19); **3.** Ahnherr des Maaseja (15) (Neh 11,5); **4.** Ahnherr des Mattatias (1) (1Makk 2,1; 14,29).*

Jokim (hebr., Kurzform von *Jojakim*), ein Nachkomme Judas (1Chr 4,22).*

Jokschan, ein Sohn Abrahams und Keturas, gilt als Ahnherr arab. Völkerschaften (1Mose 25,2 f.; 1Chr 1,32).*

Joktan, ein Nachkomme Sems, gilt als Ahnherr südarab. Stämme (1Mose 10,25–29; 1Chr 1,19–23).*

Jona (hebr., »Taube«; in der Lutherbibel steht in Mt 16,17 »J.s Sohn« für *Barjona*), Profet im Nordreich Israel, der dem König Jerobeam II. (787–747 v. Chr.) die Wiederherstellung der alten Reichsgrenzen weissagte (2Kön 14,25). Dieser J. erscheint auch als Hauptgestalt des Jonabuches, einer ungeschichtlichen Lehrerzählung, die von Jahwes Auftrag an J., der Stadt Ninive Buße zu verkünden, handelt.

Jonadab (hebr., »Jahwe hat sich freigebig gezeigt«), **1.** ein Neffe Davids, Freund des Amnon (1) (2Sam 13); **2.** ein Angehöriger der Gemeinschaft der Rechabiter (2Kön 10,15; Jer 35).

Jonam, ein Vorfahr Jesu (Lk 3,30).*

Jonatan (hebr., »Jahwe hat [das Kind] gegeben«). **1.** Priester in Dan (Richt 18,30); **2.** ältester Sohn des Königs Saul, der an den Philisterkämpfen teilnahm (1Sam 13–14), mit David Freundschaft schloß (1Sam 18,1–5) und in der Schlacht gegen die Philister fiel (1Sam 31,2); **3.** Sohn des Abjatar, unterstützte David (2Sam 15,27.36); **4.** ein Neffe Davids (2Sam 21,21; 1Chr 20,7); **5.** ein Krieger Davids (2Sam 23,32; in der Lutherbibel auch in 1Chr 11,34); **6.** ein Nachkomme Jerachmeels (1Chr 2,32 f.); **7.** ein Verwalter Davids (1Chr 27,25); **8.** ein Onkel und Ratgeber Davids (1Chr 27,32); **9.** ein Levit zur Zeit des Königs Joschafat (2Chr 17,8); **10.** Vater des Ebed (2) (Esr 8,6); **11.** Israelit, der sich nicht von seiner ausländischen Frau trennen wollte (Esr 10,15); **12.** und **13.** zwei Häupter von Priesterfamilien (Neh 12,14.18); **14.** Vater des Secharja (26) (Neh 12,35); **15.** ein Schreiber, dessen Wohnung zum Gefängnis umgewandelt wurde (Jer 37,15.20); **16.** jud. Offizier beim Fall Jerusalems (Jer 40,8); **17.** Sohn des Mattatias (1), übernahm

160 v. Chr. nach dem Tod seines Bruders Judas (1) Makkabäus mit seinem Bruder Simeon (4) die Führung des Makkabäeraufstandes und wurde 143 v. Chr. von dem syr. Feldherrn Tryphon gefangengenommen und hingerichtet (1Makk 9–13); **18.** ein Heerführer des Makkabäers Simeon (4) (1Makk 13,1).

Jora (in der Lutherbibel *Jorah*), ein Familienhaupt von Heimkehrern aus dem Exil (Esr 2,18), das in Neh 7,24; 10,20 *Harif* heißt.*

Jorai, ein Sippenhaupt des Stammes Gad (1Chr 5,13).*

Joram (hebr., »Jahwe ist erhaben«; in der Lutherbibel in 2Sam 8,10 für *Hadoram*). **1.** König des Nordreichs Israel (851–845 v. Chr.). Er unternahm mit Joschafat von Juda einen Feldzug gegen Moab, wurde im Kampf gegen die Aramäer verwundet und beim Aufstand des Jehu getötet (2Kön 3–10). **2.** König des Südreichs Juda (847–845 v. Chr.), der mit Atalja, einer Schwester des erstgenannten J., verheiratet und zunächst Mitregent seines Vaters Joschafat war. Während seiner Regierung löste Edom sich aus der Oberherrschaft Judas (2Kön 8,16–24). **3.** Ein Levit, Aufseher über die Weihegaben (1Chr 26,25). **4.** Ein Priester zur Zeit des Königs Joschafat (2Chr 17,8).

Jorim, ein Ahnherr Jesu (Lk 3,29).*

Jorkoam, ein Ort, personifiziert als Nachkomme Kalebs (1Chr 2,44).*

Josabad (hebr., »Jahwe hat geschenkt«), **1.** einer der Mörder des Königs Joasch von Juda (2Kön 12,22; 2Chr 24,26); **2.–4.** drei Mitkämpfer Davids (1Chr 12,5.21); **5.** ein Torwächter am Tempel in Jerusalem (1Chr 26,4); **6.** ein Offizier des Königs Joschafat (2Chr 17,18); **7.** ein Levit zur Zeit des Königs Hiskija (2Chr 31,13); **8.** ein Levit zur Zeit des Königs Joschija (2Chr 35,9); **9.** ein Levit zur Zeit Esras (Esr 8,33); **10.** und **11.** ein Priester und ein Levit, die ihre ausländischen Frauen heimschickten (Esr 10,22.23); **12.** ein Levit neben Esra (Neh 8,7), vielleicht identisch mit **13.** dem Leviten von Neh 11,16.*

Josachar, in der Lutherbibel in 2Kön 12,22; 2Chr 24,26 für *Sabad* (4).*

Joscha, ein Sippenhaupt im Stamm Simeon (1Chr 4,34).*

Joschafat (hebr., »Jahwe hat zum Recht verholfen«). **1.** Ein Beamter Davids und Salomos (2Sam 8,16; 1Kön 4,3). **2.** Ein Statthalter Salomos (1Kön 4,17). **3.** König des Südreichs Juda (868–847 v. Chr.), Zeitgenosse des Königs Ahab von Israel. J. beendigte die Grenzstreitigkeiten zwischen Juda und Israel und verheiratete seinen Sohn Joram (2) mit Ahabs Tochter Atalja. Sein Versuch, den Seehandel Salomos wiederaufzunehmen, scheiterte (1Kön 22,41–51). Nach dem Bericht der Chronikbücher (2Chr 17–20) hat er u. a. eine Neuordnung der Gerichtsbarkeit in Juda vorgenommen (2Chr 19,5–11). **4.** Vater des Königs Jehu (2Kön 9,2.14). **5.** Ein Krieger Davids (1Chr 11,43). **6.** Ein Priester (1Chr 15,24).

Joschawja, ein Krieger Davids (1Chr 11,46).*

Joschbekascha, Leiter einer Sängerklasse (1Chr 25,4.24).*

Joscheba (hebr., »Jahwe ist Fülle/Glück«), Tochter des Königs Joram (2) von Juda (2Kön 11,2 f.; 2Chr 22,11).*

Joschibja (hebr., »Jahwe läßt wohnen«), Vater des Jehu (4) (1Chr 4,35).*

Joschija. 1. König des Südreichs Juda (639–609 v. Chr.; 2Kön 22,1–23,30). Er war zunächst Vasall der Assyrer, konnte sich dann aber, da die assyr. Macht zerfiel, selbständig machen. So reinigte er den Jerusalemer Tempel von den Symbolen assyr. Götter und beseitigte nicht nur die Fremdkulte in Juda, sondern auch in der bis dahin assyr., von ihm annektierten Provinz Samaria. Ferner schaffte er in seinem Herrschaftsbereich die Jahwe-Heiligtümer ab und konzentrierte den Kult auf den Jerusalemer Tempel. Dies tat er nach dem Bericht in 2Kön 22,3–23,3 auf Anweisung eines im Tempel gefundenen »Gesetzbuches«, womit das 5. Mosebuch (Deuteronomium), genauer: eine Urform desselben, gemeint sein muß. Seine Maßnahmen auf kultischem Gebiet bringen ihm das uneingeschränkte Lob des bibl. Berichterstatters ein (2Kön 23,25); sie sind auch von großer Bedeutung für die Folgezeit geblieben. Aber J.s außenpolitisches Werk brach jäh zusammen, als er im Kampf gegen ein ägypt. Heer, das den Assyrern zu Hilfe kommen wollte, den Tod fand. **2.** Ein Heimkehrer aus dem Exil (Sach 6,10.14); →Hen.

Joschobam, in der Lutherbibel in 1Chr 12,7 für *Jaschobam.**

Joschua (hebr., »Jahwe ist Hilfe«; im Hebr. gleichlautend mit *Josua*), **1.** Eigentümer des Feldes, auf dem die Lade Halt machte (1Sam 6,14.18); **2.** ein Ahnherr Jesu (Lk 3,29).*

Josech, ein Ahnherr Jesu (Lk 3,26).*

Josef (hebr., »er [Gott] fügt hinzu«). **1.** Ein Sohn Jakobs und Rahels (1Mose 30,22–24), Vater Efraims und Manasses (1 Mose 41,50–52; 48). Nach der novellenartigen J.s-Erzählung (1Mose 37; 39–47; 50) wurde J. von seinen elf Brüdern nach Ägypten verkauft und gelangte dort zu höchsten Ehren; den Brüdern, die anläßlich einer Hungersnot nach Ägypten kamen, trat er zunächst unerkannt gegenüber, gab sich dann aber zu erkennen und versöhnte sich mit ihnen. Dieser J. gilt als Ahnherr einer Gruppe von israelit. Stämmen, die auf dem Bergland Mittelpalästinas ansässig war und zuweilen als »J.« oder »Haus J.« bezeichnet wurde (z. B. 5Mose 33,13–17; Richt 1,22 f.). Zu ihr gehörten vor allem Efraim und Manasse, die bedeutendsten Stämme des späteren Nordreichs Israel. Unklar ist, ob das »Haus J.« einen Zusammenschluß dieser Stämme darstellt oder ob es sich in sie aufgespalten hat. – In poetischer Sprache war der Name »J.« eine Bezeichnung für das Nordreich (z. B. Am 6,6; Ps 80,2) und sogar für das ganze Volk Israel (z. B. Ps 81,6). **2.** Vater des Jigal (1) (4Mose 13,7). **3.** Leiter einer Sängerklasse (1Chr 25,2.9). **4.** Ein Israelit, der seine ausländische Frau verstieß (Esr 10,42). **5.** Haupt einer priesterlichen Familie (Neh 12,14). **6.** Ahnherr der Judit (Jdt 8,1). **7.** Ein Heerführer der Makkabäerzeit (1Makk 5,18.56). **8.** und **9.** Zwei Ahnherren Jesu (Lk 3,24.30). **10.** Vater Jesu, nach glaubhafter Überlieferung aus davidischem Geschlecht, Bauhandwerker in Nazaret in Galiläa (Mt 13,55; Joh 1,45; 6,42). **11.** Ein Bruder Jesu (Mt 13,55), der in Mk 6,3 *Joses* heißt; wohl zu unterscheiden von **12.** dem in Mt 27,56 (in Mk 15,40.47 *Joses*) Genannten; →Maria (4). **13.** J. von Arimathiä, jüd.

Ratsherr, der Jesus in seinem Felsgrab bestattete (Mk 15,43; Joh 19,38–42). **14.** J. → Barsabbas (Apg 1,23). **15.** J. → Barnabas (Apg 4,36), einer der führenden Männer der Gemeinde von Antiochia und Mitarbeiter des Paulus (Apg 13–14).

Joses, in Mk 6,3; 15,40.47 anderer Name für *Josef* (11 und 12).*

Josia → Joschija.

Josifja (hebr., »Jahwe fügt hinzu«), Vater des Schelomit (7), eines Heimkehrers aus dem Exil (Esr 8,10).*

Josua (hebr., »Jahwe ist Hilfe«; im Hebr. gleichlautend mit *Joschua*). **1.** Nach dem bibl. Bericht war J., der ursprünglich »Hoschea« hieß (4Mose 13,8.16), ein Helfer und Begleiter des Mose (2Mose 17,8–16; 24,13), wurde von diesem zu seinem Nachfolger eingesetzt (4Mose 27,15–23) und führte Israel bei der Einnahme des Westjordanlandes (Jos 1–12), worauf die Verteilung des Landes unter die Stämme Israels (Jos 13–21), J.s Abschiedsrede (Jos 23) und der von J. einberufene »Landtag zu Sichem« (Jos 24,1–28) folgten; in Jos 24,29 f. wird J.s Tod und Bestattung mitgeteilt. – Die bibl. Darstellung, die J. zur dominierenden Gestalt der israelit. Landnahme macht, ist unhistorisch; so beschränken sich die Landnahme-Erzählungen von Jos 2–9 auf das Gebiet des Stammes Benjamin. Der historische J. stammte aus Efraim und war wohl ein Kriegsmann, der während der Landnahme Efraims und Benjamins bei Auseinandersetzungen mit Kanaanäerstädten eine bedeutende Rolle spielte. **2.** Ein Stadtoberster von Jerusalem (2Kön 23,8).

Jotam (hebr., »Jahwe ist vollkommen«), **1.** Mann der Richterzeit, der in einer Fabel das Königtum seines Bruders Abimelech (2) ablehnte (Richt 9,1–21); **2.** König des Südreichs Juda (756–741 v. Chr., längere Zeit als Mitregent seines Vaters Usija); erwähnt wird seine Bautätigkeit und ein Sieg über die Ammoniter (2Kön 15,5.7.32–38; 2Chr 27); **3.** ein Kalebiter (1Chr 2,47).

Jozadak (hebr., »Jahwe handelt gerecht«), Vater des Hohenpriesters Jeschua (3) (z. B. Esr 3,2; Hag 1,1).

Jubal, Sohn des Lamech und der Ada (1), Ahnherr aller Zither- und Flötenspieler (1Mose 4,21).*

Juchal, ein Beamter des Königs Zidkija (Jer 37,3; 38,1).*

Juda. 1. Einer der zwölf Stämme Israels, der den südl. Teil des zentralpalästin. Berglandes etwa zwischen Jerusalem und Hebron, das »Gebirge J.« mit dem Hauptort Betlehem bewohnte; der Name des Stammes leitet sich höchstwahrscheinlich von seinem Siedlungsgebiet her. Dem Stamm J. war der im Süden beheimatete Stamm Simeon angegliedert; und im Lauf der Zeit gewann J. die Hegemonie über mehrere ebenfalls südl. angrenzende Gruppen: die Kalebiter (um die Stadt Hebron), Kenasiter, Keniter und Jerachmeeliter. Sie alle bildeten das »Haus J.« mit der Hauptstadt Hebron. Der aus Betlehem stammende Judäer David wurde erster König über das »Haus J.« (2Sam 2,1–4) und vereinigte es etwas später mit den übrigen Stämmen Israels (2Sam 5,1–3). Als Davids Sohn und Nachfolger Salomo starb, trennten sich die übrigen Stämme (vgl. →Benjamin) wieder von J., das bis 587 ein eigener Staat blieb, dann Teil der babylon. und später pers. Provinz Samaria wurde, bis Nehemia es wieder zu einer eigenständigen Provinz machen konnte. – Als Ahnherr des Stammes J. gilt ein Sohn Jakobs und Leas (1Mose 29,35), dessen Name – volksetymologisch und sicher falsch – mit dem hebr. Wort für »danken« (*jada*) gedeutet wird. **2.** Ein Levit, der seine ausländische Frau heimschickte (Esr 10,23). **3.** Stadtkommandant von Jerusalem (Neh 11,9). **4.** Ein Levit, Heimkehrer aus dem Exil (Neh 12,8). **5.** und **6.** Zwei Teilnehmer an der Mauerweihe in Jerusalem (Neh 12,34.36). **7.** Ein Vorfahr Jesu (Lk 3,30).

Judäer →Juden.

Judas (griech.-lat. Form von *Juda*). **1.** J. Makkabäus, dritter Sohn des Priesters Mattatias (1) im Dorf Modeïn, wurde Führer im Kampf gegen die Hellenisierung des Jerusalemer Kultes durch einen Teil der Priesterschaft und den syr. König Antiochus IV. (ab 167/166 v. Chr.). Im Dezember 165 erreichte er die Erneuerung des jüd. Kultes im Jerusalemer Tempel (Tempelweihfest). In weiteren Kämpfen suchte er Selbständigkeit für sein Volk zu erkämpfen; er fiel 160 (1Makk 3–9; 2Makk 8–15). **2.** Ein Heerführer des Makkabäers Jonatan (17) (1Makk 11,70). **3.** Ein Sohn des Makkabäers Simeon (4) (1Makk 16,2–21). **4.** J. →Iskariot, Glied des Zwölferkreises, der Jünger, der Jesus verriet (z. B. Mt 26,15 f. 48 f.; 27,3–10; Apg 1,15–20). **5.** Bruder Jesu (Mk 6,3; Mt 13,55), nach der Tradition, aber unrichtig, Verfasser des Judasbriefes. **6.** J., Sohn des Jakobus (5) (Lk 6,16; Apg 1,13), in der Alten Kirche oft mit J. (5) identifziert. **7.** J. der Galiläer, Führer eines Guerillakrieges gegen die Römer und jüd. Großgrundbesitzer; nach Apg 5,37 kam er dabei ums Leben. **8.** J. von Damaskus, Quartiergeber des Paulus (Apg 9,11). **9.** J. Barsabbas (2), bedeutendes Glied der Jerusalemer Urgemeinde (Apg 15,22–32), wirkte einige Zeit in Antiochia.

Juden, ursprünglich *Judäer*, die Bewohner des Südreichs Juda (2 Kön 16,6; 25,25), später der Provinz Judäa (Neh 1,2). Der Name wurde aber nach dem Untergang des Nordreichs Israel und nach dem Exil auf Israeliten allgemein übertragen. Zunächst wurde er wohl von Nicht-J. gebraucht (vgl. noch Mt 2,2), während die bevorzugte Selbstbezeichnung »Israeliten« blieb (Röm 11,1; Phil 3,5). Im NT, namentlich bei Paulus, ist »J.« kein rassischer und kein ethnischer, sondern ein religiöser Begriff und bezeichnet die, welche an das mosaische Gesetz gebunden sind (1Kor 9,20; Gal 2,14). Hier liegt auch der Ansatz für die stark negative Akzentuierung des Begriffs im Johannesevangelium: Für Johannes sind »die J.« diejenigen Glieder Israels, die sich wegen ihrer Bindung an das Gesetz dem Anspruch Jesu verschlossen haben (z. B. Joh 8,44–59; 9,22 f.).

Judit (hebr., »Jüdin«; im Hebr. gleichlautend mit *Jehudit*), **1.** eine Frau Esaus (1Mose 26,34; in der Lutherbibel *Jehudit*); **2.** Heldin des legendenhaften Juditbuches, das vom Widerstand gesetzestreuer Juden gegen die Assyrer erzählt; J., eine schöne, fromme und reiche Witwe, rettet ihr Volk, indem sie den feindlichen Feldherrn Holofernes umgarnt und tötet.

Julia, eine Christin in Rom (Röm 16,15).*

Julius, röm. Hauptmann, der die Überführung des gefangenen Paulus nach Rom leitete (Apg 27).*

Junias, eigtl. *Junia,* zusammen mit Andronikus als »herausragend unter den Aposteln« in der Grußliste des Römerbriefes (Röm 16,7) erwähnt, vermutlich als judenchristl. Missionarin in Rom tätig. Weil die Zugehörigkeit einer Frau zum Kreis der Apostel aus späterer kirchlicher Sicht undenkbar erschien, deutete man den Namen in der Überlieferung gegen alle philologische Wahrscheinlichkeit zum Männernamen (*Junias*) um.*

Juschab-Hesed, ein Nachkomme des Königs Jojachin (1Chr 3,20).*

Justus (lat., »gerecht«), Beiname von: **1.** Josef (14) Barsabbas (Apg 1,23); **2.** Titius, dem Quartiergeber des Paulus in Korinth (Apg 18,7); **3.** dem Paulusmitarbeiter Jesus (2) (Kol 4,11).*

K

Kabri, ein Ältester der – legendären – Stadt Betulia (Jdt 6,15; 8,10; 10,6).*

Kadmiël, ein Levit (z. B. Esr 2,40; Neh 9,4 f.).

Kadmoniter (hebr., »die Östlichen«), ein vorisraelit. Volk in Palästina (1Mose 15,19).*

Kain. Nach der Urzeit-Erzählung 1Mose 4,1–16 war K. ein Sohn Adams und Evas und Bruder des Abel. Diesen erschlug er, weil Gott nur Abels, nicht aber sein Opfer annahm. Daraufhin verurteilte Gott K. dazu, »unstet und flüchtig« zu leben, schützte ihn aber durch ein nicht näher beschriebenes »Zeichen« vor der Rache anderer Menschen. – Der Name »K.« ist eng verwandt mit dem der →Keniter (vgl. 4Mose 24,22), und so vermutet man vielfach, K. sei als Ahnherr und Repräsentant der Keniter dargestellt.

Kaiphas →Kajafas.

Kajafas, Hoherpriester (18–37 n. Chr.), war maßgeblich am Zustandekommen des Urteils gegen Jesus beteiligt (Mt 26,3; Joh 11,49).

Kaleb (hebr., »hundswütig«), nach dem alttest. Bericht der Ahnherr des Stammes K., der die Stadt Hebron und ihr durch Traubenreichtum ausgezeichnetes Gebiet innehatte (4Mose 13–14; Jos 14,6–15). Dieser Stamm gehörte vermutlich einem Sechsstämmebund an, in dem →Juda die Führung hatte, und so wird K. verschiedentlich zu Juda gerechnet (z. B. 4Mose 34,19).

Kalkol, ein bedeutender Weiser (1Kön 5,11), nach 1Chr 2,6 ein Enkel Judas.*

Kallai, Haupt der priesterlichen Familie Sallai (Neh 12,20).*

Kallisthenes, vermutlich ein zum Hellenismus neigender Jude, wurde von Judas (1) Makkabäus bei lebendigem Leibe verbrannt (2Makk 8,33).*

Kanaan (semit., »Händler« und/oder »Purpur[leute]«), nach der bibl. Darstellung (z. B. 1Mose 10,25) ein Sohn des Ham und

Ahnherr der *Kanaaniter,* der Bewohner des Westjordanlandes, deren Sprache die Israeliten nach ihrer Ansiedlung dort übernahmen – das Hebr. ist »die Sprache K.s« (Jes 19,18) – und deren Kultur starken Einfluß auf Gesellschaftsordnung, Literatur, Religion und Kult Israels hatte. Aber allmählich bildete sich in Israel die Erkenntnis heraus, daß zwischen der Religion K.s mit ihrer Vielzahl von Göttern, insbesondere dem Kult →Baals, und dem Jahweglauben ein unüberbrückbarer Gegensatz bestand, was zur schroffen Abwehr gegen die Kanaaniter (z. B. 5Mose 20,16–18) führte.

Kananäus (aram. *kananajja* »Eiferer«), Beiname des dem Zwölferkreis angehörigen Jesusjüngers Simon (2), der möglicherweise auf dessen frühere Zugehörigkeit zu den → Zeloten anspielt (Mt 10,4; Mk 3,18). In Lk 6,15; Apg 1,13 steht die griech. Fassung des Namens, *Zelot.**

Kandake, Titel (nicht Eigenname) der äthiop. Königinnen (Apg 8,27).*

Kareach (hebr., »kahlköpfig«), Vater der Offiziere Johanan (1) (z. B. 2Kön 25,23) und Jonatan (16) (Jer 40,8).

Karer, wohl von der Landschaft Karien (in Südwestkleinasien) abgeleiteter Name der Leibwache der jud. Könige (2Kön 11,4.19; in der Lutherbibel »Garde«); diese trat vielleicht an die Stelle der →Kereter und Peleter.*

Karkas, ein Beamter am Hof des Xerxes (Est 1,10).*

Karmi (in der Lutherbibel in 1Chr 4,1 statt *Kaleb*), **1.** ein Sohn Rubens (z. B. 1Mose 46,9); **2.** einer der Ältesten der – legendären – Stadt Betulia (z. B. Jdt 6,15).

Karpus (griech., »Frucht«), Quartiergeber des Paulus in Troas (2Tim 4,13).*

Karschena, hoher pers. Beamter (Est 1,14).*

Kasluhiter, ein nicht identifiziertes Volk, von Ägypten hergeleitet (1Mose 10,14; 1Chr 1,12).*

Katan (hebr., »klein«), Vater des Johanan (11) (Esr 8,12).*

Kedar, ein Nomadenstamm der syr.-arab. Wüste, der dem Zwölferverband der Ismaeliten angehörte (1Mose 25,13). Er galt als Feind der Kulturlandbewohner (z. B. Ps 120,5).

Kedma, einer der zwölf Söhne Ismaels (1Mose 25,15; 1Chr 1,31), wahrscheinlich ein arab. Stamm.*

Kedor-Laomer, nach dem sagenhaften Bericht 1Mose 14,1–10 einer der vier Ostkönige, die eine Strafexpedition gegen Städte am Toten Meer unternahmen. Wie bei den anderen drei Königen ist auch bei K. fraglich, ob es sich um eine historische Gestalt handelt.*

Kehat, Sohn des Levi (1Mose 46,11), Ahnherr der »Söhne K.« (z. B. 1Chr 6,18), der *Kehatiter* (z. B. 1Chr 6,39), einer der drei großen Levitenklassen.

Keïla, ein Ort (z. B. 1Sam 23,1–13), der in 1Chr 4,19 als Angehöriger des Stammes Juda erscheint.*

Kelaja, ein Levit, der seine ausländische Frau heimschickte (Esr 10,23; mit *Kelita* gleichgesetzt).*

Kelal (hebr., »Vollkommenheit«), ein Israelit, der seine ausländische Frau heimschickte (Esr 10,30).*

Kelita (hebr., »Zwerg« oder »Aufgenommener«), ein Levit (Neh 8,7; 10,11), in Esr 10,23 mit *Kelaja* gleichgesetzt.*

Kelub (hebr., »Korb«), **1.** ein Nachkomme Judas (1Chr 4,11); **2.** Vater des Esri (1) (1Chr 27,26).*

Keluhi, Israelit, der seine ausländische Frau heimschickte (Esr 10,35).*

Kemosch, Hauptgott der Moabiter (4Mose 21,29; Jer 48,46) und nicht der Ammoniter (so Richt 11,24), der zeitweilig auch in Jerusalem verehrt wurde (1Kön 11,7; 2Kön 23,13).

Kemuël, 1. ein Sohn Nahors (2) und Neffe Abrahams (1Mose 22,21); **2.** ein Angehöriger des Stammes Efraim (4Mose 34,24); **3.** Vater des Haschabja (5) (1Chr 27,17).*

Kenaana, 1. Vater des Profeten Zidkija (1) (1Kön 22,11.24; 2Chr 18,10.23); **2.** ein Levit (1Chr 7,10).*

Kenan, 1. Sohn des Enosch (1Mose 5,9.12; 1Chr 1,2), Vorfahr Jesu (Lk 3,37); **2.** ein Vorfahr Jesu (Lk 3,36).*

Kenani (hebr., Kurzform von *Kenanja*), ein Levit (Neh 9,4).*

Kenanja (hebr., »Jahwe stärkt«), **1.** Aufseher der Leviten beim Transport der Lade (1Chr 15,22.27); **2.** ein Levit (1Chr 26,29).*

Kenas, Enkel Esaus (1Mose 36,11.15), gilt als Ahnherr der *Kenasiter*, eines Nomaden-Clans in Südpalästina (1Mose 15,19), der in enger Verbindung zu den Stämmen Kaleb und Otniël – sie werden in Richt 1,13 als Söhne des K. bezeichnet – stand.

Kendebäus, Feldherr des syr. Königs Antiochus VII. (1Makk 15,38–16,8).*

Keniter, ein Nomadenstamm, von dem Teile – vielleicht nach der Trennung von den Amalekitern (1Sam 15,6) – südl. Hebrons lebten (1Sam 27,10; 30,29) und später unter die Hegemonie →Judas gerieten, während andere im Norden Palästinas nomadisierten (Richt 4,17; 5,24); als Ahnherr der K. galt vielleicht der Nomade →Kain.

Kephas (aram. *kefa* »Fels«), Beiname des Simon (1), eines Jüngers Jesu (Mt 16,18; Mk 3,13). Im NT wird fast durchweg die griech. Fassung *Petros* (→Petrus) bevorzugt; nur Paulus gebraucht in seinen Briefen die aram. Namensform (z. B. 1Kor 9,5; 15,5; Gal 1,18; 2,9).

Keran, ein Enkel des Seïr (1Mose 36,26; 1Chr 1,41), d. h. eine Sippe in Edom.*

Keren-Happuch (hebr., »Schminkbüchschen«), eine Tochter Ijobs (Ijob 42,14).*

Kereter (in der Lutherbibel *Kreter*), im AT die Bewohner des südl. Gebietes der – von Kreta herkommenden – Philister (1Sam 30,14; Ez 25,16); aus ihnen und – anderen – Philistern (sie werden *Peleter*, in der Lutherbibel *Pleter* genannt) rekrutierte David seine Leibgarde (z. B. 2 Sam 8,18; 1Kön 1,38).

Keros, Familienhaupt von Tempeldienern, die aus dem Exil heimkehrten (Esr 2,44; Neh 7,47).*

Kerub, (Mehrzahl *Kerubim*), ein hebr. Wort, mit dem das AT mythologische Wesen unterschiedlicher Art bezeichnet. In 1Mose 3,24 und im ursprünglichen Text von Ez 28,14.16 ist der K. der Wächter des Paradieses; zwei K. aus vergoldetem Holz (vielleicht mit Tierleib und Menschenkopf) waren Kultgegenstände des Jerusalemer Tempels, die im Allerheiligsten ihre Flügel über die Lade ausstreckten (1Kön 6,23–28; 8,6 f.). Wenn von Jahwe gesagt wird, er throne »über den K.« (z. B.

1Sam 4,4; vgl. Ps 18,11), dann sind die K. offenbar als Träger des Thrones Jahwes gedacht (als solche erscheinen sie ausdrücklich in Ez 9–11, wo ein Ergänzer die »lebenden Wesen« von Ez 1,5 als »K.« bezeichnet). Wahrscheinlich gehen die Aussagen des AT über die K. auf verschiedene Traditionen der vorderoriental. Umwelt zurück.

Kesed, ein Sohn Nahors (2) und Neffe Abrahams (1Mose 22,22).*

Ketura (hebr., »die in Räucherduft Gehüllte«), Nebenfrau Abrahams, gilt als Ahnfrau nordarab. Stämme (1Mose 25,1–4; 1Chr 1,32 f.).*

Kewan, unklares Wort in Am 5,26; wahrscheinlich handelt es sich um eine assyr. Bezeichnung für den Sterngott Saturn.*

Kezia (hebr., »Zimtblüte«), eine der Töchter Ijobs (Ijob 42,14).*

Kidon, nach 1Chr 13,9 Besitzer einer Tenne, der in 2Sam 6,6 *Nachon* heißt.*

Kilab (hebr., »ganz der Vater«), ein Sohn Davids (2Sam 3,3), der in 1Chr 3,1 *Daniel* (1) heißt; vielleicht war K. ein Schmeichelname.*

Kiljon, einer der beiden Söhne des Elimelech und der Noomi, Schwager der Rut (Rut 1,2.5; 4,9).*

Kimham (hebr., »Blaßgesicht«), Sohn des Barsillai (1), begleitete David nach Jerusalem (2Sam 19,38–41).*

Kisch, **1.** ein vermögender Mann aus dem Stamm Benjamin, Vater Sauls (z. B. 1Sam 9,1), nach Est 2,5 Vorfahr des Mordechai; **2.** ein Onkel des Vorigen (1Chr 8,30; 9,36); **3.** ein Levit zur Zeit Davids (1Chr 23,21 f.; 24,29); **4.** ein Levit zur Zeit des Königs Hiskija (2Chr 29,12).

Kischi, ein Levit, Vater des Etan (1) (1Chr 6,29; in der Lutherbibel *Kuschaja*), identisch mit *Kuschaja* (1Chr 15,17).*

Kislon (hebr., »schwerfällig«), Vater des Elidad (4Mose 34,21).*

Kittäer (in der Lutherbibel auch *Kittim*), ursprünglich die Bewohner der Stadt Kition auf Zypern, im AT die Bewohner Zyperns (1Mose 10,4; Jes 23,1) und später die Griechen (1Makk 1,1; 8,5; vgl. 4Mose 24,24) und schließlich die Römer (Dan 11,30).

Kittim → Kittäer.

Klaudia, eine in 2Tim 4,21 erwähnte Christin.*

Klaudius, 1. röm. Kaiser, der durch ein Edikt die Juden – und damit die Judenchristen – aus Rom vertrieb (Apg 18,2); in seine Zeit fiel eine Hungersnot (Apg 11,28); **2.** Beiname des röm. Militärtribuns Lysias (2) (Apg 23,26).*

Klemens (lat., »milde«), Mitarbeiter des Paulus in Philippi (Phil 4,3).*

Kleopas (griech., Kurzform von *Kleopatros* »Sohn eines berühmten Vaters«), einer der Emmausjünger (Lk 24,18).*

Kleopatra (griech., »Tochter eines berühmten Vaters«), **1.** Tochter des Königs Ptolemäus VI., Frau des Königs Alexander Balas (1Makk 10,57f.); **2.** Frau des Königs Ptolemäus (8) (Est 10,3l).*

Klopas (aram. Form von *Kleopas*), Mann der in Joh 19,25 erwähnten Maria (3).*

Koa, vielleicht ein Stamm im Osten Palästinas (Ez 23,23).*

Kohelet (hebr., »Einberufer« oder »Leiter einer Versammlung«; bei Luther »Prediger«), nach Pred 1,1 – fälschlich – Sohn Davids und Verfasser des Buches K. (Luther: »Prediger Salomo«), einer im 4./3. Jh. v. Chr. entstandenen Sammlung von Sprüchen und Reflexionen.

Kolaja, 1. nach Neh 11,7 Vorfahr des Sallu (1); **2.** Vater des falschen Profeten Ahab (2) (Jer 29,21).*

Kolhose, 1. Vater des Schallun (Neh 3,15); **2.** Großvater des Maaseja (15) (Neh 11,5).*

Konanja (hebr., »Jahwe stützt«), **1.** ein Levit zur Zeit des Königs Hiskija (2Chr 31,12f.); **2.** ein Levitenführer zur Zeit des Königs Joschija (2Chr 35,9).*

Konja (hebr., »Jahwe stützt«), in der Lutherbibel in Jer 22,24.28; 37,1 nach dem Urtext für *Jojachin.**

Korach (hebr., »Kahlkopf«). **1.** Ein Sohn Esaus, d. h. ein Stamm Edoms (1Mose 36,5.14.18; in V. 16 liegt wohl ein Textfehler vor). **2.** Die »Söhne K.s« oder *Korachiter* waren eine Sängergilde am Jerusalemer Tempel (2Chr 20,19), die in den Überschriften mehrerer Psalmen genannt wird (z. B. Ps 44-49).

Außerdem gehörten zu den Korachitern noch andere Tempelbedienstete wie Torhüter (1Chr 26,1.19). – In der Erzählung vom Aufstand der »Rotte K.« gegen Mose und Aaron (4Mose 16–17), wo K. offenbar als Ahnherr und Repräsentant der Korachiter erscheint, spiegeln sich Auseinandersetzungen zwischen den Korachitern und den Priestern des Jerusalemer Tempels.

Kore (hebr., »Rufer«), **1.** ein Levit, Torhüter am Tempel in Jerusalem (1Chr 9,19; 26,1); **2.** ein weiterer (2Chr 31,14).*

Kornelius, heidnischer Hauptmann in Cäsarea, nach Apg 10,1–38 der erste von Petrus getaufte Heide.*

Kosam, ein Vorfahr Jesu (Lk 3,28).*

Kosbi (hebr., »füllig«), eine Midianiterin, die sich dem Israeliten Simri (1) hingegeben hatte und mit ihm von Pinhas (1) getötet wurde (4Mose 25,6–18).*

Koz (hebr., »Dornstrauch«), **1.** ein Nachkomme Judas (1Chr 4,7f.); **2.** (in der Lutherbibel *Hakkoz*), Leiter einer Priesterklasse (1Chr 24,10); Nachkommen von ihm konnten ihre echt israelit. Abstammung nicht nachweisen (Esr 2,61; Neh 7,63); Ahnherr des Meremot (1) (Neh 3,4.21) und des Eupolemus (1Makk 8,17; in der Lutherbibel *Jakob*).*

Krates, ein Söldnerführer (2Makk 4,29).*

Kreszens (lat., »wachsend«), Mitarbeiter und Schüler des Paulus (2Tim 4,10).*

Kreter, 1. → Kereter; **2.** die Bewohner der Insel Kreta (Apg 2,11; Tit 1,12).

Krispus (lat., »Krauskopf«), ehemaliger Synagogenvorsteher in Korinth, den Paulus selbst taufte (Apg 18,8; 1Kor 1,14).*

Kusch, 1. ein Sohn Hams (1Mose 10,6f.), gilt als Ahnherr der *Kuschiter*, der Nubier, der Bewohner des Landes K., des Niltals südl. von Ägypten (z. B. Jes 11,11; 20,3–5; Ez 29,10), das seit der griech. Übersetzung des AT meistens als »Äthiopien« bezeichnet wird; **2.** von dem Vorigen wohl zu trennen ist K., der Vater Nimrods (1Mose 10,8); **3.** ein Benjaminiter (Ps 7,1), nicht weiter bekannt.

Kuschaja, ein Levit, Vater des Etan (1) (1Chr 15,17), identisch mit *Kischi* (1Chr 6,29; in der Lutherbibel *Kuschaja*).*

Kuschan, ein Volk, neben Midian genannt (Hab 3,7), wohl in der syr.-arab. Wüste.*

Kuschan-Rischatajim, nach Richt 3,8–10 ein König des Zweistromlandes, der Israel eine Zeitlang unterdrückte.*

Kuschi (hebr., »Kuschit«), **1.** Vater des Schelemja (5) (Jer 36,14); **2.** Vater des Profeten Zefanja (2) (Zef 1,1).*

Kuschiter, 1. → Kusch (1); **2.** ein Stamm in Südpalästina (2Chr 14,8–14; 21,16).

Kyrus, pers. König (558–529 v. Chr.), begründete das pers. Weltreich, indem er zuerst den Iran, dann Kleinasien und 539 mit Babylonien auch Syrien und Palästina unterwarf. Schon vor seinem Zug gegen Babylon erhoffte ihn der im Exil lebende Verfasser von Jes 40–55 als Befreier Israels (Jes 45,1). 538 v. Chr. erließ K. das sog. *K.-Edikt*, das den deportierten Israeliten die Rückkehr in die Heimat und den Wiederaufbau des Jerusalemer Tempels gestattete (Esr 1,1–4; 6,3–5); durch das Edikt wurden wesentliche Voraussetzungen für einen Weiterbestand Israels als Volk und des Jahwekultes von Jerusalem als Religion geschaffen.

L

Laban (hebr., »weiß«), Gestalt der Jakob-Erzählungen. Einerseits wird L. als Verwandter →Jakobs mit Wohnsitz in Mesopotamien, andererseits als fremdsprachiger Aramäer, mit dem Jakob im Ostjordanland einen Grenzvertrag schließt, dargestellt (1Mose 29–31).

Lachmi (hebr., Kurzform von *Betlachmi* »Betlehemiter«), nach 1Chr 20,5 Bruder des Goliat.*

Lada, ein Enkel Judas (1Chr 4,21).*

Ladan, 1. ein Ahnherr Josuas (1Chr 7,26); **2.** ein Levit (1Chr 23,7–9; 26,21), identisch mit *Libni* (1).*

Laël, Vater des Eljasaf (2) (4Mose 3,24).*

Lahad (hebr., »langsam«), ein Nachkomme Judas (1Chr 4,2).*

Laïtiël, ein in der »Einheitsübersetzung« als Name gedeutetes Wort in Spr 30,1, dessen Sinn dunkel ist.*

Lajisch (hebr., »Löwe«), Vater des Paltiël (2) oder Palti (2), des Schwiegersohns Sauls (1Sam 25,44; 2Sam 3,15).*

Lamech (hebr., »kräftiger Mann«), Gestalt der Vorzeit, nach 1Mose 4,19–22 Vater des Jabal, des Jubal und des Tubal-Kajin, nach 1Mose 5,28 f. Vater des Noach.

Lappidot, Ehemann der Debora (Richt 4,4).*

Lasthenes, Minister des syr. Königs Demetrius II. (1Makk 11,31 f.).*

Lazarus (griech. Kurzform von hebr. *Eleasar* »Gott hat geholfen«). **1.** L. aus Betanien, Bruder Marias (4) und Martas, nach Joh 11,1–46; 12,1–17 durch Jesus von den Toten auferweckt. **2.** L., der gelähmte Bettler, positives Gegenbild des gottlosen Reichen im Gleichnis Lk 16,19–31. – Ein Zusammenhang zwischen beiden in der Überlieferung ist wahrscheinlich, und zwar dürfte der Name des vom Tode Erweckten sekundär auf den ursprünglich namenlosen Bettler übertragen worden sein aufgrund von Lk 16,30.*

Lea (hebr., »Kuh«), nach 1Mose 29–30 eine Tochter Labans, die, ebenso wie ihre schönere Schwester →Rahel, →Jakobs

Frau wurde und ihm sechs eigene Söhne (Ruben, Simeon, Levi, Juda, Issachar, Sebulon) und zwei Söhne (Gad, Ascher) ihrer Sklavin →Silpa sowie die Tochter Dina gebar. In dieser Überlieferung spiegelt sich wohl die Tatsache, daß die sechs unmittelbar auf L. zurückgeführten Stämme eine Sondergruppe innerhalb der Stämme Israels bildeten; vermutlich war die Gruppe der »L.-Stämme« bereits vor der Landnahme der anderen Stämme seßhaft, und zwar in Mittelpalästina, wurde dann aber beim Nachrücken der anderen Stämme auseinandergerissen.

Lebana (hebr., »weiß«), Familienhaupt von Tempeldienern, die aus dem Exil heimkehrten (Esr 2,45; Neh 7,48).*

Lehabiter, ein von Ägypten hergeleitetes Volk (1Mose 10,13; 1Chr 1,11), wohl die Libyer.*

Lemuël (hebr., »Gott gehörig«), König des nordarab. Stammes Massa, dem Sprüche – Ermahnungen seiner Mutter an ihn – zugeschrieben werden (Spr 31,1.4).*

Letuschiter, ein arab. Stamm (1Mose 25,3).*

Lëummiter, ein arab. Stamm (1Mose 25,3).*

Levi. 1. Ein Sohn Jakobs (z. B. 1Mose 29,34; 35,23), gilt als Ahnherr sowohl des Stammes L. (1Mose 49,5–7; vgl. 1Mose 34) als auch des Kultverbandes der *Leviten*, die sich bei der Einführung der Jahweverehrung entschieden auf Moses Seite stellten (2Mose 32,25–29; 5Mose 33,8 f.). In dem System der zwölf Stämme wird L. als Stamm ohne Landbesitz geführt (z. B. Jos 13,33), der aufgrund besonderer Heiligkeit und Jahwenähe als Segensträger ausgezeichnet und für priesterliche Zwecke bevorzugt geeignet ist (Richt 17). In späterer Zeit werden die Leviten ein – den von →Zadok (1) und Aaron hergeleiteten Priestern untergeordneter – Teil des Kultpersonals am Jerusalemer Tempel (z. B. 4Mose 3). **2.** Ein von Jesus berufener Zöllner (Mk 2,14; Lk 5,27.29). **3.** und **4.** Zwei Vorfahren Jesu (Lk 3,24.29).

Leviatan, ein mythisches, vielköpfiges Meerwesen, das Jahwe in der Vorzeit vernichtet (Ps 74,14) oder gebändigt (Ps 104,26 [in der Lutherbibel »großer Fisch«]; vgl. Ijob 3,8) haben soll.

Das hebr. Wort kann auch zur Bezeichnung des Krokodils dienen (Ijob 40,25). Die Apokalyptik bezeichnet mit »L.« den endzeitlichen Feind Jahwes (Jes 27,1).*

Leviten → Levi.

Libertiner (lat., »Freigelassener«), in Apg 6,9 genannt; es handelte sich um aus röm. Kriegsgefangenschaft entlassene Juden oder deren Nachkommen.*

Libni (hebr., »weiß«), **1.** ein Enkel Levis (z. B. 2Mose 6,17; 1Chr 6,5), identisch mit *Ladan* (2); **2.** ein Urenkel Levis (1Chr 6,14).

Libyer, aus Libyen stammend, als Hilfstruppen der Ägypter genannt (2Chr 12,3; 16,8; Dan 11,43; Nah 3,9).*

Likhi, in 1Chr 7,19 wahrscheinlich fehlerhafte Form (Buchstabenumstellung) für *Helek*.*

Lilit, ein babylon. weiblicher Sturmdämon, wurde in Israel wegen des Anklangs an hebr. *lajil* »Nacht« als Nachtgespenst verstanden (Jes 34,14; in der Lutherbibel »Nachtgespenst«).*

Linus, ein Christ in Rom (2Tim 4,21).*

Lo-Ammi (hebr., »nicht mein Volk«), Symbolname, den der Profet Hosea seinem zweiten Sohn gab (Hos 1,9; 2,25).*

Lohesch (hebr., »Beschwörer«), Mitunterzeichner der Gesetzesverpflichtung (Neh 10,25), Vater des Schallum (12) (Neh 3,12).*

Loïs, Großmutter des Paulusschülers Timotheus (2Tim 1,5).*

Lo-Ruhama (hebr., »kein Erbarmen«), Symbolname, den der Profet Hosea seiner Tochter gab (Hos 1,6.8; 2,25).*

Lot, Brudersohn Abrahams, der mit ihm nach Kanaan zog, sich in Sodom niederließ und dem Gericht über die Stadt entkam (1Mose 11,27.31; 12,4 f.; 19,1–29); seine Frau wurde dabei zur Salzsäule (1Mose 19,26). Nach einer anderen Tradition ist L. der Ahnherr der Moabiter und Ammoniter (1Mose 19,30–38), der »Söhne L.s« (5Mose 2,9.19).

Lotan, ein Sohn Seïrs und »Fürst« (1Mose 36,20.22.29; 1Chr 1,38 f.), d. h. ein Stamm Edoms.*

Lud, Luditer. Der Name bezeichnet in Jes 66,19 anscheinend das kleinasiat. Volk der Lyder, während er in 1Mose 10 einerseits einer afrikan. (V. 10; so auch Jer 46,9; Ez 30,5), andererseits einer semit. Völkergruppe (V. 22) zugeordnet wird. Umstritten bleibt, ob überall dasselbe Volk gemeint ist.

Lukas, Heidenchrist, möglicherweise aus Antiochia, von Beruf Arzt (Kol 4,14), Mitarbeiter und Reisebegleiter des Paulus (Phlm 24; 2Tim 4,11), galt seit dem 2. Jh. als Verfasser des Lukasevangeliums und der Apostelgeschichte.*

Luzius (lat., »am Tage [prima luce] geboren«), **1.** röm. Konsul (142 v. Chr.) (1Makk 15,16.23); **2.** L. von Zyrene, ein Profet und Lehrer der Gemeinde zu Antiochia (Apg 13,1); **3.** ein Reisebegleiter des Paulus (Röm 16,21).*

Lydia (lat., »Lydierin«), in Philippi lebende reiche Purpurhändlerin aus Thyatira, von Paulus bekehrt (Apg 16,14.40).*

Lysanias, Tetrarch (Regent) in dem syr. Fürstentum Abilene (Lk 3,1).*

Lysias, 1. syr. Reichsverweser, suchte den Makkabäeraufstand niederzuschlagen (z. B. 1Makk 4,27; 2Makk 11,1); **2.** Klaudius L., röm. Militärtribun, verhaftete Paulus in Jerusalem (Apg 23,26; 24,22).

Lysimachus, 1. Übersetzer des Buches Ester (Est 10,3 l); **2.** Bruder des Hohenpriesters Menelaus und zeitweilig selbst Hoherpriester, wurde von der Menge wegen sakrilegischer Diebstähle umgebracht (2Makk 4,29.39–42).*

M

Maacha, 1. ein Sohn Nahors (2) und Neffe Abrahams (1Mose 22,24), gilt als Ahnherr der *Maachatiter* (z. B. 5Mose 3,14; Jos 12,5), der aram. Bewohner des Landes M. östl. des Oberlaufs des Jordans (2Sam 10,6.8); **2.** eine Frau Davids, Mutter Abschaloms (1) (2Sam 3,3; 1Chr 3,2); **3.** Vater des Achisch (1Kön 2,39), identisch mit *Maoch* (1Sam 27,2); **4.** Frau des Königs Rehabeam, Mutter des Abija (3) und Großmutter des Asa (1) (1Kön 15,2.10.13), identisch mit *Michaja* (1) (2Chr 13,1); **5.** eine Nebenfrau Kalebs (1Chr 2,48); **6.** Schwester (?) und Frau des Machir (1Chr 7,15 f.); **7.** Frau des Jëiël (2) (1Chr 8,29; 9,35); **8.** Vater des Hanan (3), eines Helden Davids (1Chr 11,43); **9.** Vater des Schefatja (4) (1Chr 27,16).

Maachatiter, 1. → Maacha (1); **2.** ob dazu – oder zu Maacha (5) – die in 2Kön 25,23; 1Chr 4,19; Jer 40,8 erwähnten M. gehören, bleibt ungewiß.

Maadai (hebr., Kurzform von *Maadja*), Israelit, der seine ausländische Frau heimschickte (Esr 10,34).*

Maadja (hebr., »Schmuck Jahwes«), ein aus dem Exil heimgekehrter Priester (Neh 12,5.17).*

Maai, ein Levit, Musiker bei der Mauerweihe in Jerusalem (Neh 12,36).*

Maaseja (hebr., »Werk Jahwes«), **1.** Ahnherr des Sängers Asaf (2) (1Chr 6,25); **2.** ein Levit, Torwächter und Harfenspieler (1Chr 15,18.20); **3.** ein Hofbeamter, an der Verschwörung gegen Atalja beteiligt (2Chr 23,1); **4.** ein Offizier unter König Usija (2Chr 26,11); **5.** ein jud. Prinz am Hof des Königs Ahas (2Chr 28,7); **6.** Kommandant von Jerusalem unter König Joschija (2Chr 34,8); **7.–10.** drei Priester (Esr 10,18.21.22) und ein Laie (Esr 10,30), die ihre ausländischen Frauen heimschickten; **11.** Vater des Asarja (18) (Neh 3,23); **12.** und **13.** ein vornehmer Laie (Neh 8,4) und ein Levit (Neh 8,7) neben Esra; **14.** Mitunterzeichner der Gesetzesverpflichtung (Neh 10,26); **15.** ein Bewohner des nachexil. Jerusalem (Neh 11,5); **16.** Ahnherr des Sallu (1) (Neh 11,7); **17.** und **18.** zwei Teilnehmer an der Mauerweihe in Jerusalem (Neh 12,41.42); **19.** Vater des Priesters Zefanja (1) (Jer 21,1; 29,25; 37,3); **20.** Vater des falschen Profeten Zidkija (4) (Jer 29,21); **21.** ein Schwellenwächter (Jer 35,4).*

Maasja (hebr., »Jahwe ist Zuflucht«), **1.** Leiter einer Priesterklasse (1Chr 24,18); **2.** Mitunterzeichner der Gesetzesverpflichtung (Neh 10,9).*

Maaz (hebr., Kurzform von *Ahimaaz*), ein Nachkomme Jerachmeels (1Chr 2,27).*

Machbannai (hebr., »Halsband«), ein Verbündeter Davids (1Chr 12,14).*

Machbena (hebr., »Halsband«), ein Nachkomme Kalebs (1Chr 2,49).*

Machi, Vater des Gëuël (4Mose 13,15).*

Machir (hebr., »verkauft«, d. h. Lohnarbeiter). **1.** Ein israelit. Stamm (Richt 5,14), der zunächst im Westjordanland, dann in Gilead östl. des Jordans wohnte (z. B. 4Mose 32,39 f.). In der Liste der zwölf Stämme Israels kommt M. nicht vor, sondern sein Gebiet wurde dem des Stammes Manasse zugerechnet (Jos 17,1). Daher erscheint M. in der genealogischen Verknüpfung beider Stämme als Sohn Manasses und weiter als Vater Gileads (z. B. 4Mose 26,29). **2.** Ein Bekannter des Hauses Sauls (2Sam 9,4 f.), unterstützte David (2Sam 17,27).

Machla, 1. eine Tochter des Zelofhad (z. B. 4Mose 26,33); **2.** Tochter der Molechet (1Chr 7,18).

Machli, 1. ein Sohn des Levisohnes Merari (z. B. 2Mose 6,19; 1Chr 6,4); **2.** ein Enkel des Merari (z. B. 1Chr 6,32).

Machlon (hebr., »Kränkling«), der verstorbene Ehemann Ruts (Rut 1,2.5; 4,9 f.).*

Machnadbai, in der Lutherbibel in Esr 10,40 für »von den Nachkommen Sakkais«.*

Machseja (hebr., »Jahwe ist Zuflucht«), Großvater des Baruch (1) (Jer 32,12; 51,59; Bar 1,1).*

Madai, in 1Mose 10,2; 1Chr 1,5 die – hebr. – Bezeichnung der →Meder.*

Madmanna, ein Ort (Jos 15,31), der in 1Chr 2,49 als Nachkomme Kalebs erscheint.*

Magbisch, Ahnherr – oder Heimatort – von Heimkehrern aus dem Exil (Es 2,30).*

Magdalene (in der Lutherbibel *Magdalena*), in Lk 8,2 Herkunftsname der Maria (2) aus Magdala.*

Magdiël (hebr., »Gabe Gottes«), ein »Fürst«, d. h. Stamm in Edom (1Mose 36,43; 1Chr 1,54).*

Magog, ein Sohn Jafets (1Mose 10,2; 1Chr 1,5), d. h. ein Volk nördl. von Palästina (Ez 38,2; 39,6), wahrscheinlich im Osten der heutigen Türkei. Später wurde M. zum endzeitlichen Feind Gottes (Offb 20,8).*

Magpiasch, ein Mitunterzeichner der Gesetzesverpflichtung (Neh 10,21).*

Mahalalel (hebr., »Gott leuchtet auf«), **1.** eine Gestalt der Vorzeit (1Mose 5,12–17; 1Chr 1,2; Lk 3,37), identisch mit *Mehujaël* (zum Stammbaum →Set); **2.** Ahnherr des Ataja (Neh 11,4).*

Mahalat, 1. eine Frau Esaus (1Mose 28,9); **2.** eine Frau des Königs Rehabeam (2Chr 11,18).*

Mahasiot, Leiter einer Sängerklasse (1Chr 25,4.30).*

Mahat, 1. ein Levit, Vorfahr des Sängers Heman (2) (1 Chr 6,20; 2Chr 29,12); **2.** ein Levit zur Zeit des Königs Hiskija (2Chr 31,13).*

Mahawiter, in der Lutherbibel in 1Chr 11,46 – nach dem Urtext – fehlerhaft für »aus Mahanajim«.*

Maher-Schalal-Hasch-Bas (hebr., »schnelle Beute, rascher Raub«; in der Lutherbibel »Raubebald-Eilebeute«), Name eines Sohnes des Profeten Jesaja, der die Niederwerfung der Reiche Israel und Damaskus durch die Assyrer vorwegnimmt (Jes 8,1–4).*

Mahol. »Söhne des M.« werden vier Weise und Sänger genannt (1Kön 5,11); möglich wäre auch die Übersetzung: »Mitglieder der Sängerzunft«.*

Mahrai, ein Krieger Davids (2Sam 23,28; 1Chr 11,30; 27,13).*

Makkabäer (in der Lutherbibel so nur in 1Makk 5,34; 2Makk

2,20; sonst *Makkabäus*), wahrscheinlich abgeleitet von hebr. *makkaba* »Hammer«, ehrender Beiname des Freiheitshelden Judas (1) (z. B. 1Makk 2,4; 10,1–35), der 166–160 v. Chr. das jüd. Volk im siegreichen Kampf gegen die Herrschaft der Seleukiden anführte. – Die Pluralform »M.« pflegt man für seine gesamte Familie, das priesterliche Geschlecht der *Hasmonäer* (nach dem Ahnherrn Hasmon), zu verwenden, dessen zahlreiche Mitglieder ebenfalls in diesem Kampf aktiv waren.

Makkabäus → Makkabäer.

Makron, Beiname des Ptolemäus (4) (2Makk 10,12).*

Malchus (griech. Form von hebr. *mäläk* »König«), ein Knecht des Hohenpriesters, dem Petrus nach einer relativ späten Überlieferung bei der Gefangennahme Jesu ein Ohr abgeschlagen hat (Joh 18,10). Der Name fehlt noch in Mk 14,47.*

Maleachi. Das Buch M., das am Schluß der alttest. Profetenbücher steht, enthält die Aussprüche eines unbekannten Profeten, der wahrscheinlich im 5. Jh. v. Chr. in Jerusalem wirkte. Diesen Aussprüchen wurde später eine Überschrift vorangestellt: »Ausspruch, Wort Jahwes für Israel durch M.« Das hebr. Wort »M.«. ist aber kein Eigenname, sondern bedeutet »mein Bote«; es stammt aus Mal 3,1, wo der Profet sich als Boten Jahwes bezeichnet.*

Malkam (hebr., »König«), ein Benjaminiter (1Chr 8,9).*

Malki- → Melech.

Malkiël (hebr., »Gott ist König«), **1.** ein Enkel Aschers (1Mose 46,17; 4Mose 26,45; 1Chr 7,31); **2.** Vater des Karmi (2) (Jdt 6,15).*

Malkija (hebr., »Jahwe ist König«), **1.** Ahnherr des Sängers Asaf (2) (1Chr 6,25); **2.** Ahnherr des Priesters Adaja (5) (1Chr 9,12; Neh 11,12); **3.** Leiter einer Priesterklasse (1Chr 24,9); **4.** und **5.** zwei Israeliten, die ihre ausländischen Frauen heimschickten (Esr 10,25; für den zweiten in der Lutherbibel *Haschabja*); **6.** ein weiterer (Esr 10,31); **7.** ein Helfer beim Wiederaufbau der Mauer Jerusalems (Neh 3,11), vielleicht identisch mit dem Vorigen; **8.** und **9.** zwei weitere Helfer beim Mauerbau (Neh 3,14.31); **10.** ein vornehmer Laie neben Esra (Neh 8,4); **11.** Mitunterzeichner der Gesetzesverpflichtung (Neh 10,4); **12.** Teilnehmer an der Mauerweihe in Jerusalem (Neh 12,42); **13.** Vater des Paschhur (4) (Jer 21,1; 38,1); **14.** ein jud. Prinz am Hof Zidkijas (Jer 38,6).*

Malkiram (hebr., »der König ist erhaben«), ein Sohn des Königs Jojachin (1Chr 3,18).*

Malkischua (hebr., »der König ist Hilfe«), ein Sohn Sauls (z. B. 1Sam 14,49; 31,2).

Malloti, Leiter einer Sängerklasse (1Chr 25,4.26).*

Malluch (hebr., »König«), **1.** Levit, Ahnherr des Sängers Etan (1) (1Chr 6,29); **2.** und **3.** zwei Israeliten, die ihre ausländischen Frauen heimschickten (Esr 10,29.32); **4.** ein Priester, Mitunterzeichner der Gesetzesverpflichtung (Neh 10,5; 12,2.14); **5.** ein weiterer Mitunterzeichner (Neh 10,28).*

Mamre, Verbündeter Abrahams (1Mose 14,13.24).*

Manaën, ein Profet und Lehrer in der Gemeinde von Antiochia (Apg 13,1).*

Manahat, ein Enkel Seïrs, d. h. eine Sippe in Edom (1Mose 36,23; 1Chr 1,40).*

Manasse (hebr., »vergessen machend«). **1.** Einer der zwölf Stämme Israels, wohnte beiderseits des mittleren Jordans. Unter Führung des Gideon spielte M. die Hauptrolle im Abwehrkampf gegen Midian (Richt 6–8). Als Ahnherr dieses Stammes gilt ein Sohn Josefs und Bruder Efraims (1Mose 41,51; 48). **2.** König des Südreichs Juda (696–642 v. Chr.). Er führte – offenbar auf Veranlassung Assurs, dessen Vasall er war – zahlreiche Fremdkulte in Juda ein. Nach dem Bericht 2Kön 21,1–18, der M. sehr abwertend beurteilt, praktizierte M. diese Kulte selbst und begegnete dem Protest der Profeten mit blutigen Verfolgungen. **3.** und **4.** Zwei Israeliten, die ihre ausländischen Frauen heimschickten (Esr 10,30.33). **5.** Mann der Judit (Jdt 8,2).

Manius, röm. Gesandter, der den Juden zu der unter Judas (1) Makkabäus errungenen Religionsfreiheit (162 v. Chr.) brieflich gratulierte (2Makk 11,34).*

Manoach (hebr., »freigebig«), Vater Simsons (Richt 13; 16,21).*
Maoch, Vater des Achisch (1Sam 27,2), identisch mit *Maacha* (3) (1Kön 2,39).*
Maon, Stadt in Juda (z. B. Jos 15,55), die in 1Chr 2,45 als Nachkomme Kalebs erscheint.*
Maoniter, in der Lutherbibel in Richt 10,12 statt *Midian.**
Mara (hebr., »die Bittere«), Beiname, den sich Noomi gab (Rut 1,20).*
Marduk → Merodach.
Marescha, ein Ort (z. B. 2Chr 11,8), der in 1Chr 2,42 als Nachkomme Kalebs erscheint.*
Maria, hebr. *Mirjam*, zur Zeit Jesu häufiger Name. **1.** M., die Mutter Jesu, wird bereits in der älteren Überlieferung namentlich erwähnt (Mk 6,3; Mt 13,55). Als historisch gesichert kann gelten, daß sie aus Nazaret in Galiläa stammte (Lk 1,26), daß sie mit dem Davididen Josef (10) verheiratet war und daß sie zunächst mit ihrer Familie in Distanz zum Wirken Jesu blieb, um jedoch nach Ostern zum Kreis der Jünger Jesu zu stoßen (Apg 1,14). Wahrscheinlich ist ferner, daß sie neben Jesus noch mehrere Kinder hatte. Traditionelle katholische Theologie möchte allerdings, ausgehend von der dogmatischen Lehre von der bleibenden Jungfrauschaft M.s, die »Brüder Jesu« (Mk 3,31; Apg 1,14) als seine Vettern bzw. als Stiefsöhne M.s sehen. – In dem Maße, wie im frühen Christentum das zunächst noch fehlende Interesse an der Herkunft Jesu wuchs, ist auch das Interesse an seiner Mutter gewachsen. Sie wird in späten Traditionen mit wichtigen Stationen seines Wirkens in Verbindung gebracht (Joh 2,1–11; 19,25–27), vor allem aber nimmt sie eine zentrale Stellung in den Geburts- und Kindheitsgeschichten Mt 1–2 und Lk 1–2 ein, die den wunderbaren Charakter der Geburt Jesu, analog zu der von Gottesmännern des AT, herausstellen sollen und deren Geschichtswert im einzelnen sehr umstritten ist. **2.** M. von Magdala, eine Jesusjüngerin (Mk 15,40.47; Lk 8,2), die eine der Frauen war, die das Grab Jesu leer fanden (Mk 16,1; vgl. Joh 20,1–18). **3.** Mutter der Brüder Jakobus (3) und Josef (12), neben M. aus Magdala

die »zweite M.« am Grabe Jesu (Mk 15,40.47; 16,1; Mt 27,56.61; 28,1), Frau des Klopas (Joh 19,25). **4.** Schwester der Marta (Lk 10,39) und – nach Joh 11,2; 12,1–3 – auch des →Lazarus. **5.** Mutter des Johannes →Markus (Apg 12,12), Glied der Jerusalemer Gemeinde. **6.** Judenchristin in Rom (Röm 16,6).

Markus, Beiname des Johannes M., der, wie seine Mutter Maria (5), die in Jerusalem ein Haus besaß (Apg 12,12–17), Glied der dortigen Urgemeinde war. Nach Apg 12,25 nahmen ihn Paulus und Barnabas aus Jerusalem mit nach Antiochia und auf die 1. Missionsreise; er kehrte jedoch von Perge aus plötzlich nach Hause zurück (Apg 13,5.13). Weil Paulus den Unzuverlässigen nicht auf die 2. Missionsreise mitnehmen wollte, kam es zwischen ihm und Barnabas zum Zerwürfnis, und M. reiste mit Barnabas nach Zypern (Apg 15,37–39). Nach Phlm 24; Kol 4,10; 2Tim 4,11 gehörte M. jedoch später wieder zu den Mitarbeitern des Paulus, und nach 1Petr 5,14 war er zusammen mit Petrus in Rom. Auf letztere, historisch fragwürdige Notiz geht die altkirchliche Tradition zurück, die in M. den Dolmetscher des Petrus und Verfasser des Markusevangeliums sieht.*

Marsena, ein Beamter am pers. Hof (Est 1,14).*

Marta, Jüngerin Jesu, wird zusammen mit ihrer Schwester Maria (4) und ihrem Bruder Lazarus im Lukas- und Johannesevangelium mehrfach erwähnt (Lk 10,38–42; Joh 11,1–12,2).*

Masai (hebr., Kurzform von *Maaseja*), Priester in Jerusalem nach dem Exil (1Chr 9,12), identisch mit *Amaschsai* (Neh 11,13).*

Masch, ein Sohn Arams und Enkel Sems, aram. Stamm (1Mose 10,23), identisch mit *Meschech* (2) (1Chr 1,17; in der Lutherbibel *Masch*).*

Massa, ein Sohn Ismaels (1Mose 25,14; 1Chr 1,30), d. h. ein Stamm in Nordarabien (Spr 30,1; 31,1).*

Matred, Mutter der Mehetabel (1) (1Mose 36,39; 1Chr 1,50).*

Matri →Matriter.

Matriter (in der Lutherbibel »das Geschlecht Matri«), die Sippe

Matri (hebr., »zur Regenzeit geboren«) des Stammes Benjamin (1Sam 10,21).*

Mattan (hebr., Kurzform von *Mattanja*), **1.** ein Baalspriester (2Kön 11,18; 2Chr 23,17); **2.** Vater des Schefatja (9) (Jer 38,1); **3.** ein Vorfahr Jesu (Mt 1,15).*

Mattanja (hebr., »Gabe Jahwes«), **1.** Name des Zidkija (4) vor seiner Thronbesteigung (2Kön 24,17); **2.** ein Sänger im nachexil. Jerusalem (1Chr 9,15; Neh 11,17; 12,8.25), Ahnherr des Usi (5) (Neh 11,22) und des Secharja (26) (Neh 12,35); **3.** Leiter einer Sängerklasse (1Chr 25,4.16); **4.** Vater des Jahasiël (4) (2Chr 20,14); **5.** Levit zur Zeit des Königs Hiskija (2Chr 29,13); **6.–9.** vier Israeliten, die ihre ausländischen Frauen heimschickten (Esr 10,26.27.30.37); **10.** Ahnherr des Hanan (8) (Neh 13,13).*

Mattat, 1. und **2.** zwei Ahnherren Jesu (Lk 3,24.29).*

Mattata, ein Ahnherr Jesu (Lk 3,31).*

Mattatias (griech. Form von hebr. *Mattitja*), **1.** Priester aus dem Ort Modeïn, der sich 167 v. Chr. an die Spitze des Aufstandes der gesetzestreuen Juden gegen die Hellenisierungspolitik der Seleukiden stellte (z. B. 1Makk 2,15–28), Vater von fünf Söhnen, darunter Judas (1) Makkabäus (1Makk 2,2–5); **2.** ein Heerführer des Jonatan (17) (1Makk 11,70); **3.** Enkel des M. (1) (1Makk 16,40); **4.** ein Botschafter des Nikanor (1) zu den Juden (2Makk 14,19).

Mattatta (hebr., »Gabe [Gottes]«), Israelit, der seine ausländische Frau heimschickte (Esr 10,33).*

Mattenai (hebr., »Gabe [Gottes]«), **1.** und **2.** zwei Israeliten, die ihre ausländischen Frauen heimschickten (Esr 10,33.37); **3.** Haupt einer priesterlichen Familie (Neh 12,19).*

Matthäus (griech. Form von hebr. *Mattai*, Kurzform von *Mattanja*), Glied des Zwölferkreises (Mt 10,3; Mk 3,18; Lk 6,15; Apg 1,13), nach Mt 9,9 mit dem von Jesus berufenen Zöllner identisch. Da jedoch der Zöllner im älteren Markusevangelium (Mk 2,14; vgl. Lk 5,27–29) Levi heißt, dürfte die Übertragung des Namens sekundär sein und der Tendenz entspringen, die

Glieder des Zwölferkreises durch Verbindung mit anderen Jesusgeschichten der Anonymität zu entreißen. Dafür, daß M. das Matthäusevangelium verfaßt hätte, wie die altkirchliche Traditon meinte, gibt es so gut wie keine zuverlässigen Anhaltspunkte.*

Matthias (griech., Kurzform von *Mattatias*), der als Ersatzmann für den Verräter Judas Iskariot nach Ostern durch Hinzuwahl in den Zwölferkreis aufgenommene Apostel Jesu (Apg 1,15–26).*

Mattitja (hebr., »Gabe Jahwes«), **1.** ein Levit (1Chr 9,31); **2.** ein Levit, Torwächter und Zitherspieler (1Chr 15,18.21; 16,5); **3.** Leiter einer Sängerklasse (1Chr 25,3.21); **4.** ein Israelit, der seine ausländische Frau heimschickte (Esr 10,43); **5.** ein vornehmer Laie neben Esra (Neh 8,4); **6.** und **7.** zwei Ahnherren Jesu (Lk 3,25.26).*

Mazedonier, die Bewohner Mazedoniens (des Nordteils des heutigen Griechenlands), das zeitweilig – unter Philipp II. und seinem Sohn Alexander d. Gr. (1Makk 1,1) – ein bedeutendes Reich, seit 148 v. Chr. röm. Provinz war; Paulus besuchte Mazedonien auf der 2. und 3. Missionsreise und gründete Gemeinden in Philippi, Thessalonich und Beröa (Apg 16,9–17, 15).

Medad, ein geistbegabter Israelit der Mosezeit (4Mose 11,26 f.).*

Medan, ein Sohn Abrahams und Keturas (1Mose 25,2; 1Chr 1,32), d. h. ein arab. Stamm.*

Meder, Volksstämme im Nordwestiran, die sich seit 670 v. Chr. gegen die assyr. Oberherrschaft auflehnten und ein eigenes Reich mit der Hauptstadt Ekbatana gründeten. 612 vernichteten sie im Bündnis mit Babylon das assyr. Reich (Eroberung Ninives, Nah 2,4–14). 553 erhoben sich die Perser, bis dahin Vasallen der M., unter ihrem König → Kyrus gegen die M. und gliederten Medien dem Perserreich ein. Hieraus erklärt sich, weshalb das AT des öfteren M. erwähnt, wo Perser gemeint sind (z. B. Jes 13,17; Dan 6,1).

Mefi-Boschet → Merib-Baal.

Mehetabel (hebr., »Gott ist gut«), **1.** Frau des Königs Hadad (3) von Edom (1Mose 36,39; 1Chr 1,50); **2.** Ahnherr des Schemaja (18) (Neh 6,10).*

Mehida, Familienhaupt von Tempeldienern, die aus dem Exil heimkehrten (Esr 2,52; Neh 7,54).*

Mehir, Sohn des Kelub (1Chr 4,11).*

Mehujaël, ein Nachkomme Kains (1Mose 4,18), identisch mit *Mahalalel* (→ Set).*

Mehuman, ein Beamter am pers. Hof (Est 1,10).*

Melatja (hebr., »Jahwe hat gerettet«), ein Helfer beim Wiederaufbau der Mauer Jerusalems (Neh 3,7).*

Melchi, 1. und **2.** zwei Ahnherren Jesu (Lk 3,24.28).*

Melchisedek (hebr., »[der Gott] Sedek ist König«), Stadtkönig und zugleich oberster Priester in Jerusalem. Nach der Eroberung Jerusalems durch David wurde den Königen des Reiches Juda die Priesterwürde »nach der Weise M.s« übertragen (Ps 110,4). Die Erzählung vom Zusammentreffen Abrahams mit M., wobei Abraham von M. den Zehnten erhält (1 Mose 14,18–20), sollte offenbar das Zehntrecht der Jerusalemer Priesterschaft legitimieren. – Im NT greift der Hebräerbrief 1Mose 14,18–20 auf, um die geheimnisvolle Gestalt M.s allegorisch auf Christus zu deuten: Darin, daß M. von Abraham den Zehnten genommen und ihn gesegnet hat, kommt die Überlegenheit Christi über das jüd. Priestertum zum Ausdruck (Hebr 7,4–10); und daß das AT weder seine Herkunft noch sein Lebensende berichtet, wird von Hebr 7,1–3 als Hinweis auf das ewige Hohepriestertum Jesu verstanden. So ist Christus »Hoherpriester nach der Ordnung M.s« (Hebr 5,6.10; 6,20; 7,11).

Melea, ein Ahnherr Jesu (Lk 3,31).*

Melech (eigtl. *mäläk*), hebr. Wort für »König«, das als erster Bestandteil von Eigennamen in der Form *Malki-* oder *Melchi-*, als zweiter Bestandteil in der Form »M.« (z. B. *Abimelech*, *Elimelech*) erscheint.

Melech, ein Nachkomme Sauls (1Chr 8,35; 9,41).*

Memmius, Quintus M., einer der zwei röm. Gesandten in

Antiochia, die einen Brief an die Juden über den Friedensvertrag mit Rom verfaßten (2Makk 11,34).*

Memuchan, ein hoher Beamter am pers. Hof (Est 1,14.16.21).*

Menahem (hebr., »Tröster«), König des Nordreichs Israel (746–737 v. Chr.). Er gelangte in den Wirren nach der Ermordung des Königs Secharja (1) auf den Thron und sicherte seine Herrschaft gegenüber dem Assyrerkönig →Tiglat-Pileser (*Pul*) durch einen hohen Tribut, den er auf die Grundbesitzer seines Reiches umlegte (2Kön 15,14.17–22).

Menelaus, Hoherpriester zur Zeit der Makkabäerkriege, 172 v. Chr. eingesetzt, ließ den früheren Hohenpriester Onias III. (2) ermorden und verfolgte die Gesetzestreuen; 162 hingerichtet (2Makk 4,23–50; 13,1–8).

Menestheus, Vater des Apollonius (1) (2Makk 4,4.21); in 2 Makk 3,5 heißt er *Tharseas.**

Meni, ein Glücksgott (Jes 65,11); der Name hängt wohl mit dem hebr. Wort für »zuteilen« zusammen.*

Menna, ein Ahnherr Jesu (Lk 3,31).*

Meonotai, ein Nachkomme des Kenas (1Chr 4,13 f.).*

Merab, älteste Tochter Sauls, dem David versprochen, aber mit Adriël verheiratet (1Sam 18,17–19; 2Sam 21,8).*

Meraja (hebr., »Trotzkopf«), Haupt einer priesterlichen Familie (Neh 12,12).*

Merajot (hebr., »Trotzkopf«), Vater des Priesters Zadok (1) (1Chr 9,11; Neh 11,11) oder sein Ahnherr (1Chr 5,32 f.; 6,37; Esr 7,3).*

Merari (hebr., »stark«), **1.** eines der drei große Levitengeschlechter (z. B. 1Chr 9,14), als dessen Ahnherr ein Sohn Levis namens M. gilt (z. B. 1 Mose 46,11); **2.** Vater der Judit (Jdt 8,1).

Mered (hebr., »kühn«), ein Nachkomme Kalebs (1Chr 4,17 f.).*

Meremot, 1. ein Priester, half beim Wiederaufbau der Mauer Jerusalems und unterzeichnete die Gesetzesverpflichtung (Esr 8,33; Neh 3,4; 10,6; 12,3); **2.** ein Israelit, der seine ausländische Frau heimschickte (Esr 10,36).

Meres, ein hoher Beamter am pers. Hof (Est 1,14).*

Merib-Baal (hebr., »Herr ist Baal«), **1.** ein Sohn Sauls (2Sam

21,8); **2.** Sohn Jonatans (2) und Enkel Sauls, den David zu sich nach Jerusalem holte (2Sam 9); obwohl M. beim Aufstand Abschaloms nicht zu David hielt (2Sam 16,1–4), verschonte dieser ihn (2Sam 19,25–31). – Die Lutherbibel hat für »M.« – nach dem Urtext – außer in 1Chr 8,34; 9,40 die (unverständliche) Verballhornungsform *Mefi-Boschet*.

Merodach, alttest. Bezeichnung für *Marduk*, den Hauptgott von Babylon (Jer 50,2).*

Merodach-Baladan (chald., »Marduk gab den Erbsohn«), chald. Fürst, dem es 722 v. Chr. nach dem Tode seines assyr. Oberherrn Salmanassar V. gelang, König von Babylon zu werden. Nach 2Kön 20,12; Jes 39,1 schickte er Gesandte zu dem König Hiskija von Juda.*

Me-Sahab, Großmutter der Mehetabel (1) (1Mose 36,39; 1Chr 1,50).*

Mescha, 1. König von Moab (2Kön 3,4), gegen den Joram von Israel und Joschafat von Juda einen Kriegszug unternahmen; **2.** ein Sohn Kalebs (1Chr 2,42); **3.** ein Benjaminiter (1Chr 8,9).*

Meschach, Name, der nach Dan 1,7 dem Mischaël (3), einem der Gefährten Daniels, gegeben wurde.

Meschech, 1. die Moscher, ein Volk im Nordosten der heutigen Türkei (z. B. 1Mose 10,2; Ez 27,13); **2.** ein Bruder – richtiger: Sohn (so die Lutherbibel) – Arams (1) (1Chr 1,17; in der Lutherbibel *Masch*), identisch mit *Masch* (1Mose 10,23).

Meschelemja (hebr., »Jahwe gibt Ersatz«), ein Torwächter am Tempel in Jerusalem (1Chr 26,1 f.9.14), Vater des Secharja (4) (1Chr 9,21).*

Meschesabel (babylon., »Gott rettet«), **1.** Ahnherr des Meschullam (13) (Neh 3,4); **2.** Mitunterzeichner der Gesetzesverpflichtung (Neh 10,22); **3.** Vater des Petachja (3) (Neh 11,24).*

Meschillemot (hebr., »er [Gott] gibt Ersatz«), **1.** Ahnherr des Priesters Masai (1Chr 9,12) oder Amaschsai (Neh 11,13); **2.** Vater des Offiziers Berechja (5) (2Chr 28,12).*

Meschobab (hebr., »wiedergegeben«), ein Sippenhaupt des Stammes Simeon (1Chr 4,34).*

Meschullam (hebr., »als Ersatz gegeben«), **1.** Ahnherr des Schafan (1) (2Kön 22,3); **2.** ein Nachkomme des Königs Jojachin (1Chr 3,19); **3.** ein Gaditer (1Chr 5,13); **4.** ein Benjaminiter (1Chr 8,17); **5.** Vater des Sallu (1) (1Chr 9,7; Neh 11,7); **6.** ein Benjaminiter (1Chr 9,8); **7.** Sohn des Priesters Zadok (1) (1Chr 9,11; Neh 11,11), identisch mit *Schallum* (6) (1Chr 5,38 f.; Esr 7,2); **8.** Ahnherr des Masai (1Chr 9,12); **9.** Levit zur Zeit des Königs Hiskija (2Chr 34,12); **10.** einer der Gesandten Esras zu Iddo (5) (Esr 8,16); **11.** ein Israelit, der sich der Ehescheidung mit ausländischen Frauen widersetzte (Esr 10,15); **12.** einer, der seine ausländische Frau heimschickte (Esr 10,29); **13.** ein Helfer beim Wiederaufbau der Mauer Jerusalems (Neh 3,4.30; 6,18); **14.** ein weiterer (Neh 3,6); **15.** ein Assistent Esras (Neh 8,4); **16.** und **17.** zwei Mitunterzeichner der Gesetzesverpflichtung (Neh 10,8.21); **18.** und **19.** zwei Oberhäupter priesterlicher Familien (Neh 12,13.16); **20.** ein Oberhaupt einer Levitenfamilie (Neh 12,25); **21.** ein Trompetenbläser bei der Mauerweihe (Neh 12,33).

Meschullemet (hebr., »als Ersatz gegeben«), Mutter des Königs Amon (2Kön 21,19).*

Messias, griech. Form von aram. *m^{e}schi^{a}ch* »Gesalbter«, kommt in der Bibel nur in Joh 1,41; 4,25 vor. Dem aram. Wort entspricht hebr. *maschi^{a}ch*, das in vorexil. Zeit einzig für den regierenden König aus der Dynastie Davids verwendet wurde (z. B. 2Sam 19,22; Ps 2,2; 18,51). Die Salbung mit heiligem Öl beim Inthronisationsakt stellte eine besondere Beziehung des Köngis zu Gott her und verlieh ihm göttliche Autorität. In nachexil. Zeit wurden auch der Hohepriester (z. B. 2Mose 29,7) und schließlich alle Priester (z. B. 3Mose 10,7) gesalbt. Erst in den jüd. Schriften des 1. Jh.s v. Chr. erhielt das aram. Wort *m^{e}schi^{a}ch* (griech. *christos*) die technische Bedeutung eines zukünftigen Erlösers, der – in Anknüpfung an den alttest. Sprachgebrauch – als König oder Priester gedacht ist; manchmal stehen auch ein königlicher und priesterlicher M. nebeneinander.

Metuschaël (hebr., »Mann Gottes«), nach 1Mose 4,18 Vater des

Lamech. Es handelt sich um eine andere Form des Namens *Metuschelach* (zum Stammbaum →Set).*

Metuschelach, nach 1Mose 5,21 f.25–27; 1Chr 1,3; Lk 3,27 Sohn des Henoch und Vater des Lamech (→Metuschaël). Sein Alter wird mit 969 Jahren angegeben und ist das höchste der Bibel; daher wurde M. – unter dem in der Alten Kirche aufgekommenen Namen *Methusalem* – sprichwörtlich.*

Mëuniter, arab. Beduinen (1Chr 4,41; 2Chr 20,1; 26,7), deren Heimat südöstl. des Toten Meers gesucht wird; unter den Tempeldienern, die aus dem Exil heimkehrten, waren Söhne der M. (Esr 2,50; Neh 7,52).*

Mibhar (hebr., »Elite«), ein Krieger Davids (1Chr 11,38).*

Mibsam, 1. ein Sohn Ismaels (1Mose 25,13; 1Chr 1,29); **2.** ein Enkel Simeons (1Chr 4,25).*

Mibzar, ein »Fürst«, d. h. ein Stamm in Edom (1Mose 36,42; 1Chr 1,53).*

Micha (hebr., Kurzform von *Michael* oder *Michaja*), **1.** Mann der Richterzeit, dessen Kultbild Männer vom Stamme Dan raubten (Richt 17–18); **2.** ein Nachkomme Sauls (2Sam 9,12; 1Chr 8,34 f.; 9,40 f.); **3.** Sohn des Jimla, nach 1Kön 22,5–28; 2Chr 18,7–27 ein im 9. Jh. v. Chr. im Nordreich Israel wirkender Profet, der den Angriffskrieg des Königs Ahab gegen Aram-Damaskus ablehnte; **4.** Vater des Achbor (2) (2Kön 22,12; 2Chr 34,20; in der Lutherbibel *Michaja*); **5.** ein Nachkomme Rubens (1Chr 5,5); **6.** Vater des Mattanja (2) (1Chr 9,15; Neh 11,17), Ahnherr des Usi (5) (Neh 11,22), identisch mit *Michaja* (3); **7.** ein Levit (1Chr 23,20; 24,24 f.); **8.** Mitunterzeichner der Gesetzersverpflichtung (Neh 10,12); **9.** ein Mann am Hof des Königs Jojachin (Jer 36,11.13; in der Lutherbibel *Michaja*); **10.** Profet im Südreich Juda, der in der 2. Hälfte des 8. Jh.s v. Chr., also zur Zeit der assyr. Oberherrschaft über Palästina, wirkte (Mich 1,1; Jer 26,18); die im Michabuch gesammelten Aussprüche gehen nur zum Teil auf M. zurück, so die Drohworte gegen die reiche Oberschicht in Jerusalem (Mich 2,1–11; 3,1–4.9–12), das Drohwort gegen Samaria (Mich 1,2–7) und das Klagelied über die Verwüstung Judas (Mich 1,8–18); umstritten ist die Verfasserschaft M.s z. B. bei der Weissagung über den wiederkehrenden David (Mich 5,1–4) und über die Läuterung Israels (Mich 5,9–13); **11.** Vater des Usija (7) (z. B. Jdt 6,15–21).

Michael (hebr., »wer ist wie Gott?«), **1.** Vater des Kundschafters Setur (4Mose 13,13); **2.** und **3.** zwei Gaditer (1Chr 5,13.14); **4.** Ahnherr des Sängers Asaf (2) (1Chr 6,25); **5.** ein Nachkomme Issachars (1Chr 7,3); **6.** ein Benjaminiter (1Chr 8,16); **7.** ein Verbündeter Davids (1Chr 12,21); **8.** Vater des Omri (4) (1Chr 27,18), vielleicht identisch mit M. (5); **9.** ein Sohn des Königs Joschafat (2Chr 21,2); **10.** Vater des Sebadja (8) (Esr 8,8); **11.** Schutzengel des Gottesvolkes (Dan 10,13.21; 12,1), Widersacher des Satans (Jud 9; Offb 12,7).*

Michaja (hebr., »wer ist wie Jahwe?«; in der Lutherbibel in 2Kön 22,12; 2Chr 34,20; Jer 36,11.13 für *Micha* (4) und (9)), **1.** Frau des Königs Rehabeam (2Chr 13,2), identisch mit *Maacha* (4); **2.** ein Beamter zur Zeit des Königs Joschafat (2Chr 17,7); **3.** Ahnherr des Musikers Secharja (26) (Neh 12,35), identisch mit *Micha* (6); **4.** Trompetenbläser bei der Mauerweihe in Jerusalem (Neh 12,41).*

Michal, Tochter Sauls, mit David (1Sam 18,27) verheiratet, nach dessen Flucht mit → Palti (2) (1Sam 25,44); später von David zurückgefordert (2Sam 3,13–16).

Michri, ein Nachkomme Benjamins (1Chr 9,8).*

Midian, Midianiter, nomadischer Stämmeverband in der syr.-arab. Wüste. Vor der Landnahme Israels bestanden zwischen Israel und M. gute Beziehungen, wie sich aus den Traditionen von der Verbindung Moses zu M. (2Mose 2,15–22; 18) ergibt. Nach der Landnahme kam es zu Einfällen der wegen ihrer Kamele gefürchteten M. in Palästina, die Gideon schließlich abwehren konnte (Richt 6–8).

Mijamin, 1. Leiter einer Priesterklasse (1Chr 24,9); **2.** ein Israelit, der seine ausländische Frau heimschickte (Esr 10,25); **3.** ein Priester, der aus dem Exil heimkehrte (Neh 10,8; 12,5.17); **4.** Trompetenbläser bei der Mauerweihe in Jerusalem (Neh 12,41).*

Miklot, 1. ein Benjaminiter (1Chr 8,31 f.; 9,37 f.); **2.** ein Befehlshaber unter David (1Chr 27,4).*

Mikneja (hebr., »Eigentum Jahwes«), ein Levit, Torwächter und Harfenspieler (1Chr 15,18.21).*

Milalai, ein Musiker bei der Mauerweihe in Jerusalem (Neh 12,36).*

Milka (hebr., »Königin«), **1.** Nichte und Gattin Nahors (2) (1Mose 11,29); **2.** Tochter des Zelofhad (4Mose 26,23).

Milkom, der Nationalgott der Ammoniter (Jer 49,1.3), dessen Name mit hebr. *mäläk* »König« (→ Melech) zusammenhängt. Nach 1Kön 11,5 führte Salomo die Verehrung des M. als Privatkult für seine ammonit. Frauen ein; diese Kultstätte des M. wurde von Joschija zerstört (2Kön 23,13).

Minjamin, ein Levit zur Zeit des Königs Hiskija (2Chr 31,15).*

Mirjam (Herkunft und Bedeutung des Namens sind unsicher; vier Möglichkeiten werden erwogen: 1. »Trotzkopf«, 2. »Dicksack«, 3. »Geschenk [Gottes]«, 4. »Geliebte«, wobei letzteres wohl wegen M. (2) ausscheidet), **1.** wird nach der älteren Überlieferung in 2Mose 15,20 als Schwester Aarons und als Profetin bezeichnet, galt später auch als Schwester des Mose (4Mose 26,59); nach 4Mose 12 rebellierte sie mit Aaron gegen Mose und wurde deshalb mit Aussatz bestraft; **2.** ein männlicher Nachkomme Kalebs (1Chr 4,17).

Mirma, ein Benjaminiter (1Chr 8,10).*

Misa, ein Enkel Esaus, d. h. eine Sippe in Edom (1Mose 36,13.17; 1Chr 1,37).*

Mischaël (hebr., »wer gehört zu Gott?«), **1.** ein Levit (2Mose 6,22; 3Mose 10,4); **2.** ein Laie neben Esra (Neh 8,4); **3.** einer der Gefährten Daniels (z. B. Dan 1,6).

Mischam, ein Benjaminiter (1Chr 8,12).*

Mischma, 1. Ahnherr eines ismaelit. Stammes (1Mose 24,14; 1Chr 1,30); **2.** Ahnherr einer Sippe des Stammes Simeon (1Chr 4,25 f.).*

Mischmanna, ein Verbündeter Davids (1Chr 12,11).*

Mischraïter, eine Sippe des Stammes Kaleb (1Chr 2,53).*

Misperet, ein Anführer der Heimkehrer aus dem Exil (Esr 2,2; Neh 7,7).*

Mitredat, 1. ein Schatzmeister unter König Kyrus (Esr 1,8); **2.** ein Offizier unter König Artaxerxes (Esr 4,7).*

Mnason, aus Zypern stammender Judenchrist, Quartiergeber des Paulus in Jerusalem (Apg 21,16).*

Moab, Moabiter, ein den Israeliten verwandtes Volk, das auf der fruchtbaren Hochebene östl. des Toten Meeres wohnte. Das Kerngebiet der M. war der Südteil dieser Ebene; sie griffen aber mehrfach auf das von den Israeliten besiedelte Gebiet nördl. des Flusses Arnon über. David besiegte M. und machte es zum Vasallenstaat (2Sam 8,2), bis der moabit. König Mescha (1) in der Mitte des 9. Jh.s v. Chr. die Selbständigkeit M.s zurückgewann. Seit der Mitte des 8. Jh.s war M. Vasallenstaat des assyr. und dann des babylon. Reiches, und gegen Ende des 5. Jh.s ging es in den Besitz der Nabatäer über.

Molechet (hebr., »Königin«), Schwester Gileads (1Chr 7,18).*

Molid, ein Nachkomme Jerachmeels (1Chr 2,29).*

Moloch (griech. Form von hebr. *moläk*), ein wohl aus dem Phönizischen übernommener Opferbegriff (»Darbringung«), der im AT manchmal für die in Israel verbotenen Kinderopfer gebraucht wird (3Mose 18,21; 20,2–4; 2Kön 23,10; Jer 32,35). Der Ausdruck, als Gottesname mißverstanden (so 3Mose 20,5; vgl. Apg 7,43; in der Lutherbibel auch 1Kön 11,7), dient in der Neuzeit zur Bezeichnung einer alles verschlingenden Macht. In Jes 57,9 ist mit »M.« (Lutherbibel »König«) ein kanaan. Gott gemeint.*

Mordechai, im Esterbuch (z. B. Est 1,1) Vormund der Ester, der nach dem Sturz seines judenfeindlichen Gegenspielers Haman zum Wesir im Perserreich ernannt wurde.

Mordochai, ein Anführer der Heimkehrer aus dem Exil (Esr 2,2; Neh 7,7).*

Mose, eine der Hauptgestalten des AT. Der Name »M.«, der in 2Mose 2,10 volksetymologisch und sicher falsch von dem hebr. Wort *mascha* »herausziehen« abgeleitet wird, gehört wahrscheinlich zu einem ägypt. Wort für »gebären« (vgl. *Thut-mose*, *Ra-mses*) und bedeutet dann: »[der Gott X] hat geboren«.

Nach der Darstellung des AT wächst M., ein Kind israelit. Eltern, am Hof des Pharao auf (2Mose 2,1–10), flieht in die Wüste zu den Midianitern und heiratet die Tochter eines midianit. Priesters (2Mose 2,11–22). Von Jahwe beauftragt, die Israeliten aus Ägypten zu führen (2Mose 3,1–4,17), kehrt er nach Ägypten zurück und wird – neben seinem Bruder Aaron – Sprecher der Israeliten, die ziehen zu lassen der Pharao sich weigert (2Mose 4,18–6,1). Aber durch die Plagen wird der Pharao veranlaßt, den Auszug Israels zu erlauben (2Mose 7–13). Unter Führung des M. erlebt Israel die Rettung am Meer (2Mose 14), wandert durch die Wüste (2Mose 15,22–17,16) und kommt – nach einer Begegnung M.s mit seinem Schwiegervater am »Gottesberg« (2Mose 18) – zum Sinai, wo M. im Auftrag Jahwes dem Volk Israel Gesetze und Kultordnungen übermittelt (2Mose 19–4Mose 9). Nach einer erneuten Wüstenwanderung (4Mose 10–21), auf welcher Jahwe dem M. mitteilt, daß er das verheißene Land, Palästina, nicht betreten darf (4Mose 20,12), und der Einsetzung Josuas zu M.s Nachfolger (4Mose 27,12–23) verabschiedet M. sich mit einer langen Rede (5Mose 1–33) von Israel und besteigt den Berg Nebo, von wo aus er das verheißene Land erschaut und wo er stirbt (5Mose 34).

Diese Darstellung ist das Ergebnis eines langdauernden und vielschichtigen Überlieferungsprozesses, in dessen Verlauf die Gestalt des M. ständig größer wurde und Gott näher rückte: M. erscheint nicht nur als Wundertäter (z. B. 2Mose 14; 17), sondern auch als einzigartiger Profet (4Mose 12,8; 5Mose 18,15; 34,10) und – in der Sinaigesetzgebung – als Mittler zwischen Gott und Israel.

Aus dieser weitgespannten Darstellung, die den M. als die überragende Figur der klassischen Heilszeit Israels schildert und die im Judentum dazu führte, ihn als den inspirierten Verfasser der Mosebücher anzusehen, läßt sich kaum noch ein

Bild des historischen M. gewinnen. Als wahrscheinlich darf gelten, daß M. trotz seines ägypt. Namens ein Semit war, daß er den Jahweglauben kennengelernt und diesen den (Vor-) Israeliten in Ägypten gebracht hat und daß er maßgeblich an deren Auszug aus Ägypten mitwirkte.

Moza, 1. ein Sohn Kalebs (1Chr 2,46); **2.** ein Nachkomme Sauls (1Chr 8,36 f.; 9,42 f.).*

Muppim, ein Sohn Benjamins (1Mose 46,21).*

Muschi, ein Sohn des Levisohnes Merari (z. B. 2Mose 6,19; 4Mose 3,20).

N

Naam (hebr., »Lieblichkeit«), ein Sohn Kalebs (1Chr 4,15).*

Naama (hebr., »Lieblichkeit«), **1.** Tochter Lamechs (1Mose 4,22); **2.** Mutter des Königs Rehabeam (1Kön 14,21.31; 2Chr 12,13).*

Naaman (hebr., »lieblich«), **1.** ein Sohn (1Mose 46,21) oder Enkel (4Mose 26,40; 1Chr 8,4) Benjamins; **2.** ein Heerführer aus Damaskus, dessen Aussatz Elischa heilte (2Kön 5; Lk 4,27).*

Naara (hebr., »Mädchen«), Frau des Aschhur (1Chr 4,6 f.).*

Naarai, ein Krieger Davids (1Chr 11,37), identisch mit *Paarai* (2Sam 23,35).*

Nabal (hebr., »Tor« [Spottname] oder »edel«), ein Grundbesitzer vom Stamme Kaleb, der mit David in Konflikt geriet und dessen Frau Abigajil David nach N.s Tod heiratete (1Sam 25).*

Nabat, in der Lutherbibel in Tob 11,19 für *Nadab* (5).*

Nabatäer, ein Volk aus der arab. Wüste, das im 5./4. Jh. v. Chr. im ehemals edomit. Gebiet um Petra seßhaft wurde und ein bedeutendes Reich gründete. Dieses dehnten die N. über das ganze Ostjordanland und um die Zeitenwende sogar bis nach Damaskus aus (vgl. 2Kor 11,32).

Nabot (hebr., »Sprößling«), ein Weingutbesitzer in der Stadt Jesreel, der sich weigerte, dem König Ahab sein Grundstück abzutreten. Durch ein Justizverbrechen wurde er getötet, und sein Grundstück fiel an den König (1Kön 21; 2Kön 9,21–26).*

Nabu → Nebo.

Nachbi (hebr., »furchtsam«), ein Sippenhaupt des Stammes Naftali (4Mose 13,14).*

Nachon, Name des Besitzers einer Tenne (in 1Chr 13,9 heißt er *Kidon*), wo Usa (1) bei der Überführung der Lade nach Jerusalem für ehrfurchtsloses Verhalten mit dem Tode bestraft wurde (2Sam 6,6).*

Nachrai, ein Krieger Davids (2Sam 23,37; 1Chr 11,39).*

Nachschon (hebr., »Schlänglein«), ein Führer des Stammes Juda (z. B. 4Mose 1,7; 2,3), Ahnherr Davids (Rut 4,20).

Nadab (hebr., Kurzform von *Nedabja*), **1.** ein Sohn Aarons, ein Priester, der mit seinem Bruder Abihu wegen der Darbringung eines ungehörigen Opfers starb (z. B. 3Mose 10,1–5); **2.** zweiter König des Nordreichs Israel (907–906 v. Chr.), von Bascha ermordet, der die Herrschaft übernahm (1Kön 15,25–31); **3.** ein Nachkomme Jerachmeels (1Chr 2,28.30); **4.** ein Benjaminiter (1Chr 8,30; 9,36); **5.** Vetter des Tobit (Tob 11,19; 14,10).

Nafisch, ein Sohn Ismaels, d. h. ein arab. Stamm im Ostjordanland (1Mose 25,15; 1Chr 1,31; 5,19).*

Naftali, einer der zwölf Stämme Israels, der auf dem Ostteil des Berglandes von Galiläa wohnte. N. war unter Führung des Barak maßgeblich am Kampf gegen den Stadtkönig Sisera beteiligt (Richt 4). Das Gebiet von N. hatte als nordöstl. Teil des Nordreichs Israel im 9. Jh. v. Chr. unter den Kriegen mit Aram zu leiden (1Kön 15,20) und wurde 733 v. Chr. dem assyr. Reich angegliedert (2Kön 15,29). – Als Ahnherr des Stammes N. galt ein Sohn Jakobs von Bilha, der Magd Rahels (1Mose 30,7 f.).

Naftuhiter, ein Volk in oder bei Ägypten (1Mose 10,13; 1Chr 1,11).*

Naggai, ein Ahnherr Jesu (Lk 3,25).*

Naham (hebr., »Trost«), ein im Stammbaum Judas genannter Mann (1Chr 4,19).*

Nahamani (hebr., »Trost«), ein Anführer der Heimkehrer aus dem Exil (Neh 7,7).*

Nahasch (hebr., »Schlange«), **1.** König der Ammoniter, von Saul besiegt (1Sam 11,1–11); **2.** Vater der → Abigal und des Schobi (2Sam 17,25.27).

Nahat (hebr., »lauter«; in der Lutherbibel in 1Chr 6,11 für *Tohu*), **1.** ein Enkel Esaus, »Fürst«, d. h. ein Stamm in Edom (1Mose 36,13.17; 1Chr 1,37); **2.** ein Levit zur Zeit des Königs Hiskija (2Chr 31,13).*

Nahor, 1. Großvater des Abraham und des N. (2) (1Mose

11,22.24); **2.** Enkel des Vorigen (1Mose 11,26 f.), gilt als Ahnherr der aram. Stämme (1Mose 22,20–24).

Nahum (hebr., »Tröster«). **1.** Profet, der im 7. Jh. v. Chr. in Juda wirkte. Gegenstand seiner Verkündigung war in erster Linie Ninive, die Hauptstadt des assyr. Reiches, der N. den Untergang weissagte (Nah 2,4–14; 3,1–17). Aufgetreten ist N. irgendwann in der Zeit zwischen der Eroberung der ägypt. Stadt Theben durch die Assyrer (Nah 3,8) im Jahre 663 v. Chr. und der Eroberung Ninives durch die Babylonier im Jahre 612 v. Chr. **2.** Ein Vorfahr Jesu (Lk 3,25).

Nanäa, eine pers. oder mesopotam. Göttin, deren Tempelschatz der syr. König Antiochus IV. im Jahre 164 v. Chr. konfiszierte, dabei aber von den Priestern ermordet wurde (2Makk 1,13–16).*

Narzissus, reicher Römer, dessen christl. Haushaltsmitglieder Paulus grüßen läßt (Röm 16,11).*

Nasiräer (von hebr. *nazir* »Gottgeweihter«), durch strengste kultische Reinheit und Askese (kein Scheren der Haare, kein Rauschtrank, Meidung von Unreinheit, vgl. 4Mose 6; Richt 13,5) hervortretende Israeliten, die sich damit in ein besonderes Verhältnis zu Jahwe begaben (1Makk 3,49; in der Lutherbibel »Gottgeweihte«).*

Natan (hebr., »er [Gott] hat gegeben«). **1.** Ein Sohn Davids (z. B. 2Sam 5,14). **2.** Einflußreicher Mann am Hof Davids. Welches Amt er innehatte, geht aus den alttest. Berichten nicht deutlich hervor. Er war Erzieher Salomos (2Sam 12,25) und dessen Parteigänger, indem er durch eine Intrige die Thronbesteigung Salomos bewerkstelligte (1Kön 1). N., der in den alttest. Berichten als »Profet« bezeichnet wird, hat nach 2Sam 7 David die Natanweissagung verkündet und nach 2Sam 12,1–15 David wegen des Ehebruchs mit Batseba und des Mordes an Urija (1) angeklagt. **3.** Vater des Jigal (2) (2Sam 23,36) oder Bruder des Joël (7) (1Chr 11,38), eines Helden Davids. **4.** Vater des Asarja (2) (1Kön 4,5). **5.** Vater des Sabud (1Kön 5,4). **6.** Ein Nachkomme Jerachmeels (1Chr 2,36). **7.** Ein Gesandter Esras zu Iddo (5) (Esr 8,16). **8.** Ein Israelit, der seine ausländische Frau heimschickte (Esr 10,39). **9.** Bekannter des Tobit (Tob 5,13 f.).

Natanaël (hebr., »Gott hat gegeben«). **1.** Ahnherr der Judit (Jdt 8,1). **2.** Das Johannesevangelium erwähnt einen N. aus Kana als Jesusjünger (Joh 1,45–49; 21,2). Da er in den anderen Evangelien nicht genannt wird, ist es denkbar, daß es sich um eine symbolische Gestalt für die Glaubenden aus Israel (vgl. Joh 1,49) handelt.*

Nathan → Natan.

Nathanaël → Natanaël.

Nazoräer (griech. *Nazoraios*), eine der ältesten Bezeichnungen für Jesus und seine Anhänger (z. B. Mt 2,23; Apg 24,5; 26,9), deren Herkunft in der Forschung strittig ist: Neben der Ableitung vom Ortsnamen *Nazaret* (so Mt 2,23) wird auch eine solche von hebr. *nazir* (→ Nasiräer) oder – weniger wahrscheinlich – von hebr. *nezär* (»der [messianische] Sproß«, vgl. Jes 4,2; 11,1 f.) erwogen.

Nearja (hebr., »Knabe/Knappe Jahwes«), **1.** ein Nachkomme des Königs Jojachin (1Chr 3,22 f.); **2.** ein Fürst im Stamm Simeon (1Chr 4,42).*

Nebai, ein Mitunterzeichner der Gesetzesverpflichtung (Neh 10,20).*

Nebajot, Volk in Arabien (Jes 60,7), als dessen Ahnherr ein Sohn Ismaels gilt (1Mose 25,13).

Nebat (hebr., »er [Gott] hat angesehen«), Vater des Königs Jerobeam I. (z. B. 1Kön 11,26).

Nebo, 1. Ahnherr – oder Heimatort – von Heimkehrern aus dem Exil (Esr 2,29; 10,43; Neh 7,33); **2.** hebr. Name des assyr.-babylon. Gottes *Nabu*, des Gottes der Schrift und der Weisheit (Jes 46,1).*

Nebukadnezzar (babylon., »Nabu schütze den Erbsohn«), im AT auch (richtiger) *Nebukadrezzar*, bedeutendster König (605–562 v. Chr.) des neubabylon. Reiches. Er eroberte und zerstörte 587/586 v. Chr. Jerusalem (bereits zehn Jahre zuvor erste Eroberung und teilweise Deportation), beendete die Eigenstaatlichkeit Judas und führte einen großen Teil des Volkes ins Exil. Dennoch war er weniger Kriegs- als Bauherr, der Babylon erweiterte und prachtvoll ausstattete. Legenden um N. erzählt das Danielbuch, so seine im Traum angekündigte zeitweise Entmachtung und sein Leben unter Tieren (Dan 4).

Nebusaradan (babylon., »Nabu gab Nachkommenschaft«), Feldherr Nebukadnezzars, der 587/586 v. Chr. Jerusalem eroberte und die Bevölkerung deportierte (2Kön 25,8–20).

Nebuschasban (babylon., »Nabu errette mich«), ein hoher Würdenträger Nebukadnezzars (Jer 39,3.13).*

Necho, ägypt. Pharao (610–595 v. Chr.). Sein Feldzug nach Syrien, bei dem der König Joschija, der sich ihm entgegenstellte, den Tod fand und N. daraufhin Eljakim (Jojakim) als König in Juda einsetzte (2Kön 23,29–35), endete 605 v. Chr. bei Karkemisch mit einer Niederlage durch Nebukadnezzar.

Nedabja (hebr., »Jahwe hat sich freigebig gezeigt«), ein Sohn des Königs Jojachin (1Chr 3,18).*

Nefeg (hebr., »träge«), **1.** ein Levit (2Mose 6,21); **2.** ein Sohn Davids (2Sam 5,15; 1Chr 3,7; 14,6).*

Nefusiter, Familie von Tempeldienern, die aus dem Exil heimkehrten (Esr 2,50; Neh 7,52).*

Nehemia (hebr., »Jahwe hat getröstet«; im Hebr. gleichlautend mit *Nehemja*), ein Judäer, der im 5. Jh. v. Chr., als Palästina Teil des pers. Reiches war, das jud. Gemeinwesen reorganisierte. Über seine Tätigkeit verfaßte er eine »Denkschrift«, die im Nehemiabuch enthalten ist. Danach wurde N., der am pers. Königshof das Amt eines Mundschenks innehatte, im Jahre 445 v. Chr. vom König Artaxerxes I. bevollmächtigt, die zerstörten Mauern Jerusalems wiederaufzubauen, und zum Statthalter von Juda, das bis dahin zur Provinz Samaria gehörte, ernannt (Neh 1,1–2,10). In Jerusalem angekommen, bewerkstelligte er in verhältnismäßig kurzer Zeit den Mauerbau, obwohl die dortigen Machthaber, vor allem Sanballat, der Statthalter von Samaria, ihn zu verhindern suchten (Neh 2,11–4,17; 6,1–19); um den wirtschaftlich Schwachen die Teilnahme am Mauerbau zu ermöglichen, setzte N. einen Schuldenerlaß durch und verzichtete auf seine Einkünfte (Neh

5). Da Jerusalem kaum noch bevölkert war, siedelte er dort Landbewohner aus Juda an (Neh 11). Ferner beseitigte N. Mißstände im Tempel, setzte die Heiligung des Sabbats durch und verbot die Ehe mit Ausländerinnen (Neh 13).

Nehemja (hebr., »Jahwe hat getröstet«, im Hebr. gleichlautend mit *Nehemia*), **1.** ein Führer der Heimkehrer aus dem Exil (Esr 2,2; Neh 7,7); **2.** ein Helfer beim Wiederaufbau der Mauer Jerusalems (Neh 3,16).*

Nehuschta, Mutter des Königs Jojachin (2Kön 24,8).*

Nekoda, Familienhäupter **1.** von Tempeldienern, die aus dem Exil heimkehrten (Esr 2,48; Neh 7,50); **2.** von Leuten, die ihre israelit. Abstammung nicht nachweisen konnten (Esr 2,60; Neh 7,62).*

Nemuël, ein Nachkomme Rubens (4Mose 26,9).*

Ner (hebr., »Leuchte«), **1.** ein Benjaminiter, Bruder des Kisch, Vater Abners und Onkel Sauls (1Sam 14,50 f.); **2.** ein anderer Benjaminiter (1Chr 8,30).

Nereus, röm. Christ, den Paulus zusammen mit seiner Schwester grüßen läßt (Röm 16,15).*

Nergal, der Stadtgott von Kuta in Babylonien (2Kön 17,30).*

Nergal-Sarezer (babylon., »Nergal schütze den König«), ein Feldherr Nebukadnezzars, der 587/586 v. Chr. bei der Eroberung Jerusalems beteiligt war (Jer 39,3.13).

Neri, ein Ahnherr Jesu (Lk 3,27).*

Nerija (hebr., »Jahwe ist Leuchte«), **1.** Vater des Baruch (1) (z. B. Jer 32,12; 36,4; Bar 1,1), vielleicht identisch mit **2.** dem Vater des Seraja (10) (Jer 51,59).

Netan-Melech (hebr., »der König [Gott] hat gegeben«), ein Beamter zur Zeit des Königs Joschija (2Kön 23,11).*

Netanel (hebr., »Gott hat gegeben«), **1.** ein Führer des Stammes Issachar (z. B. 4Mose 1,8; 2,5); **2.** ein Bruder Davids (1Chr 2,14); **3.** ein Priester und Trompetenbläser (1Chr 15,24); **4.** Vater des Schemaja (7) (1Chr 24,6); **5.** ein Torwächter am Tempel in Jerusalem (1Chr 26,4); **6.** ein Beamter zur Zeit des Königs Joschafat (2Chr 17,7); **7.** ein Levit zur Zeit des Königs Joschija (2Chr 35,9); **8.** ein Priester, der seine ausländische

Frau heimschickte (Esr 10,22); **9.** Haupt einer Priesterfamilie (Neh 12,21); **10.** ein Musiker bei der Mauerweihe in Jerusalem (Neh 12,36).

Netanja (hebr., »Jahwe hat gegeben«), **1.** Vater des Offiziers Jischmael (1) (z. B. 2Kön 25,23.25); **2.** Leiter einer Sängerklasse (1Chr 25,2.12); **3.** ein Levit zur Zeit des Königs Joschafat (2Chr 17,8); **4.** Vater des Jehudi (Jer 36,14).

Neziach, Familienhaupt von Tempeldienern, die aus dem Exil heimkehrten (Esr 2,54; Neh 7,56).*

Nibhas, eine unbekannte Gottheit (2Kön 17,31).*

Niger (lat., »schwarz«), Beiname des Simeon (9) (Apg 13,1).*

Nikanor (griech., »Männerbesieger«), **1.** syr. Feldherr, fiel im Kampf gegen Judas (1) Makkabäus (1Makk 7,29–50; 2Makk 1,5); **2.** ein anderer syr. Feldherr (2Makk 12,2); **3.** Glied des hellenist. Siebenerkollegiums in der Jerusalemer Urgemeinde (Apg 6,5).

Nikodemus (griech., »der mit dem Volk siegt«), Pharisäer und Mitglied des jüd. Hohen Rates, verkörpert nach dem Johannesevangelium zugleich die größtmögliche Nähe und die bleibende Distanz des zeitgenössischen Judentums zu Jesus: Das Gespräch Joh 3,1–10 scheitert zwar daran, daß N. nicht bereit ist, Jesus als die zentrale und abschließende Offenbarung Gottes anzuerkennen. Andererseits aber tritt N. gegenüber den jüd. Autoritäten für Jesus ein (Joh 7,50 f.) und stiftet Myrrhe und Aloe für sein Begräbnis (Joh 19,39).*

Nikolaïten, eine vermutlich der Gnosis nahestehende Gruppe von Christen in Kleinasien, die sogar an heidnischen Kultmählern teilnahmen (Offb 2,6.15); sie führten sich möglicherweise auf → Nikolaus zurück.*

Nikolaus (griech., »der mit dem Volk siegt«), Glied des hellenist. Siebenerkollegiums in der Jerusalemer Urgemeinde (Apg 6,5).*

Nimrod, sagenhafter Urzeitkönig von Babylon und Assur und sprichwörtlicher Jäger (1Mose 10,8 f.; 1Chr 1,10); das »Land N.s« (Mich 5,5) ist Assyrien.*

Nimschi, Großvater des Königs Jehu (2Kön 9,2.14); dieser hieß »Sohn N.s«, weil N. das Familienhaupt war (2Kön 9,20).

Nisroch, nach 2Kön 19,37; Jes 37,38 Name eines assyr. Gottes; da aber ein solcher nicht bekannt ist, handelt es sich wohl um eine Textentstellung.*

Noa, eine Tochter Zelofhads (z. B. 4Mose 26,33).

Noach. Nach dem alttest. Bericht in 1Mose 6,5–9,29 wurde N., einer der Urväter, wegen seiner Frömmigkeit (vgl. Ez 14,12 bis 23) mit den Seinen vor der Sintflut bewahrt und somit Ahnherr der Menschheit nach der Katastrophe, mit dem ein neues Bundesverhältnis Gottes zum Menschen begann. Außerdem erscheint N. – nach einer anderen Tradition – in 1Mose 9,20–27 als der erste Weinbauer.

Noadja (hebr., »Jahwe hat sich treffen lassen«), **1.** ein Levit (Esr 8,33); **2.** eine Profetin (Neh 6,14).*

Noah → Noach.

Nobach, ein Mann des Stammes Manasse (4Mose 32,42).*

Nodab, ein arab. Stamm (1Chr 5,19).*

Nogah (hebr., »Glanz«), ein Sohn Davids (1Chr 3,7; 14,6).*

Noha, ein Sohn Benjamins (1Chr 8,2).*

Noomi (hebr., »Lieblichkeit«), Schwiegermutter der Rut (Rut 1,2).

Numenius, Gesandter der Juden nach Rom und Sparta (1Makk 12,16 f.).

Nun (hebr., »Fisch«), Vater Josuas (z. B. Jos 1,1), aus Efraim (1Chr 7,27).

Nympha, Christin in Laodizea, Leiterin einer Hausgemeinde (Kol 4,15).*

O

Obadja (hebr., »Knecht Jahwes«; vgl. *Abd*), **1.** Palastvorsteher des Königs Ahab (1Kön 18,3–16); **2.** ein Nachkomme des Königs Jojachin (1Chr 3,21); **3.** ein Führer des Stammes Issachar (1Chr 7,3); **4.** ein Nachkomme Sauls (1Chr 8,38; 9,44); **5.** ein levitischer Sänger (Neh 12,25), identisch mit *Abda* (2) (1Chr 9,16; Neh 11,17); **6.** ein Verbündeter Davids (1Chr 12,10); **7.** Vater des Jischmaja (2) (1Chr 27,19); **8.** ein Beamter des Königs Joschafat (2Chr 17,7); **9.** ein Levit zur Zeit des Königs Joschija (2Chr 34,12); **10.** ein Heimkehrer aus dem Exil (Esr 8,9); **11.** Mitunterzeichner der Gesetzesverpflichtung (Neh 10,6); **12.** Verfasser des Obadjabuches (Obd 1,1), das den Edomitern die Vernichtung ankündigt (V. 1–14) und den »Tag Jahwes«, Jahwes Gericht über die Völkerwelt, und Heil für Israel weissagt (V. 15–21).*

Obal, ein Sohn Joktans, Volk und Gegend in Arabien (1Mose 10,28; 1Chr 1,22).*

Obed (hebr., »Knecht«; vgl. *Abd*), **1.** Sohn Ruts, Großvater Davids (Rut 4,17); **2.** ein Nachkomme Jerachmeels (1Chr 2,37 f.); **3.** ein Krieger Davids (1Chr 11,47); **4.** ein Torwächter am Tempel in Jerusalem (1Chr 26,7); **5.** Vater des Offiziers Asarja (13) (2Chr 23,1).

Obed-Edom (hebr., »Knecht des [Gottes] Edom«; vgl. *Abd*), ein Mann aus Gat, in dessen Haus die Lade eine Zeitlang blieb (2Sam 6,10 f.), Musiker (1Chr 15,18) und Torhüter (1Chr 15,24).

Obil (hebr., »Kameltreiber«), Aufseher über die Kamele Davids (1Chr 27,30).*

Ochran (hebr., »kummervoll«), Vater des Pagiël (z. B. 4Mose 1,13).

Oded (hebr., »er [Gott] hat aufgeholfen«), **1.** Vater des Profeten Asarja (9) (2Chr 15,1.8); **2.** ein Profet zur Zeit des Königs Ahas (2Chr 28,9–11).*

Odomera, vermutlich Führer eines arab. Stammes, von dem Makkabäer Jonatan (17) geschlagen (1Makk 9,66).*

Ofir, ein Sohn Joktans (1Mose 10,29; 1Chr 1,23), d. h. ein wegen seines Goldreichtums berühmtes Land in Südarabien (z. B. 1Kön 9,28; Ijob 28,16).

Ofra, ein Angehöriger des Stammes Juda (1Chr 4,14).*

Og, König eines Stadtstaatengebietes im Ostjordanland, nach der alttest. Überlieferung von Mose besiegt (z. B. 4Mose 21,32–35) und oft neben →Sihon genannt. Seine Hauptsitze waren Astarot und Edrei (z. B. Jos 9,10; 12,4).

Ohad, ein Sohn Simeons (1Mose 46,10; 2Mose 6,15).*

Ohel (hebr., »Zelt[bewohner]«), ein Nachkomme des Königs Jojachin (1Chr 3,20).*

Ohola und *Oholiba.* In einer Bildrede stellt Ezechiel die beiden Reiche Israel und Juda als zwei treulose, unzüchtige Schwestern namens Ohola und Oholiba dar (Ez 23). Beide Namen sind mit dem hebr. Wort *ohäl* »Zelt« gebildet und sollen vielleicht an die beduinische Frühzeit des Volkes Israel erinnern.*

Oholiab (hebr., »Vaterzelt« oder »Vater ist mein Zelt [d. h. Schutz]«), ein Kunsthandwerker bei der Errichtung des Zeltheiligtums und der Herstellung verschiedener Kultgegenstände (z. B. 2Mose 31,6; 38,23).

Oholiba →Ohola.

Oholibama (hebr.; vgl. *Ohel*), **1.** nach 1Mose 36,25 Enkelin, nach V. 2.14 Urenkelin Seïrs (→Ana), Frau Esaus (V. 2.5.18); **2.** ein »Fürst«, d. h. ein Stamm in Edom (1Mose 36,41; 1Chr 1,52).*

Olympas, ein in Röm 16,15 genannter Christ.*

Olympios (griech., »mit dem Olymp verbunden«), in der Lutherbibel in 2Makk 6,2 Beiname des Zeus, des höchsten Gottes der Griechen.*

Omar, ein Enkel Esaus, »Fürst«, d. h. ein Stamm in Edom (1Mose 36,11.15; 1Chr 1,36).*

Omri. 1. Bedeutender König des Nordreichs Israel (878–871 v. Chr.). Nach der Verschwörung Simris wurde O., der Oberbefehlshaber des israelit. Heeres, 882 v. Chr. zum König ausgerufen und mußte das Königtum zunächst gegen die Machtansprüche Tibnis verteidigen (1Kön 16,15–22). O. leitete eine Politik des Ausgleichs zwischen der israelit. und der kanaan. Bevölkerung seines Reiches ein, die sein Sohn Ahab fortsetzte. Diese Politik fand sichtbaren Ausdruck darin, daß O. auf einem günstig zum kanaan. Siedlungsbereich gelegenen Berg die Stadt Samaria als neue Residenz erbaute (1Kön 16,24 f.). Mit O. begann erstmals im Nordreich eine Königsdynastie; sie wurde 845 v. Chr. von Jehu abgelöst. **2.** Ein Enkel Benjamins (1Chr 7,8). **3.** Vater des Utai (1) (1Chr 9,4). **4.** Ein Führer des Stammes Issachar (1Chr 27,18).

On (hebr., »Kraft, Reichtum«), ein Rubeniter, am Aufstand gegen Mose beteiligt (4Mose 16,1).*

Onam (hebr., »Kraft, Reichtum«), **1.** ein Enkel Seïrs, d. h. eine Sippe in Edom (1Mose 36,23; 1Chr 1,40); **2.** ein Sohn Jerachmeels (1Chr 2,26.28).*

Onan (hebr., »Kraft, Reichtum«), Sohn Judas, heiratete Tamar (1), die Frau seines verstorbenen Bruders; weil er es vermied – allerdings kaum durch die nach ihm benannte Onanie –, mit ihr Kinder zu zeugen, wurde er mit frühem Tod bestraft (1Mose 38,4–10).

Onesimus (griech., »nützlich«), Sklave des Philemon aus Kolossä, der zu Paulus floh und von ihm bekehrt wurde. Paulus sandte ihn mit einem Geleitbrief, der ihm eine günstige Aufnahme sichern sollte, dem Philemonbrief, zu Philemon zurück (Kol 4,9; Phlm 10).*

Onesiphorus (griech., »Nutzbringer«), kleinasiat. Christ aus dem Umkreis des Paulus (2Tim 1,16; 4,19).*

Onias, 1. O. I., Hoherpriester um 300 v. Chr. (1Makk 12,7–20); **2.** O. III., war Gegner der Hellenisierungsbestrebungen zur Zeit des Königs Antiochus IV.; er mußte sein Amt an seinen Bruder Jason (4) abtreten und wurde um 170 v. Chr. ermordet (2Makk 3–4); **3.** O. II., Vater des Simeon (7) (Sir 50,1; vgl. *Johanan*).

Oreb (hebr., »Rabe«), ein Anführer der Midianiter, wurde auf der Flucht vor Gideon am »Rabenfelsen« getötet (Richt 7,25; 8,3; Ps 83,12).*

Oren (hebr., »Lorbeer«), ein Sohn Jerachmeels (1Chr 2,25).*

Orpa, Schwiegertochter der Noomi, Schwägerin der Rut (Rut 1,4.14).*

Osni (hebr., Kurzform von *Asanja*), ein Sohn Gads (4Mose 26,16), identisch mit *Ezbon* (1) (1Mose 46,16).*

Otni, ein Torwächter am Tempel in Jerusalem (1Chr 26,7).*

Otniël. 1. Nach Jos 15,15–19; Richt 1,11–15 ein mit Kaleb verschwägerter Mann der Frühzeit Israels, der die Stadt Debir in Südpalästina als Wohnsitz erwarb. Es handelt sich wohl um den Ahnherrn eines Stammes O., der vermutlich – wie Kaleb – einem von →Juda geführten Sechsstämmebund angehörte. Dieser O. erscheint in Richt 3,7–11 als erster Richter. **2.** Vater des Kabri (Jdt 6,15).

Ozem (hebr., »jähzornig«), **1.** ein Bruder Davids (1Chr 2,15); **2.** ein Sohn Jerachmeels (1Chr 2,25).*

P

Paarai, ein Krieger Davids (2Sam 23,35), identisch mit *Naarai* (1Chr 11,37).*

Padon (hebr., »er [Gott] hat befreit«), Familienhaupt von Tempeldienern, die aus dem Exil heimkehrten (Esr 2,44; Neh 7,47).*

Pagiël, ein Führer des Stammes Ascher (z. B. 4Mose 1,13; 10,26).

Pahat-Moab (hebr., »Statthalter von Moab«), Familienhaupt von Heimkehrern aus dem Exil (z. B. Esr 2,6; 8,4; Neh 10,15).

Palal (hebr., »er [Gott] ist [als Sachwalter] eingetreten«), ein Helfer beim Wiederaufbau der Mauer Jerusalems (Neh 3,25).*

Pallu (hebr., Kurzform von *Pelaja*; in der Lutherbibel in 4Mose 16,1 *Pelet*), ein Sohn Rubens (z. B. 1Mose 46,9; 4Mose 26,5.8).

Paloniter, in der Lutherbibel in 1Chr 11,36 (unverständlicher) Beiname des Ahija (7).*

Palti (hebr., Kurzform von *Paltiël*), **1.** ein Kundschafter des Mose (4Mose 13,9); **2.** zweiter Mann der Michal (1Sam 25,44), in 2Sam 3,15 *Paltiël* (2).*

Paltiël (hebr., »Gott ist Rettung«), **1.** ein Führer des Stammes Issachar (4Mose 34,26); **2.** zweiter Mann der Michal (2Sam 3,15), in 1Sam 25,44 *Palti* (2).*

Parmaschta, ein Sohn des Judenverfolgers Haman (Est 9,9).*

Parmenas, Glied des hellenist. Siebenerkollegiums in der Jerusalemer Urgemeinde (Apg 6,5).*

Parnach, Vater des Elizafan (2) (4Mose 34,25).*

Parosch (hebr., »Floh«), Familienhaupt von Heimkehrern aus dem Exil (z. B. Esr 2,3; 8,3), Mitunterzeichner der Gesetzesverpflichtung (Neh 10,15).

Parschandata, ein Sohn des Judenverfolgers Haman (Est 9,7).*

Parther, iran. Volksstamm, gründeten um 250 v. Chr. südöstl. des Kaspischen Meeres ein Reich, das sich rasch über Persien und Mesopotamien ausdehnte und bis 224 n. Chr. bestand; in der Bibel nur in Apg 2,9 erwähnt.*

Paruach (hebr., »fröhlich«), Vater des Statthalters Joschafat (2) (1Kön 4,17).*

Pasach, ein Nachkomme Aschers (1Chr 7,33).*

Paschhur (ägypt., »Sohn des [Gottes] Horus«), **1.** Ahnherr des Priesters Adaja (5) (1Chr 9,12; Neh 11,12); **2.** Familienhaupt von Heimkehrern aus dem Exil (Esr 2,38; 10,22; Neh 7,41), Mitunterzeichner der Gesetzesverpflichtung (Neh 10,4); **3.** ein Priester in Jerusalem, der den Profeten Jeremia für eine Nacht in den Block legte, worauf Jeremia ihm die Verbannung ankündigte (Jer 20,1–6); **4.** ein Minister des Königs Zidkija (Jer 21,1; 38,1); **5.** Vater des Ministers Gedalja (4) (Jer 38,1).*

Paseach (hebr., »hinkend«), **1.** Nachkomme des Kelub (1Chr 4,12); **2.** Familienhaupt von Tempeldienern, die aus dem Exil heimkehrten (Esr 2,49; Neh 7,51); **3.** Vater des Jojada (4) (Neh 3,6).*

Patrobas, ein Christ, den Paulus grüßen läßt (Röm 16,14).*

Patroklus, Vater des Feldherrn Nikanor (1) (2Makk 8,9).*

Patrositer, die Bewohner von Patros, d. h. Oberägypten (1Mose 10,14; 1Chr 1,12).*

Paulus. 1. P., der Bahnbrecher der Heidenmission und eigentliche Begründer der christl. Theologie, ist die uns bei weitem am besten bekannte Gestalt des Urchristentums.

Geboren als Sohn streng jüd. Eltern in der hellenist. Stadt Tarsus in Zilizien (Apg 9,11; 21,39; 22,3), wuchs er vermutlich zweisprachig auf und trug neben seinem Geburtsnamen *Schaul* zum Zeichen des seiner Familie eigenen röm. Bürgerrechts den lat. Beinamen *Paulus.* P. gehörte der pharisäischen Religionspartei an (Phil 3,5 f.) und erhielt in Jerusalem eine Ausbildung als Gesetzeslehrer (Apg 22,3). Dort beteiligte er sich aktiv an der Verfolgung und Vertreibung des hellenist. Flügels der christl. Urgemeinde.

Auf einer Reise nach Damaskus vollzog sich die entscheidende Wende seines Lebens (um 34): Der auferstandene Christus erschien ihm und nahm ihn in einem Akt, den P. selbst in

Analogie zu alttest. Profetenberufungen deutete (Gal 1,17f.; vgl. 1Kor 15,9), in Dienst. Über seine ersten Jahre als Christ erfahren wir nur Andeutungen (Gal 1,17–21): In sie fiel ein erster Versuch missionarischen Wirkens in Damaskus (2Kor 11,32f.), ein erster Besuch in Jerusalem, der zu einer Begegnung mit Petrus führte, sowie ein längerer Aufenthalt in seiner Heimatstadt Tarsus. Von dort holte ihn → Barnabas (um 40) in die neugegründete Gemeinde der Metropole Antiochia am Orontes, die, von den aus Jerusalem vertriebenen hellenist. Judenchristen geprägt, entschlossen war, die Heidenmission in Angriff zu nehmen (Apg 11,25f.). Für etwa ein Jahrzehnt war die antiochen. Gemeinde, zu deren leitenden Männern er schon bald gehörte (Apg 13,1), die Heimat des P. Von hier aus unternahm er zusammen mit Barnabas eine *1. Missionsreise* (um 46/47) nach Zypern und ins südl. Kleinasien (Apg 13,1–14,28). Anschließend reiste er nach Jerusalem, um auf dem sog. *Apostelkonzil* (48) das grundsätzliche Ja der Urgemeinde zur Heidenmission zu erreichen (Apg 15; Gal 2). Das gelang zwar, doch zeigte sich in der Folgezeit, daß P. dieses Ja ungleich weiter interpretierte als die Jerusalemer: Während er sich dadurch zur Gründung rein heidenchristl. Gemeinden legitimiert sah, die dem jüd. Gesetz keinen Raum mehr gaben, erwarteten die Jerusalemer, daß die in vorwiegend heidenchristl. Gemeinden lebenden Judenchristen sich weiter an das Gesetz halten würden.

Diese unbewältigte Differenz sollte die nun beginnende große Periode der paulinischen Weltmission (um 48–56) bis zu ihrem Ende überschatten. Mit ihr hing es zusammen, wenn P. sich nach der von Petrus im Auftrag des Jakobus (4) und der Jerusalemer Gemeinde propagierten Aufkündigung der Tischgemeinschaft von Juden- und Heidenchristen (Gal 2,11–14) von Barnabas trennte und die Verbindung zu Antiochia lockerte. Im Bewußtsein, der von Jesus Christus berufene Apostel aller Weltvölker zu sein (Röm 1,5), durcheilte P. auf seiner *2. Missionsreise* (um 48–53) Kleinasien, Mazedonien und Griechenland (Apg 15,36–18,22), wobei es u. a. zur Gründung von Gemeinden im nordgalatischen Land, in Philippi, Korinth und Ephesus kam. Die sich bald darauf anschließende *3. Missionsreise* (um 53–56) führte wiederum nach Ephesus, Mazedonien und Griechenland (Apg 18,23–21,14); sie diente u. a. der Einsammlung der Kollekte für Jerusalem, zu der sich Paulus auf dem Apostelkonzil verpflichtet hatte. Auf dieser Reise schrieb er die Korintherbriefe sowie den Römerbrief, durch den er die Christengemeinde in Rom als Ausgangsbasis für weitere Missionsreisen im Westen bis hin nach Spanien (Röm 15,24) gewinnen wollte. Doch dazu sollte es nicht mehr kommen. Als P. noch einmal Jerusalem aufsuchte, um der dortigen Gemeinde die Kollekte zu überbringen, wurde er das Opfer eines Komplotts seiner jüd. Gegner. Er wurde im Tempel verhaftet unter der – sicherlich falschen – Anschuldigung, er habe Griechen in das Heiligtum eingeführt und dieses dadurch entweiht (Apg 21). Daraufhin nahmen ihn die Römer in Gewahrsam und überführten ihn nach Cäsarea, den Sitz des Statthalters, wo er etwa zwei Jahre (um 56–58) als Gefangener verbrachte. P. konnte sich dem von den Juden gegen ihn angestrengten Prozeß, dessen Anklage auf Entweihung des Tempels und Stiftung von Aufruhr – also auf ein Kapitalverbrechen – lautete (Apg 24,5 f.), zunächst dadurch entziehen, daß er als Inhaber des röm. Bürgerrechts Appellation an den Kaiser einlegte (Apg 25,11). Er wurde deshalb als Gefangener nach Rom überführt. Der Ausgang seines Prozesses und sein weiteres Schicksal liegen im Dunkel. Vieles deutet darauf hin, daß er in Rom nach längerer Gefangenschaft den Märtyrertod erlitten hat.

Von den 13 ihm zugeschriebenen Briefen, die das NT enthält, sind 7 in ihrer Echtheit unumstritten, nämlich (in chronologischer Reihenfolge) der 1. Thessalonicherbrief, der Galaterbrief, die beiden Korintherbriefe, der Römerbrief, der Philemonbrief und der Philipperbrief. Unklar ist die Verfasserschaft des P. für den 2. Thessalonicherbrief und den Kolosserbrief; hingegen gelten heute der Epheserbrief, die beiden Timotheusbriefe und der Titusbrief als Schriften von P.-Schülern.

2. → Sergius.

Pedahel (hebr., »Gott hat befreit«), ein Führer des Stammes Naftali (4Mose 34,28).*

Pedaja (hebr., »Jahwe hat befreit«), **1.** Großvater des Königs Jojachin (1Kön 23,36); **2.** ein Sohn des Königs Jojachin (1Chr 3,18 f.); **3.** Vater des Joël (9) (1Chr 27,20); **4.** ein Helfer beim Wiederaufbau der Mauer Jerusalems (Neh 3,25); **5.** ein Mann neben Esra (Neh 8,4); **6.** Vater des Sallu (1) (Neh 11,7); **7.** ein Verwalter über die Vorratskammern im Tempel (Neh 13,13).*

Pedazur (hebr., »der Fels [d. h. Gott] hat befreit«), Vater des Gamliël (z. B. 4Mose 1,10).

Pegor (Kurzform für *Baal-P.*; in der Lutherbibel in 4Mose 25,18; Jos 22,17 *Peor*, in 4Mose 31,16 *Baal-Peor*), Lokalgottheit des Gebirges P. in Moab (4Mose 25,18; 31,16; Jos 22,17).*

Pekach (hebr., Kurzform von *Pekachja*), vorletzter König des Nordreichs Israel (734–733 v. Chr.; 2Kön 15,25.27–31), der durch die Ermordung seines Vorgängers Pekachja auf den Thron kam und von Hoschea (2) ermordet wurde. Seine gegen die Assyrer gerichtete Politik (2Kön 16,5–9) hatte deren Eingreifen und große Gebietsverluste Israels zur Folge.

Pekachja (hebr., »Jahwe hat [sein Auge oder den Mutterleib] geöffnet«), König des Nordreichs Israel (736–735 v. Chr.; 2Kön 15,23–26), von Pekach ermordet.*

Pekod, Nomadenstamm im Osten Babyloniens (Jer 50,21; Ez 23,23).*

Pelaja (hebr., »Jahwe hat wunderbar gehandelt«), **1.** ein Nachkomme des Königs Jojachin (1Chr 3,24); **2.** ein Levit zur Zeit Esras (Neh 8,7; 10,11).*

Pelalja (hebr., »Jahwe ist [als Sachwalter] eingetreten«), Ahnherr des Priesters Adaja (5) (Neh 11,12).*

Pelatja (hebr., »Jahwe hat gerettet«), **1.** ein Nachkomme des Königs Jojachin (1Chr 3,21); **2.** ein Anführer des Stammes Simeon (1Chr 4,42); **3.** ein Mitunterzeichner der Gesetzesverpflichtung (Neh 10,23); **4.** ein führender Jerusalemer zur Zeit Ezechiels (Ez 11,1.13).*

Peleg, ein Nachkomme Sems, Gestalt der Vorzeit (1Mose 10,25; 11,16–19).

Pelet (in der Lutherbibel in 4Mose 16,1 für *Pallu*), **1.** ein Nachkomme Jerachmeels (1Chr 2,33); **2.** ein Nachkomme Kalebs (1Chr 2,47); **3.** ein Verbündeter Davids (1Chr 12,3).*

Peleter → Kereter.

Peninna (hebr., »Koralle«), zweite Frau des Elkana (2), des Vaters Samuels (1Sam 1,2–7).*

Penuël (hebr., »Angesicht Gottes«), **1.** ein Nachkomme Judas (1Chr 4,4; in der Lutherbibel *Pnuël*); **2.** ein Benjaminiter (1Chr 8,25; in der Lutherbibel *Pnuël*); **3.** Vater der Profetin Hanna (3) (Lk 2,36; in der Lutherbibel *Phanuël*).*

Peor → Pegor.

Peresch, ein Nachkomme Manasses (1Chr 7,16).*

Perez, Sohn des Juda und der Tamar (1) (1Mose 38,29; Rut 4,18).

Perisiter, eines der vorisraelit. Völker Kanaans (z. B. 2Mose 3,8; Richt 3,5), über das aber nichts Genaueres bekannt ist.

Perser, ein iran. Stamm, verwandt mit den → Medern, unter deren Oberherrschaft sie zunächst standen. Aber der pers. König → Kyrus (558–529 v. Chr.) unterwarf, nachdem er sich das Gebiet des babylon. Reiches und damit auch Palästina angeeignet hatte, die Meder und schuf ein Weltreich vom Indus bis nach Ägypten, das 334–332 v. Chr. von Alexander d. Gr. vernichtet wurde. – Die P. übten eine sehr tolerante Religionspolitik, und so findet sich in der Bibel – während andere Besatzungsmächte wie Assyrien, Babylonien, Griechenland und Rom wegen ihrer Gewalttaten mit dem Untergang bedroht werden – kein einziger antipers. Spruch.

Perseus, der letzte König Mazedoniens, 168 v. Chr. von den Römern besiegt (1Makk 8,5).*

Persis, Christin, die Paulus grüßen läßt (Röm 16,12).*

Peruda, Haupt einer Familie von Knechten Salomos, die aus dem Exil heimkehrten (Esr 2,55; Neh 7,57).*

Petachja (hebr., »Jahwe hat [den Mutterleib] geöffnet«), **1.** Vorsteher einer Priesterklasse (1Chr 24,16); **2.** ein Levit, der seine ausländische Frau heimschickte (Esr 10,23; Neh 9,5); **3.** Ratgeber des Perserkönigs in jüd. Angelegenheiten (Neh 11,24).*

Petrus. P., die herausragende Gestalt des Jüngerkreises Jesu und der ältesten christl. Gemeinde, hieß eigentlich Simeon/Simon. Der Beiname *Petros* (männliche Form von griech. *petra* »Fels«, aram. *kefa*, →Kefas) wurde ihm, dem Fischer aus Betsaida am See Gennesaret, wohl von Jesus verliehen (Mk 3,16; Joh 1,42), um damit seine Funktion als Jünger zu kennzeichnen: Durch sein Zeugnis und seinen Dienst legt Gott selbst das feste Felsenfundament, auf das sich seine Herrschaft gründen soll. Ob die Verleihung dieses Funktionsnamens auf den vorösterlichen Jesus zurückgeht, ist allerdings umstritten (Mt 16,18–20 stammt schwerlich von Jesus). Auf alle Fälle aber war P. bereits in vorösterlicher Zeit der Sprecher des Zwölferkreises (z. B. Mk 8,29–33; 9,2–5). Er ist auch der einzige Jesusjünger, dessen Persönlichkeitsbild sich der Überlieferung eingeprägt hat: So erscheint er einerseits als tatkräftig, einsatzfreudig und impulsiv (Mk 9,5; Lk 22,31 f.; Joh 13,37), andererseits weist ihn die sicher geschichtliche Verleugnung Jesu (Mk 14,66–72) als zur Labilität neigend aus.

Alte Überlieferung nennt P. als den ersten Zeugen einer Erscheinung des auferstandenen Jesus (1Kor 15,5; vgl. Lk 24,34). Er scheint die Initiative bei der nachösterlichen Sammlung der Jesusjünger und bei ihrer Rückkehr nach Jerusalem übernommen zu haben. P. war für über ein Jahrzehnt an der Leitung der Jerusalemer Urgemeinde maßgeblich beteiligt, zunächst als Anführer des Zwölferkreises, dann als Mitglied einer Dreiergruppe, den sog. »Säulen« (Gal 2,9), zusammen mit dem Herrenbruder →Jakobus (4) und →Johannes (2), dem Zebedaiden. Nach 44 übernahm Jakobus ganz die Leitung der Jerusalemer Gemeinde, und P. widmete sich ausschließlich der von Jerusalem ausgehenden Mission (Gal 2,7 f.), deren treibende Kraft er schon vorher gewesen war (Apg 9,32–11,18). Wohin ihn die Missionsreisen, auf denen ihn seine Frau begleitete (1Kor 9,5), im einzelnen führten, wissen wir nicht.

Eindeutig bezeugt ist lediglich ein Besuch in Antiochia (Gal 2, 11–14), bei dem es zu einer Auseinandersetzung mit → Paulus kam, weil P. aus Rücksicht auf Jakobus und die Jerusalemer Gemeinde Tischgemeinschaft zwischen Juden- und Heidenchristen verweigerte. Unklar ist auch sein Lebensausgang. Das NT deutet lediglich an, daß er den Märtyrertod gestorben ist (Joh 21,18 f.).

Das NT enthält, da die Petrusbriefe sicher nicht authentisch sind, kein direktes Zeugnis von der Hand des P. Seine Bedeutung für das frühe Christentum, die erheblich gewesen sein dürfte, läßt sich darum nur indirekt erschließen: P. war Gründer der Urgemeinde und Initiator der Mission, wobei er indirekt auch die von Paulus betriebene Heidenmission gefördert zu haben scheint (Apg 15,7–9).

Petuël, Vater des Profeten Joël (13) (Joël 1,1).*

Pëulletai (hebr., »Lohn«), ein Torwächter am Tempel in Jerusalem (1Chr 26,5).*

Phanuël, in der Lutherbibel in Lk 2,36 für *Penuël* (3).*

Pharao. Die bibl. Bezeichnung »P.« (hebr. *paro*) geht zurück auf ein ägypt. Wort mit der Bedeutung »großes Haus«, das zunächst den königlichen Palast, später auch den König selbst bezeichnete. In der Bibel steht »P.« entweder ohne Namensnennung (so in den Erzählungen um Mose und Josef, im NT z. B. Röm 9,17) oder als Titel vor dem Eigennamen (2Kön 23,29; Jer 44,30). Letzteres ist in Ägypten ab etwa 1000 v. Chr. gebräuchlich.

Pharisäer (aram., »Abgesonderter«), Glied einer jüd. Religionspartei, deren Wurzeln bis ins 2. Jh. v. Chr. reichen. Die Mitglieder waren meist Laien, die im Alltag die strengen Reinheitsgesetze des AT befolgen wollten, die für die Priester während des Dienstes am Tempel vorgeschrieben waren. Die zu den P.n gehörenden Schriftgelehrten wurden die Führungsgruppe, da sie die richtige Auslegung des Gesetzes geben mußten. Die national gefärbte Erwartung eines → Messias aus dem Hause Davids, der die Königsherrschaft Gottes herbeiführen sollte, die Hoffnung auf die Totenauferstehung und die Erwartung des Jüngsten Gerichts sind wichtige Dogmen der P., die über das AT hinausgehen. Durch strikte Erfüllung des Gesetzes und gute Werke hofft der P. im Gericht bestehen zu können, wobei die Barmherzigkeit Gottes dem Gerechten helfen kann.

Jesus stand mit manchen Elementen seines Gottesglaubens und seiner Verkündigung den P.n nahe. So teilte er ihre Auferstehungserwartung (Mk 12,18–27) wie auch den Ernst, mit dem sie sich um eine verbindliche Interpretation des Gesetzes für die Gegenwart bemühten. Wenn die Überlieferung sie an die erste Stelle unter den Gegnern Jesu stellt, so ist dies nur scheinbar ein Widerspruch hierzu, denn auf dem Hintergrund des beiden Seiten Gemeinsamen trat die Differenz um so schärfer ans Licht: Jesus deckte mit seiner Kritik an den P.n die Kluft auf zwischen ihrem selbstgerechten Anspruch, den Willen Gottes zu vertreten, und ihrer mangelnden Bereitschaft, sich diesem Willen in seiner ganzen Radikalität zu unterstellen (Lk 18,9–14).

Philemon (griech., »Liebender«), wohl von Paulus zum Christentum bekehrter Gutsbesitzer, der im Proömium des Philemonbriefes an erster Stelle genannt wird (Phlm 1). Da die anderen dort genannten Personen (Archippus, Onesimus) in Kolossä ansässig waren (Kol 4,9.17), wird auch P. dort gewohnt haben.*

Philetus (griech., »Geliebter«), Vertreter einer enthusiastisch-gnostischen Irrlehre (2Tim 2,17).*

Philipp → Philippus.

Philippus (griech., »Pferdefreund«), **1.** P. II., König von Mazedonien (358–336 v. Chr.), Vater → Alexanders d. Gr. (1Makk 1,1; 6,2; in der Lutherbibel *Philipp*); **2.** Vertrauter des syr. Königs Antiochus IV., zeitweise Regent des Reiches, von Lysias (1) geschlagen (1Makk 6,14.55–63; 2Makk 9,29; 13,23); **3.** P. V., König von Mazedonien (221–179 v. Chr.), 197 v. Chr. von den Römern geschlagen (1Makk 8,5); **4.** Aufseher des Königs Antiochus IV. in Jerusalem (2Makk 5,22; 6,11; 8,8); **5.** Glied des Zwölferkreises (Mt 10,3; Mk 3,18; Joh

1,43–48; 6,5–7); **6.** ein Sohn Herodes' d. Gr., erster Mann der Herodias (Mt 14,3; Mk 6,19); **7.** ein anderer Sohn Herodes' d. Gr., Tetrarch (Regent) von Ituräa und Trachonitis (4 v.–34 n. Chr.) (Lk 3,1); **8.** Glied des hellenist. Siebenerkollegiums in Jerusalem, Missionar und Evangelist in Samaria (Apg 6,5; 8,5–40), lebte zuletzt mit seinen vier Töchtern, die Profetinnen waren, in Cäsarea (Apg 21,8).

Philister, ein indogerman. Volk, das sich um 1200 v. Chr. im Süden Palästinas ansiedelte und sich mit den Kanaanäern vermischte. Die P., die eine Konföderation von fünf Städten (Aschdod, Askalon, Ekron, Gat und Gaza) (Jos 13,3) bildeten, beherrschten um 1000 v. Chr. das westjordan. Palästina. Mit ihnen geriet das sich konstituierende Israel in Konflikt. Waren die P. zunächst wegen ihrer überlegenen Waffen siegreich (vgl. 1Sam 4), so konnte sich David, der zeitweise selbst im Dienst eines P.-Königs stand (1Sam 27), gegen sie durchsetzen. In der Zeit der Königreiche Israel und Juda kam es wiederholt zu Kämpfen mit den P.n (z. B. 1Kön 15,27; 2Kön 18,8). Wie Israel und Juda fielen auch die P. schließlich unter die Herrschaft der Assyrer, Babylonier und Perser. Als die Unbeschnittenen (z. B. Richt 14,3; 1Sam 14,6) galten sie dem AT lange als völkische und religiöse Erbfeinde.

Philologus (griech., »redselig«), ein Christ, den Paulus grüßen läßt (Röm 16,15).*

Philometor (griech., »der seine Mutter liebt«), Beiname des ägypt. Königs Ptolemäus VI. (2Makk 4,21; 9,29; 10,13).*

Phlegon (griech., »feurig«), ein Christ, den Paulus grüßen läßt (Röm 16,14).*

Phöbe (griech., »die Glänzende«), Christin in Kenchreä, dem östl. Hafen von Korinth (Röm 16,1).*

Phrygier, Volk im Westen der anatolischen Hochebene, dem Philippus (4) angehörte (2Makk 5,22).*

Phygelus, kleinasiat. Christ, der sich von Paulus abgewandt haben soll (2Tim 1,15).*

Phylarches, wahrscheinlich kein Eigenname, sondern eine militärische Bezeichnung: »Reiterkommandeur« (2Makk 8,32).*

Pichol, Heerführer des Abimelech (1) (1Mose 21,22.32; 26,26).*

Pilatus, Pontius, 26–36 röm. Prokurator (Statthalter; Lutherbibel: »Landpfleger«) von Judäa. Außerbibl. Quellen zeichnen ihn als rücksichtslosen Machtpolitiker, der die röm. Interessen gegenüber den Juden brutal durchsetzte. Wegen grausamen Vorgehens gegen die Samaritaner wurde er zuletzt abgesetzt. P. hat Jesus zum Tode verurteilt und die Hinrichtung vollstrecken lassen (Mk 15,15.26). Trotzdem bemühen sich die Evangelien um eine wenigstens teilweise Entlastung des P. auf Kosten der Juden.

Pildasch, ein Sohn Nahors (2) und Neffe Abrahams (1Mose 22,22).*

Pilha, ein Mitunterzeichner der Gesetzesverpflichtung (Neh 10,25).*

Piltai (hebr., Kurzform von *Pelatja*), Haupt einer priesterlichen Familie (Neh 12,17).*

Pinhas (ägypt., »dunkelhäutig«), **1.** Enkel Aarons, Sohn Eleasars (1) (2Mose 6,25), Ahnherr eines Priestergeschlechts (1Chr 6,35); er machte sich durch seinen Eifer für Jahwe unter Mose (4Mose 25,6–15) und unter Josua (Jos 22,9–34) verdient; **2.** einer der beiden Söhne des Eli, Priester in Schilo (1Sam 2–4); **3.** ein Priester in Jerusalem (Esr 8,33).

Pinon, ein »Fürst«, d. h. ein Bezirk in Edom (1Mose 36,41; 1Chr 1,52).*

Piram, König von Jarmut, Teilnehmer einer antiisraelit. Koalition (Jos 10,3).*

Pispa, ein Nachkomme Aschers (1Chr 7,38).*

Piton, ein Nachkomme Sauls (1Chr 8,35; 9,41).*

Pizez → Pizzez.

Pizzez, Leiter einer Priesterklasse (1Chr 24,15).*

Pleter → Kereter.

Pnuël, in der Lutherbibel in 1Chr 4,4; 8,25 für *Penuël* (1) und (2).*

Pocheret-Zebajim (hebr., »Gazellenfänger«), Haupt einer Familie von Knechten Salomos, die aus dem Exil heimkehrten (Esr 2,57; Neh 7,59).*

Pontius → Pilatus.

Porata, ein Sohn des Judenverfolgers Haman (Est 9,8).*

Porzius → Festus.

Posidonius (griech., »dem [Gott] Poseidon gehörig«), ein Gesandter des syr. Feldherrn Nikanor (1) zu den Juden (2Makk 14,19).*

Potifar (ägypt. Name oder Titel, »der, den [der Gott] Re gegeben hat«), ein hoher ägypt. Beamter (Oberster der Leibwache), an den Josef verkauft wurde und dessen Frau den Josef zu verführen suchte, wodurch dieser ins Gefängnis kam (1Mose 37,36; 39,1).*

Potifera (identisch mit *Potifar*), Schwiegervater des Josef, Priester in On, der Stadt des Sonnengottes (1Mose 41,45.50; 46,20).*

Priska (Röm 16,3; 1Kor 16,19; 2Tim 4,19) oder **Priszilla** (Apg 18,2.18.26), Mitarbeiterin des Paulus in Korinth und Ephesus, Frau des → Aquila.*

Prediger (Salomo) → Kohelet.

Priszilla → Priska.

Prochorus, Glied des hellenist. Siebenerkollegiums in der Jerusalemer Urgemeinde (Apg 6,5).*

Ptolemäus, 1. P. VI. Philometor, ägypt. König (180–145 v. Chr.), unterlag dem syr. König Antiochus IV. (1Makk 1,18–20), gab später seine Tochter Kleopatra (1) zuerst dem Alexander Balas zur Frau, dann dem Demetrius II. (1Makk 10,51–60; 11,1–18); **2.** P. VII. Euergetes, ägypt. König (145–117 v. Chr.) (1Makk 15,16; *Euergetes* in Vorrede zu Sir); **3.** Feldherr des syr. Königs Antiochus IV. (1Makk 3,38; 2Makk 4,45 f.); **4.** P. Makron, Befehlshaber von Zypern (2Makk 10,12); **5.** Schwiegersohn des Hohenpriesters Simeon (4), den er ermorden ließ (1Makk 16,11–21); **6.** Überbringer des Esterbuches (Est 10,3 l); **7.** Vater des Lysimachus (1) (Est 10,3 l); **8.** ägypt. König, entweder P. VIII. (114–113 v. Chr.) oder P. XII. (48–47 v. Chr.) (Est 10,3 l).

Pua, eine der hebr. Ammen in Ägypten (2Mose 1,15).*

Publius, hochgestellte Persönlichkeit auf der Insel Malta mit dem offiziellen Titel »der Erste«. Paulus heilte seinen Vater, als er schiffbrüchig auf der Insel weilte (Apg 28,7 f.).*

Pudens (lat., »sittsam, bescheiden«), kleinasiat. Christ aus dem Umkreis des Paulus (2Tim 4,21).*

Pul (in der Lutherbibel in Jes 66,19 fälschlich für *Put*), der Name, den der Assyrerkönig Tiglat-Pileser III. als König von Babylonien trug (2Kön 15,19); in 1Chr 5,26 sind beide Namen fälschlich auf zwei Personen verteilt.*

Pura, Diener Gideons (Richt 7,10 f.).*

Put, ein Sohn Hams (1Mose 10,6; 1Chr 1,8), gilt als Ahnherr eines Volkes, vielleicht in Libyen, vielleicht an der ostafrikan. Küste (z. B. Jes 66,19; Ez 27,10).

Putiël, Schwiegervater des Priesters Eleasar (1) (2Mose 6,25).*

Putiter, eine Sippe des Stammes Juda (1Chr 2,53).*

Puwa (hebr., »Färberröte«), **1.** ein Sohn Issachars (1Mose 46,13; 4Mose 26,23; 1Chr 7,1); **2.** Vater des Richters Tola (2) (Richt 10,1).*

Pyrrhus (griech., »rotblond«), Vater des Sopater (Apg 20,4).*

Q

Quartus (lat., »der vierte«), ein Christ, in Röm 16,23 genannt.*
Quintus (lat., »der fünfte«) → Memmius.
Quirinius, griech. *Kyrenios*, Publius Sulpicius Q. (6–11 n. Chr.), röm. Legat (Statthalter) der kaiserlichen Provinz Syrien. Unter seiner Leitung fand 6 n. Chr. in Judäa-Samaria eine Steuerregistrierung statt, die in Lk 2,2 mit der Geburt Jesu zeitlich verbunden wird.*

R

Raamja, ein Anführer der Heimkehrer aus dem Exil (Neh 7,7), identisch mit *Reelaja* (Esr 2,2).*

Rabsaris (assyr.-babylon., »Oberkämmerer«), nach 2Kön 18,17 Titel eines assyr. Heerführers, aber wohl erst nachträglich in den Text eingefügt.*

Rabschake (assyr., »Obermundschenk«), Titel eines hohen Heerführers im Assyrerreich (2Kön 18,17–39).

Raddai (hebr., »er [Gott] herrscht«), ein Sohn Isais und Bruder Davids (1Chr 2,14).*

Rafa (hebr., Kurzform von *Refaël* oder *Refaja*), **1.** sagenhafter Ahnherr der Rafaïter (2Sam 21,20.22; 1Chr 20,6.8; in der Lutherbibel »Geschlecht der Riesen«); **2.** ein Sohn Benjamins (1Chr 8,2); **3.** ein Nachkomme Sauls (1Chr 8,37; in der Lutherbibel *Refaja*), identisch mit *Refaja* (4) (1Chr 9,43).*

Rafaël (hebr., »Gott hat geheilt«; gleichbedeutend mit *Refaël*), ein Engel, der den Tobija unerkannt unter dem Namen *Asarja* (24) begleitete (Tob 5,4; 6,8), die von einem Dämon besessene Sara (2) heilte (Tob 8,2 f.), dem Tobit sein Augenlicht wiedergab (Tob 11,7) und am Ende seinen Namen und sein wahres Wesen enthüllte (Tob 12,15).

Rafaïn, Ahnherr der Judit (Jdt 8,1).*

Rafaïter, sagenhaftes Geschlecht oder Volk von Riesen, das vor den Israeliten in Palästina gewohnt haben soll (z. B. 5Mose 2,20; Jos 12,4; 2Sam 21,16.18; in der Lutherbibel in 1Mose 14,5; 15,20; Jos 17,15 *Refaïter*, sonst »Riesen«).

Räfan → Romfa.

Rafu (hebr., »geheilt«), Vater des Kundschafters Palti (1) (4Mose 13,9).*

Ragma, ein Sohn des Kusch (1) und Enkel des Ham (1Mose 10,7; 1Chr 1,9), d. h. eine Gegend oder ein Stamm in Südarabien (Ez 27,22).*

Raguël (hebr., »Freund Gottes«; gleichbedeutend mit *Reguël*),

Ehemann der Edna, Vater der Sara (2) und Schwiegervater des Tobias (Tob 6,11; 7,1 f.).

Rahab, 1. (hebr. *Rachab*), eine Dirne in Jericho, die mit ihrer Familie bei der Eroberung der Stadt geschont wurde (Jos 2; 6,17–25), im NT wegen ihres Glaubens (Hebr 11,31) und ihrer Gastfreundschaft (Jak 2,25) gelobt; nach Mt 1,5 Mutter des Boas und eine Ahnfrau Jesu; **2.** (hebr. *Rahab* »Ungestüm, Aufbrausen«), ein mythologisches Meerungeheuer, das Jahwe in der Urzeit besiegt haben soll (Ijob 9,13; 26,12; Ps 89,11; Jes 51,9), auch Bezeichnung für Ägypten (Jes 30,7).*

Raham (hebr., »er [Gott] hat sich erbarmt«), ein Nachkomme Kalebs (1Chr 2,44).*

Rahel (hebr., »Mutterschaf«), nach 1Mose 29–31; 35,16–18 eine Tochter Labans, die, ebenso wie ihre Schwester Lea, Jakobs Frau wird und ihm zwei eigene Söhne (Josef und Benjamin) und zwei Magdsöhne (Dan und Naftali) zur Welt bringt. In dieser Überlieferung spiegelt sich die enge Zusammengehörigkeit des Stammes Benjamin mit dem »Haus Josef«. Das Grab R.s lag – wie man aus Jer 31,15 folgern darf, wo der Profet bildhaft die Stammutter R. über die Verbannten des Nordreichs klagen läßt – bei Rama nördl. von Jerusalem. Die spätere Tradition suchte das R.-Grab aufgrund der falschen Angabe von 1Mose 35,19 irrtümlich bei Betlehem.

Ram (hebr., »erhaben«), **1.** ein Nachkomme Judas (Rut 4,19; 1Chr 2,9 f.), identisch mit *Aram* (Mt 1,3 f.; in der Lutherbibel *Ram*); **2.** ein Sohn Jerachmeels (1Chr 2,25.27); **3.** eine Sippe des Stammes Bus (1) (Ijob 32,2).*

Ramja, ein Israelit, der seine ausländische Frau heimschickte (Esr 10,25).*

Rasi, jüd. Ältester und Schriftgelehrter, der 161 v. Chr. seiner Verhaftung durch Selbstmord entging (2Makk 14,37–46).*

Rassiter, unbekannter Nomadenstamm, den Holofernes ausplünderte (Jdt 2,23).*

Reaja (hebr., »Jahwe hat gesehen«), **1.** ein Nachkomme Kalebs (1Chr 2,52; 4,2); **2.** ein Nachkomme Rubens (1Chr 5,5);

3. Familienhaupt von Tempeldienern, die aus dem Exil heimkehrten (Esr 2,47; Neh 7,50).*

Reba, ein Midianiterkönig, der von den Israeliten unter Mose besiegt wurde (4Mose 31,8; Jos 13,21).*

Rebekka, Tochter Betuëls und Frau Isaaks, der sie durch Brautwerbung bei ihrem Bruder Laban gewann (1Mose 24). Sie gebar ihm die Zwillinge Esau und Jakob (1Mose 25,21–26). Da letzterer ihr Lieblingssohn war (1Mose 25,28), bewog sie ihn, seinen Vater um den Segen zu betrügen und daraufhin vor der Rache Esaus zu Laban zu fliehen (1Mose 27). Nach ihrem Tode wurde sie in der Höhle Machpela begraben (1Mose 49,31).

Recha, wohl keine Person, sondern ein Ort (1Chr 4,12), identisch mit *Bet-Rechab* (1Chr 2,55).*

Rechab (hebr., »Reiter«), **1.** ein Benjaminiter, der mit seinem Bruder Baana (1) den König Ischbaal tötete (2Sam 4,2.5f.); **2.** Vater oder Stammvater des Jonadab (2) (2Kön 10,15.23; Jer 35,6–19), der die Gemeinschaft der →Rechabiter stiftete; ob der Name mit dem Ort Bet-R. (1Chr 2,55; in der Lutherbibel »Haus R.«) zusammenhängt, ist fraglich; **3.** Vater des Malkija (8) (Neh 3,14).*

Rechabiter, eine Gemeinschaft strenger, nach Nomadenart lebender Jahweverehrer (Jer 35,2f.5.18; in der Lutherbibel in V. 5 »Haus Rechab«).*

Reelaja, ein Anführer der Heimkehrer aus dem Exil (Esr 2,2), identisch mit *Raamja* (Neh 7,7).*

Refach (hebr., »reich«), ein Ahnherr Josuas (1Chr 7,25).*

Refaël (hebr., »Gott hat geheilt«; gleichbedeutend mit *Rafaël*), ein Torwächter am Tempel in Jerusalem (1Chr 26,7).*

Refaja (hebr., »Jahwe hat geheilt«; in der Lutherbibel in 1Chr 8,37 für *Rafa*), **1.** ein Nachkomme des Königs Jojachin (1Chr 3,21); **2.** ein Angehöriger des Stammes Simeon (1Chr 4,42); **3.** ein Enkel Issachars (1Chr 7,2); **4.** ein Nachkomme Sauls (1Chr 9,43), identisch mit *Rafa* (3) (1Chr 8,37); **5.** ein Helfer beim Wiederaufbau der Mauer Jerusalems (Neh 3,9).*

Refaïter →Rafaïter.

Regem, ein Nachkomme Kalebs (1Chr 2,47).*

Regem-Melech, nach dem hebr. Text von Sach 7,2 ein Mann, der aus Bet-El zusammen mit Sarezer wegen einer Fastenfrage zu dem Profeten Sacharja gesandt wurde. Zahlreiche Ausleger ändern den Namen in einen Titel: »Rabmag des Königs«, womit ein Würdenträger am babylon. Hof bezeichnet würde.*

Regu, ein Vorfahr Abrahams (1Mose 11,18.20; 1Chr 1,25; Lk 3,35).*

Reguël (hebr., »Freund Gottes«; gleichbedeutend mit *Raguël*), **1.** ein Sohn Esaus, Vater von »Fürsten«, d. h. von Repräsentanten edomit. Stämme (1Mose 36,4–17; 1Chr 1,35.37); **2.** nach 2Mose 2,18; 4Mose 10,29 Schwiegervater des Mose (→Jitro); **3.** ein Gaditer, Vater des Eljasaf (1) (4Mose 2,14; in der Lutherbibel *Deguël*); **4.** ein Benjaminiter, Ahnherr des Meschullam (6) (1Chr 9,8).

Rehabeam, Sohn Salomos und dessen Nachfolger als König über Juda, den Südteil des Reiches Salomos (926–910 v. Chr.). Der Nordteil Israel sagte sich von ihm los, weil er es ablehnte, die Lasten, die Salomo den Israeliten auferlegt hatte, zu erleichtern (1Kön 12,1–19). R. mußte dem Ägypterkönig Schischak, der auf einem Feldzug Jerusalem bedrohte, einen hohen Tribut zahlen (1Kön 14,21–31). Nach 2Chr 11,5–12 sicherte R. sein Reich durch Festungsbauten.

Rehabja (hebr., »Jahwe hat Raum geschaffen«), ein Levit, Enkel des Mose (1Chr 23,17; 24,21; 26,25).*

Rehob, 1. Vater des Hadad-Eser, des Königs von Zoba (2Sam 8,3.12); **2.** ein Mitunterzeichner der Gesetzesverpflichtung (Neh 10,12).*

Rehum (hebr., »er [Gott] hat sich erbarmt«; in der Lutherbibel in Neh 12,3 für *Harim* (1)), **1.** ein Anführer der Heimkehrer aus dem Exil (Esr 2,2; Neh 7,7); **2.** Statthalter von Samaria (Esr 4,8 f.17.23); **3.** ein Helfer beim Wiederaufbau der Mauer Jerusalems (Neh 3,17); **4.** ein Mitunterzeichner der Gesetzesverpflichtung (Neh 10,26).*

Reï, ein Parteigänger Salomos im Streit um die Nachfolge Davids (1Kön 1,8).*

Rekem, 1. ein Midianiterkönig, der von den Israeliten unter Mose besiegt wurde (4Mose 31,8; Jos 13,31); **2.** ein Nachkomme Kalebs (1Chr 2,43 f.); **3.** ein Nachkomme Manasses (1Chr 7,16).*

Remalja, Vater des Königs Pekach von Israel (z. B. 2Kön 15,25; Jes 7,1).

Resa, ein Ahnherr Jesu (Lk 3,27).*

Reschef, nach 1Chr 7,25 ein Ahnherr Josuas; der Text ist wohl fehlerhaft.*

Reson, Befehlshaber im Heer des von David besiegten Königs Hadad-Eser von Zoba, machte sich nach Davids Tod zum König in Damaskus (1Kön 11,23–25).*

Rëuma, Nebenfrau Nahors (2), des Bruders Abrahams (1Mose 22,23).*

Rezin (hebr., »Wohlgefallen«), König von Damaskus, der gemeinsam mit dem König Pekach von Israel den König Ahas von Juda zu einer Koalition gegen die Assyrer zwingen wollte (z. B. 2Kön 15,37; Jes 7,1–8).

Rhode (griech., »Rose«), Magd im Hause Marias (5), der Mutter des Johannes Markus (Apg 12,13).*

Rhodokus, jüd. Offizier, der sein Volk verriet und hingerichtet wurde (2Makk 13,21).*

Ribai (hebr., »er [Gott] streitet«), Vater des Ittai (2), eines Helden Davids (2Sam 23,29; 1Chr 11,31).*

Rifat, ein Enkel Hams (1Mose 10,3; 1Chr 1,6), d. h. ein – nicht identifizierbares – Volk.*

Rimmon, 1. Vater des Baana (1) und des Rechab (1), der Mörder des Königs Ischbaal (2Sam 4,2.5); **2.** hebr. Namensform für den assyr. Gott *Ramman*, der auch von den Aramäern – gewöhnlich unter dem Namen *Hadad* – verehrt wurde (2Kön 5,18).*

Rinna (hebr., »Jubel«), ein unter den Nachkommen Judas genannter Mann (1Chr 4,20).*

Rizja (hebr., »wohlgefällig«), ein Nachkomme Aschers (1Chr 7,39).*

Rizpa (hebr., »Glühkohle«), Nebenfrau Sauls, dann Abners

(2Sam 3,7), hielt ergreifende Totenwache an den Leichnamen ihrer Söhne (2Sam 21,8–11).*

Rodaniter, die Bewohner der Insel Rhodos (1Mose 10,4; 1Chr 1,7).*

Rohga, ein Nachkomme Aschers (1Chr 7,34).*

Romamti-Eser, Leiter einer Sängerklasse (1Chr 25,4.31).*

Römer. Obwohl das röm. Reich spätestens seit 190 v. Chr., dem Sieg über Antiochus III. von Syrien, die unbestritten herrschende Macht des Mittelmeerraums war und 67–64 v. Chr. unter Pompejus auch Syrien und Palästina annektierte, wird es in der Bibel verhältnismäßig selten erwähnt (indirekt Dan 11,18.30). Judas (1) Makkabäus (1Makk 8,1–29), sein Bruder und Nachfolger Jonatan (17) (1Makk 12,1–18) und dessen Bruder und Nachfolger Simeon (4) (1Makk 14,16–24; 15,15–24) schlossen Freundschaftsverträge mit Rom. Das NT erwähnt die R. in Joh 11,48 als die über die Juden herrschende Macht, in Apg 16,21 als Inhaber des röm. Bürgerrechts (vgl. Apg 16,37 f.) und in Apg 25,16; 28,17 als die Macht, der sich Paulus zu verantworten hat.

Romfa, (unklarer) Name einer von den Israeliten verehrten heidnischen Gottheit (Apg 7,43).*

Rosch (in der Lutherbibel in Ez 38,2 f.; 39,1 »Fürst von R.« statt »Großfürst«), ein Sohn Benjamins (1Mose 46,21).*

Ruben, einer der zwölf Stämme Israels. Nach der alttest. Überlieferung wohnte er zusammen mit dem Stamm Gad auf dem Bergland nordöstl. des Toten Meeres. Man vermutet, daß R. ursprünglich in Mittelpalästina gewohnt hat und von dort vertrieben wurde. – Als Ahnherr dieses Stammes gilt ein Sohn Jakobs und Leas mit Namen R. (1Mose 29,32), dem ein Vergehen mit einer Nebenfrau seines Vaters vorgeworfen wird (1Mose 35,22; 49,4).

Rufus (lat., »rothaarig«), **1.** Sohn des Simon (5) von Zyrene, Bruder des Alexander (3) (Mk 15,21); **2.** ein röm. Christ (Röm 16,13).*

Rut, Hauptgestalt des Buches Rut. Dieses erzählt, wie in der Richterzeit eine Frau namens Noomi mit ihrem Mann aus Betlehem nach Moab auswandert, wo ihre beiden Söhne Moabiterinnen – eine davon ist R. – heiraten. Nach dem Tode ihres Mannes und ihrer Söhne geht Noomi nach Betlehem zurück. R. begleitet sie und sorgt für sie und sich selbst durch Ährenlesen. Dabei begegnet ihr ein reicher Verwandter namens Boas, der ein »Löser« der Familie Noomis ist und zugleich aufgrund des Gesetzes für eine Pflichtheirat mit der Witwe R. in Frage kommt. Boas ist gern bereit, R. zu heiraten. Aus ihrer Nachkommenschaft geht als Urenkel der König David hervor. – Das Buch R., eine kunstvoll erzählte Novelle, schildert die helfende Führung Gottes, der alles zum guten Ende bringt. Vielleicht ist ihr Anlaß eine Tradition von Davids Herkunft aus Moab.

S

Saawan, ein Enkel des Seïr (1Mose 36,27; 1Chr 1,42), d. h. eine Sippe in Edom.*

Saba, nach 1Chr 1,22 (in 1Mose 10,28 *Scheba*, in der Lutherbibel *Saba*) ein Sohn Joktans und Nachkomme Sems, nach 1Chr 1,32 (in 1Mose 25,3 *Scheba*, in der Lutherbibel *Saba*) ein Sohn Jokschans und Enkel Abrahams, d. h. ein Volk in Südarabien (z. B. 1Kön 10,1–13; Ijob 6,19; Ez 27,22).

Sabad (hebr., »er [Gott] hat geschenkt«), **1.** ein Nachkomme Jerachmeels (1Chr 2,36 f.); **2.** ein Nachkomme Efraims (1Chr 7,21); **3.** ein Krieger Davids (1Chr 11,41); **4.** einer der Mörder des Königs Joasch (3) (2Kön 12,22; 2Chr 24,26; in der Lutherbibel *Josachar*); **5. – 7.** drei Israeliten, die ihre ausländischen Frauen heimschickten (Esr 10,27.33.43).*

Sabadäer, ein vom Makkabäer Jonatan (17) besiegter arab. Stamm (1Makk 12,31).*

Sabbai (hebr., Kurzform von *Sebadja*), **1.** ein Israelit, der seine ausländische Frau heimschickte (Esr 10,28); **2.** Vater des Baruch (2) (Neh 3,20).*

Sabbud (hebr., »geschenkt«; gleichbedeutend mit *Sabud*), Vater des Utai (2) (Esr 8,14).*

Sabdi (hebr., Kurzform von *Sabdiël*), **1.** Ahnherr des Judäers Achan (Jos 7,1.17 f.), identisch mit *Simri* (3) (1Chr 2,6); **2.** ein Benjaminiter (1Chr 8,19); **3.** Aufseher über die Weinvorräte Davids (1Chr 27,27); **4.** ein Levit, Sohn Asafs (2) (Neh 11,17), identisch mit *Sichri* (5) (1Chr 9,15).*

Sabdiël (hebr., »Geschenk Gottes«), **1.** nach 1Chr 27,2 Vater des Jaschobam (1), während nach 1Chr 11,11 Jaschobam (1) der Sohn des →Hachmoni ist und ihnen in 2Sam 23,8 »Jischbaal, der Hachmoniter« entspricht; **2.** Aufseher über die Priester in Jerusalem (Neh 11,14); **3.** Mörder des Alexander Balas (1Makk 11,17).*

Sabta, nach 1Mose 10,7; 1Chr 1,9 ein Sohn des Kusch (1), vermutlich ein Ort in Arabien.*

Sabtecha, nach 1Mose 10,7; 1Chr 1,9 ein Sohn des Kusch (1), vermutlich ein – nicht identifizierbarer – Ort.*

Sabud (hebr., »geschenkt«; gleichbedeutend mit *Sabbud*), ein Vertrauter des Königs Salomo (1Kön 4,5).*

Sachar (hebr., »Lohn«), **1.** Vater des Ahiam, eines Helden Davids (1Chr 11,35), identisch mit *Scharar* (2Sam 23,33); **2.** ein Torwächter am Tempel in Jerusalem (1Chr 26,4).*

Sacharja (hebr., »Jahwe hat sich erinnert«; im Hebr. gleichlautend mit *Secharja*), ein jud. Profet (Esr 5,1; 6,14; Neh 12,16; Sach 1,1.7; 7,1.8), der unter der Regierung des Perserkönigs Darius von 520 bis mindestens 518 v. Chr. wirkte, sich – ebenso wie der Profet Haggai – für den Wiederaufbau des 587/586 v. Chr. zerstörten Jerusalemer Tempels einsetzte und an den Kommissar Serubbabel und den Hohenpriester Jeschua (3) messianische Hoffnungen knüpfte. Seine Verkündigung ist im ersten Teil des Sacharjabuches (Kap. 1–8) überliefert. Der Profet schildert nach einem einleitenden Mahnwort (Sach 1,1–6), wie er in acht Visionen (»Nachtgesichten«) den Anbruch der Heilszeit schaut (Sach 1,7–6,8), wie er dann beauftragt wird, für Serubbabel und Jeschua eine Krone anzufertigen (Sach 6,9–15), und eine Fastenfrage beantwortet (Sach 7,1–3; 8,18 f.). In den letzteren Abschnitt sind – ebenso wie zwischen die Visionen – mehrere Einzelsprüche eingefügt, die vor allem das zukünftige Heil der Juden zum Gegenstand haben. Bei einigen dieser Sprüche ist die Verfasserschaft S.s umstritten.*

Sacheja, ein Benjaminiter (1Chr 8,10).*

Sadduzäer, jüd. Religionspartei, die sich in der Mitte des 2. Jh.s v. Chr. konstituiert haben dürfte. Ihr gehörten die Priesteraristokratie und die Patrizierfamilien Jerusalems sowie der Landadel Judäas an. Bis zur Eroberung Jerusalems (70 n. Chr.) stellten sie die Mehrheit im Hohen Rat. Dem hellenist. Kultureinfluß waren sie offen, in religiöser Hinsicht dagegen konservativ. Als religionsgesetzliche Autorität ließen sie nur die fünf Mosebücher gelten. Auch die Auferstehungshoffnung und die Annahme göttlicher Eingriffe in die Geschichte oder das Leben des einzelnen verneinten sie. Im Gegensatz zu den Pharisäern war ihre Glaubenshaltung rein innerweltlich. – In Mt 3,7; 16,1.11 f. werden S. und Pharisäer als gemeinsame Gegner Jesu genannt.

Saf, in der Lutherbibel in 2Sam 21,18; 1Chr 20,4 für *Sippai.**

Saham (hebr., »Schmutzfink« oder »Dickling«), ein Sohn des Königs Rehabeam (2Chr 11,19).*

Sakkai, Familienhaupt, dessen Söhne mit Serubbabel aus dem Exil heimkehrten (Esr 2,9; Neh 7,14) und von denen einige ihre ausländischen Frauen heimschickten (Esr 10,40; in der Lutherbibel → *Machnadbai*).*

Sakkur (hebr., Kurzform von *Secharja*), **1.** Vater des Schammua (1) (4Mose 13,4); **2.** ein Enkel Simeons (1Chr 4,26); **3.** ein Levit (1Chr 24,27); **4.** Vorsteher einer Sängerklasse (1Chr 25,2.10; Neh 12,35); **5.** ein Helfer beim Wiederaufbau der Mauer Jerusalems (Neh 3,2); **6.** ein Mitunterzeichner der Gesetzesverpflichtung (Neh 10,13); **7.** Vater des Hanan (8) (Neh 13,13).*

Sallai, ein Benjaminiter, wohnte nach dem Exil in Jerusalem (Neh 11,8).*

Sallu (hebr., »der Wiedererstattete«; gleichbedeutend mit *Salu*), **1.** ein Benjaminiter, der nach dem Exil in Jerusalem wohnte (1Chr 9,7; Neh 11,7); **2.** ein mit Serubbabel aus dem Exil heimgekehrter Priester (Neh 12,7.20).*

Salmai, Haupt einer Familie von Tempeldienern, die aus dem Exil heimkehrten (Esr 2,46; Neh 2,48).*

Salmanassar, Name mehrerer assyr. Könige; in der Bibel erwähnt wird S. V. (727–722 v. Chr.), der Aufstände in Syrien-Palästina niederschlug, darunter den des Königs Hoschea von Israel; darauf folgte die Eroberung Samarias und der Untergang des Nordreichs Israel im Jahre 722 v. Chr. (2Kön 17,3–6; 18,9 f.; Tob 1,2.13.15 f.).*

Salmon, 1. ein Vorfahr Davids (Rut 4,20; Mt 1,4); **2.** ein Nachkomme Kalebs (1Chr 2,51).

Salome, 1. eine Jüngerin Jesu (Mk 15,40; 16,1); **2.** in der Bibel nicht namentlich genannte Stieftochter des Herodes Antipas, forderte auf Anstiften ihrer Mutter Herodias die Enthauptung Johannes' des Täufers (Mk 6,17–29; Mt 14,6).*

Salomo (der Name hängt wohl mit hebr. *schalom* »Wohlergehen« zusammen), Sohn Davids und als dessen Nachfolger König über das von David geschaffene, aus dem Nordteil →Israel, dem Südteil →Juda und der Stadt Jerusalem bestehende Reich (um 965–926 v. Chr.). Gegen die Ansprüche seines älteren Halbbruders Adonija (1) wurde er mit Hilfe seiner Mutter Batseba und seines Erziehers Natan (2) von David als König eingesetzt (1Kön 1). Über S.s Regierung wird in 1Kön 2,12–11,43) berichtet. Es gelang S., den Bestand seines Reiches im wesentlichen zu sichern, indem er im Lande Festungsbauten errichtete (1Kön 9,15–19) und sich mit Dynastien des Auslandes – vor allem mit dem ägypt. Königshaus – und der unterworfenen Völker verschwägerte (z. B. 1Kön 11,1). Nur im Bereich von Damaskus und Edom gingen ihm durch Aufstandsbewegungen größere Gebiete verloren (1Kön 11,14–25). Seine Haupttätigkeit entfaltete S. auf religiösem, kulturellem und wirtschaftlichem Gebiet. Er stattete Jerusalem mit einem prächtigen Tempel und einem großen Palast aus (1Kön 5,15–7,51) und pflegte ausgedehnte Handelsbeziehungen, vor allem mit der phöniz. Stadt Tyrus. Für seine eigene Handelsflotte baute er einen Hafen am Roten Meer (1Kön 9,26–28). Als Folge der internationalen Beziehungen spielte an S.s Hof die Beschäftigung mit der Weisheit, in erster Linie naturkundlichen Fragen, eine bedeutsame Rolle (1Kön 5,9–14); die Erzählungen vom »Salomonischen Urteil« (1Kön 3,16–28) und vom Besuch der Königin von Saba (1Kön 10,1–13) verherrlichen in sagenhafter Form S.s »Weisheit«.

Salu (hebr., »der Wiedererstattete«; gleichbedeutend mit *Sallu*), Simeoniter, Vater des Simri (1) (4Mose 25,14; 1Makk 2,26).*

Samaritaner, in der Lutherbibel in 2Kön 17,29 die Bewohner der assyr. Provinz Samaria, die →Samariter.*

Samariter, Bewohner der Landschaft Samaria im westl. Mittelpalästina. Dort waren, nach der Einnahme der Stadt Samaria durch die Assyrer (722 v. Chr.), von den Eroberern fremde Bevölkerungsteile angesiedelt worden (2Kön 17,6.24), weshalb die S. von den übrigen Juden als kultisch unreines Mischvolk angesehen wurden. So nahmen die S. eine Sonderentwicklung. Sie errichteten auf dem Berg Garizim einen eigenen Tempel. Als Heilige Schrift anerkannten sie nur die fünf Mosebücher. Ihre Messiaserwartung richtete sich auf einen »Profeten wie Mose« (5Mose 18,15–18). Während in Mt 10,5 f. ein (wohl judenchristl.) Wort ganz im Sinne der traditionellen Ablehnung der S. überliefert ist, zeigen Lk 10,30–37; 17,11–19; Apg 1,8; 8,1; 9,31 und Joh 4,4–24 eine positive Sicht.

Samla, ein König von Edom (1Mose 36,36 f.; 1Chr 1,4 f.).*

Samsummiter, nach 5Mose 2,20 ammonit. Bezeichnung der → Rafaïter.*

Samuel (hebr., im Hebr. gleichlautend mit *Schemuël*), Gestalt der Geschichte des Volkes Israel an der Wende von der Richter- zur Königszeit (11. Jh. v. Chr.). Nach der alttest. Darstellung ist S. ein Sohn Elkanas (2) und seiner Frau Hanna (1), die den S. bei dem Priester Eli in Schilo aufwachsen läßt (1Sam 1–2). Dort wird S. von Gott zum Profeten berufen (1Sam 3). Später hat er das Amt eines Priesters und des Richters über Israel inne; während seiner Amtszeit gelingt den Israeliten ein großer Sieg über die Philister (1Sam 7). Die Bitte des Volkes, einen König einzusetzen, lehnt S. in einer längeren Rede ab, doch Gott befiehlt ihm, dem Volk einen König zu geben (1Sam 8). In der anschließenden Erzählung ist S. ein wahrsagender »Gottesmann«; er salbt den jungen Saul, der auf der Suche nach verlorenen Eselinnen zu ihm kommt, heimlich zum »Fürsten« über Israel (1Sam 9,1–10,16). Dann beruft er das Volk nach Mizpa und läßt Saul zum König wählen (1Sam 10,17–27). Nach Sauls Sieg über die Ammoniter fordert er das Volk auf, Saul als König zu bestätigen, und dieser wird in Gilgal zum König ausgerufen (1Sam 11). S. hält dem Volk eine Abschiedsrede, worin er zum Gehorsam gegenüber Gott ermahnt (1Sam 12). Danach gerät er zweimal mit Saul in Konflikt, weil Saul seine Anweisungen nicht befolgt (1Sam 13; 15), was ihn veranlaßt, den jungen David zum zukünftigen König zu salben (1Sam 16,1–13). Später kommt David auf der Flucht vor Saul zu S., der jetzt Vorsteher einer ekstatischen Profeten-

gruppe ist (1Sam 19,18–24). S. wird nach seinem Tode in seinem Heimatort Rama begraben (1Sam 28,3).
Diese Darstellung setzt sich aus Texten zusammen, die an verschiedenen Orten, zu verschiedenen Zeiten und mit unterschiedlicher Absicht verfaßt worden sind. Ein deutliches Bild des historischen S. liefern sie nicht, denn dieser kann unmöglich alle hier auf ihn vereinigten Ämter ausgeübt haben. Vielleicht war er als Richter tätig. Historisch zutreffend dürfte sein, daß er mit Saul in einen Konflikt geriet, dessen wahre Gründe für uns allerdings nicht mehr erkennbar sind.

Sanballat (babylon., »[der Gott] Sin hat gesund gemacht«), pers. Statthalter der Provinz Samaria zur Zeit Nehemias, stand diesem und seinem Werk, dem Wiederaufbau Jerusalems, feindlich gegenüber (z. B. Neh 2,10; 6,1–12).

Sanherib (assyr., »[der Gott] Sin hat mir die Brüder ersetzt«), König von Assyrien (705–681 v. Chr.). Seine Regierungszeit war gekennzeichnet durch ständige Kriege, vor allem in Babylonien und Elam. In Syrien-Palästina erneuerte er in grausamen Feldzügen die assyr. Macht. 701 v. Chr. zerstörte er einen großen Teil Judas, machte den König Hiskija tributpflichtig und belagerte Jerusalem, ohne es aber zu erobern. Die als wunderbar empfundene Rettung der Stadt wird in 2Kön 18 f.; Jes 36 f. berichtet. Unter S. wurde Ninive zur prachtvollen Residenz ausgebaut. 681 wurde S. (unter Beteiligung seines Sohnes Asarhaddon?) ermordet.

Saphira (aram. *schappira* »die Schöne«), Frau des → Hananias (1) (Apg 5,1).*

Sara (hebr., »Fürstin«), **1.** Frau → Abrahams. Wegen ihrer Kinderlosigkeit gab sie ihm die Hagar zur Frau und begegnete wegen ihres hohen Alters der göttlichen Verheißung eines eigenen Sohnes mit Skepsis, wurde aber Mutter Isaaks. Sie starb in Hebron und wurde in der Höhle Machpela begraben. Hier wird noch heute ihr Grab gezeigt. – Im NT erscheint S. als Vorbild des Glaubens (Hebr 11,11) und der Gattentreue (1Petr 3,6). **2.** Tochter des Raguël und der Edna, hatte sieben Männer geheiratet, von denen einer nach dem anderen von dem

Dämon Aschmodai in der Hochzeitsnacht getötet wurde (Tob 3,7–9); auf den Rat des Engels Rafaël hin heiratete sie den jungen Tobias (Tob 6,11–8,9).

Saraf (hebr., »Schlange«), ein Nachkomme Judas (1Chr 4,22).*

Sarai (hebr.), eine Nebenform von *Sara* (z. B. 1Mose 11,29; 17,15).

Sarezer (babylon., »[der Gott] schütze den König«), **1.** nach 2Kön 19,37 ein Sohn des →Sanherib; **2.** nach Sach 7,2 Name eines Mannes, den die Stadt Bet-El mit Regem-Melech zum Profeten Sacharja sandte; die meisten Ausleger ändern aber den Text wie folgt: »Da sandte Bet-El-S., der Rabmag des Königs ...«*

Sargon (assyr., »der wahrhaftige König«), Name mehrerer mesopotam. Herrscher. Die Bibel erwähnt in Jes 20,1 den assyr. König S. II. (722–705 v. Chr.), unter dem die assyr. Macht einen Höhepunkt erreichte. Er war der König der Deportation nach dem Fall Samarias (722 v. Chr.), die das Nordreich Israel endgültig vernichtete (2Kön 17,6).*

Sasa, ein Nachkomme Jerachmeels (1Chr 2,33).*

Satan (hebr.), ursprünglich Bezeichnung für einen Widersacher oder Feind (1Sam 29,4; 1Kön 5,18). Schon früh, möglicherweise schon in vorexil. Zeit, findet sich die Vorstellung, daß ein solcher »Feind« der Menschen als Angehöriger des Hofstaates Jahwes existiere (Ijob 1–2; Sach 3,1f.). Hatte das vorexil. Judentum Gott als Verführer zur Sünde denken können (2Sam 24,1), so wird dies nachexil. dem S. zugeschrieben(1Chr 21,1). Aber erst in den alttest. Apokryphen wird unter dem Einfluß dualistischen Denkens der S. zur Verkörperung des Bösen und zum selbständigen Widerpart Gottes, der die Heilsabsichten Gottes zu durchkreuzen sucht. S. oder Mastema oder Belial oder Beelzebub oder Sammael ist das Haupt der Dämonen; mit ihnen liegt der Erzengel Michael samt seinen Engeln im Streit.

Das NT setzt diese keineswegs systematisch zusammengefaßten Vorstellungen voraus. Der S. (griech. *diabolos* »Verleumder«, »Feind«, davon dt. »Teufel«) ist Gegenspieler Jesu (Mk

1,13; Mt 4,1–10), wird aber abgewiesen und seiner Macht beraubt (Mk 3,22f.; Lk 11,20); der Verrat des Judas (4) ist durch ihn veranlaßt (Lk 22,3; Joh 13,27). Bis zum Einbruch des neuen Äons hat der S. noch eine »kurze Zeit« (Offb 12,12). Er will das Missionswerk hindern und veranlaßt die Verfolgung der Gemeinde (1Thess 2,18; 1Petr 5,8f.; Offb 2,9f.; 12,13–18). Aber der S. wird auch als Vollstrecker des göttlichen Gerichts verstanden (1Kor 5,5; 1Tim 1,20). Der Christ soll den Anschlägen S.s mit Hilfe der göttlichen Waffenrüstung widerstehen (Eph 6,11–13).

Sattu, Familienhaupt, dessen Söhne mit Serubbabel aus dem Exil zurückkehrten (Esr 2,8; 8,5; Neh 7,13) und von denen einige ihre ausländischen Frauen heimschickten (Esr 10,27), Mitunterzeichner der Gesetzesverpflichtung (Neh 10,15).*

Saul (hebr., »erbeten«; im Hebr. gleichlautend mit *Schaul*), der erste König Israels (um 1000 v. Chr.) aus dem Ort Gibea in Benjamin. Über ihn berichtet das AT in 1Sam 9–31 folgendes: Auf der Suche nach den verlorenen Eselinnen seines Vaters wurde S. heimlich von Samuel zum »Fürsten« über Israel gesalbt (1Sam 9,1–10,16), dann in Mizpa durch das Los zum König bestimmt und vom »ganzen Volk« anerkannt (1Sam 10,17–27). Nachdem er sich durch den Sieg über die Ammoniter bei Jabesch als geistbegabter Heerführer erwiesen hatte, bestätigte das »ganze Volk« in Gilgal seine Königswahl (1Sam 11). Es gelang ihm, die Philister aus dem Gebiet Israels zu verdrängen (1Sam 13–14) und die Amalekiter zu besiegen (1Sam 15). Aber weil er dabei den Anweisungen Samuels nicht gehorchte, wandte sich dieser von ihm ab. Zu diesem Zerwürfnis kam bald die erbitterte Rivalität zu seinem jungen Gefolgsmann David (1Sam 16,14–18,9), wobei S., mehrfach in Raserei verfallend, David zu töten suchte (1Sam 18,10–19,17), dann die Priesterschaft des Ortes Nob wegen ihrer Hilfeleistung für David (1Sam 21,1–10) umbrachte (1Sam 22,6–23) und schließlich David ergebnislos verfolgte (1Sam 23,14–24,23; 26). Aus Furcht vor den Rüstungen der Philister suchte S. eine Totenbeschwörerin auf, bei der ihm der Geist Samuels eine Niederlage ankündigte (1Sam 28). So kam es auch: S.s Heer wurde von den Philistern in die Flucht geschlagen, und er gab sich selbst den Tod (1Sam 31).

Diese Darstellung, in der auf weite Strecken nicht die Gestalt S.s, sondern die Davids im Vordergrund steht, ist zum großen Teil sagen- und anekdotenhafter Art und liefert somit nur ein undeutliches Bild von S.s Person und Wirksamkeit. Sie läßt aber erkennen, daß S., der sicherlich allein aufgrund des Sieges über die Ammoniter zum König gewählt wurde und dessen Hauptaufgabe die Abwehr der Philister war, zwar Einzelaktionen gegen die Philister unternehmen konnte, aber in der Feldschlacht gegen sie scheitern mußte. Denn ihm stand nicht ein organisierter Staat, sondern lediglich das jeweils im Kriegsfall einberufene Heerbannaufgebot der nord- und mittelpalästin. Stämme zur Verfügung. Neben der Abwehr der Philister war es – wie sich aus 2Sam 4,3 und 21,1 ergibt – S.s Ziel, die kanaan. Landesbewohner zu vertreiben. Ferner ist die Darstellung über S. darin glaubhaft, daß er von schwermütig-depressivem Charakter war. Die Priesterschaft von Nob rottete S. wahrscheinlich deshalb aus, weil er befürchtete, sein Konkurrent David könnte durch sie eine kultische Legitimation erhalten. Nicht mehr greifbar sind die wahren Motive für das Zerwürfnis mit Samuel.

Saulus, griech. Form von hebr. *Schaul* (*Saul*); Schaul war der Geburtsname des → Paulus (z. B. Apg 13,9).

Schaaf (hebr., »Balsam«), **1.** ein Urenkel Kalebs (1Chr 2,47); **2.** ein Sohn Kalebs (1Chr 2,49).*

Schaaschgas, ein Haremswächter am pers. Hof (Est 2,14).*

Schabbetai (hebr., »am Sabbat geboren«), ein Levit, der sich der Auflosung der Mischehen widersetzte (Esr 10,15), dem Volk das Gesetz erklärte (Neh 8,7) und verantwortlich für die äußeren Angelegenheiten des Tempels war (Neh 11,16).*

Schaddai, ein Gottesname, der seit der griech. Übersetzung des AT mit »Allmächtiger« wiedergegeben wird, dessen Bedeutung aber ungeklärt ist. Man hat u. a. an eine Verbindung mit dem assyr.-babylon. Wort *schaddu* gedacht; es handelt sich wohl um den Namen eines kanaan. Gottes. Einige Texte des 1. und 2. Mosebuches verwenden den Ausdruck »El [d. h. Gott] S.« als Namen für Jahwe in der Väterzeit (z. B. 1Mose 17,1; 2Mose 6,3), und besonders häufig erscheint der Name »S.« im Ijobbuch (z. B. Ijob 5,17), sonst nur selten (z. B. Rut 1,20 f.).

Schadrach, Name, der dem Hananja (15), einem der Gefährten Daniels, am babylon. Hof gegeben wurde (Dan 1,7).

Schafam, ein Angehöriger des Stammes Gad (1Chr 5,12).*

Schafan (hebr., »Klippdachs«), **1.** »Schreiber« (Sekretär) des Königs Joschija (2Kön 22,8–14; 2Chr 34,8–20), Vater des Ahikam – und somit Großvater des Gedalja (1) – (z. B. 2Kön 25,22) und Vater des Gemarja (2) – und somit Großvater des Micha (9) – (z. B. Jer 36,11), vielleicht identisch mit **2.** dem Vater des Elasa (4) (Jer 29,3) und **3.** dem Vater des Jaasanja (3) (Ez 8,11).

Schafat (hebr., Kurzform von *Schefatja*), **1.** ein Kundschafter des Mose (4Mose 13,5); **2.** Vater des Profeten Elischa (2) (1Kön 19,16.19; 2Kön 3,11; 6,31); **3.** ein Nachkomme des Königs Jojachin (1Chr 3,22); **4.** ein Angehöriger des Stammes Gad (1Chr 5,12); **5.** Aufseher über die Rinderherden Davids (1Chr 27,29).*

Schage, Vater des Jonatan (5), eines Helden Davids (1Chr 11,34).*

Schaharajim (hebr., »zur Zeit der Morgenröte geboren«), ein Angehöriger des Stammes Benjamin (1Chr 8,8).*

Schallum (hebr., Kurzform von *Schelemja*), **1.** ein König des Nordreichs Israel (747/746 v. Chr.), der durch die Ermordung des Königs Secharja auf den Thron kam und nach einmonatiger Regierungszeit von Menahem ermordet wurde (2Kön 15,10–15); **2.** Mann der Profetin Hulda (2Kön 22,14; 2Chr 34,22); **3.** ein Angehöriger des Stammes Jerachmeel (1Chr 2,40 f.); **4.** anderer Name des Königs Joahas (2) (1Chr 3,15; Jer 22,10 f.); **5.** ein Enkel Simeons (1Chr 4,25); **6.** Sohn des Priesters Zadok (1) (1Chr 5,38 f.; Esr 7,2), identisch mit *Meschullam* (7) (1Chr 9,11; Neh 11,11); **7.** ein Sohn Naftalis (1Chr

7,13; in der Lutherbibel *Schillem*), identisch mit *Schillem* (1Mose 46,24; 4Mose 26,49); **8.** ein Torwächter in Jerusalem (1Chr 9,17.19.31), dessen Söhne mit Serubbabel aus dem Exil heimkehrten (Esr 2,42; Neh 7,45); **9.** Vater des Offiziers Jehiskija (2Chr 28,12); **10.** und **11.** zwei Israeliten, die ihre ausländischen Frauen heimschickten (Esr 10,24.42); **12.** ein Helfer beim Wiederaufbau der Mauer Jerusalems (Neh 3,12); **13.** Vater des Hanamel, Onkel des Profeten Jeremia (Jer 32,7); **14.** Vater des Schwellenwächters Maaseja (21) (Jer 35,4); **15.** ein Ahnherr des Baruch (1) (Bar 1,7).*

Schallun, ein Helfer beim Wiederaufbau der Mauer Jerusalems (Neh 3,15).*

Schalman, wahrscheinlich ein Moabiterkönig, der dem assyr. König Tiglat-Pileser III. tributpflichtig war (Hos 10,14).*

Schama, ein Krieger Davids (1Chr 11,44).*

Schamgar, ein Richter (Richt 3,31; 5,6).*

Schamhut (hebr., »zur Zeit eines Unglücks geboren«, vgl. *Schammot*), ein Krieger Davids (1Chr 27,8), identisch mit *Schamma* (3) (2Sam 23,25) und *Schammot* (1Chr 11,27).*

Schamir (hebr., »Dorn« oder »Diamant«), ein Levit (1Chr 24,24).*

Schamma (in der Lutherbibel für *Schima* (1)), **1.** ein Enkel Esaus, d. h. ein Stamm in Edom (1Mose 36,13.17; 1Chr 1,37); **2.** ein Krieger Davids (2Sam 23,11.33; in V. 33 in der Lutherbibel Vater des Kriegers Jonatan (5)); **3.** ein anderer Krieger Davids (2Sam 23,25), identisch mit *Schamhut* (1Chr 27,8) und *Schammot* (1Chr 11,27); **4.** ein Nachkomme Aschers (1Chr 7,37).*

Schammai, 1. ein Enkel Jerachmeels (1Chr 2,28.32); **2.** ein Nachkomme Kalebs (1Chr 2,44 f.); **3.** ein anderer Nachkomme Kalebs (1Chr 4,17).*

Schammot (hebr., »zur Zeit eines Unglücks geboren«, vgl. *Schamhut*), ein Krieger Davids (1Chr 11,27), identisch mit *Schamhut* (1Chr 27,8) und *Schamma* (3) (2Sam 23,25).*

Schammua (hebr., Kurzform von *Schemaja*; in der Lutherbibel in 2Sam 5,14; 1Chr 3,5; 14,4 für *Schima* (2)), **1.** ein Sippenhaupt des Stammes Ruben (4Mose 13,4); **2.** Vater des Leviten

Abda (2) (1Chr 9,16; Neh 11,17); **3.** Haupt einer Priesterfamilie (Neh 12,18).*

Schamscherai, ein Angehöriger des Stammes Benjamin (1Chr 8,26).*

Scharai, ein Israelit, der seine ausländische Frau heimschickte (Esr 10,40).*

Scharar, Vater des Ahiam, eines Helden Davids (2Sam 23,33), identisch mit *Sachar* (1) (1Chr 11,35).*

Scharoniter, Bewohner der Küstenebene Scharon zwischen dem Karmel und Joppe; in der Bibel wird der Aufseher Schitrai als S. genannt (1Chr 27,29).*

Schaschai, ein Israelit, der seine ausländische Frau heimschickte (Esr 10,40).*

Schachak, ein Angehöriger des Stammes Benjamin (1Chr 8,14.25).*

Schaul (hebr., »erbeten«; im Hebr. gleichlautend mit *Saul*), **1.** ein König von Edom (1Mose 36,37f.; 1Chr 1,48f.); **2.** ein Sohn Simeons (1Mose 46,10; 2Mose 6,15; 4Mose 26,13; 1Chr 4,24); **3.** ein Levit, Ahnherr Samuels (1Chr 6,9).*

Schawscha, ein Sekretär Davids (1Chr 18,16), vielleicht identisch mit *Schewa* (1) (2Sam 20,25), *Seraja* (1) (2Sam 8,17) und *Schischa* (1Kön 4,3).*

Scheal, ein Israelit, der seine ausländische Frau heimschickte (Esr 10,29).*

Schealtiël, Sohn des Königs Jojachin und Onkel des Serubbabel (1Chr 3,17), wird auch – vermutlich aufgrund einer Schwagerehe – als Serubbabels Vater bezeichnet (z. B. Esr 3,2).

Schearja, ein Nachkomme des Königs Saul (1Chr 8,38; 9,44).*

Schear-Jaschub (hebr., »ein Rest kehrt um«), Name eines Sohnes des Profeten Jesaja (Jes 7,3), der wahrscheinlich als mahnende Drohung – »[Nur] ein Rest kehrt [aus der verlorenen Schlacht] zurück« – zu verstehen ist.*

Scheba (hebr. *schäba* »Fülle/Glück«; in 1Mose 10,28; 25,3 für *Saba*), **1.** ein Benjaminiter, der einen Aufstand gegen David entfesselte (2Sam 20,1–22); **2.** ein Angehöriger des Stammes Gad (1Chr 5,13).*

Schebanja, **1.** ein Priester und Trompetenbläser (1Chr 15,24); **2.** ein Levit (Neh 9,4 f.), Mitunterzeichner der Gesetzesverpflichtung (Neh 10,13); **3.** ein Priester, Mitunterzeichner der Gesetzesverpflichtung (Neh 10,5; 12,14), identisch mit *Schechanja* (8) (Neh 12,3); **4.** ein Levit, Mitunterzeichner der Gesetzesverpflichtung (Neh 10,11; in der Lutherbibel *Schechanja*).*

Scheber, ein Sohn Kalebs (1Chr 2,48).*

Schebna, jud. Schreiber – also hoher Beamter – unter König Hiskija (2Kön 18,18–19,2; Jes 36,3–37,2), der vielleicht auch in Jes 22,15 gemeint ist.*

Schechanja (in der Lutherbibel in Neh 10,11 für *Schebanja* (4)), **1.** ein Nachkomme des Königs Jojachin (1Chr 3,21 f.; Esr 8,2); **2.** Leiter einer Priesterklasse (1Chr 24,11); **3.** ein Levit zur Zeit des Königs Hiskija (2Chr 31,15); **4.** ein Israelit, mit Esra aus dem Exil heimgekehrt (Esr 8,5); **5.** ein Mann, der Esra zur Auflösung der Mischehen riet (Esr 10,2); **6.** Vater des Schemaja (17) (Neh 3,29); **7.** Schwiegervater des Ammoniters Tobija (3) (Neh 6,18); **8.** ein Priester, mit Serubbabel aus dem Exil heimgekehrt (Neh 12,3), identisch mit *Schebanja* (3) (Neh 10,5; 12,14).*

Schechem (in der Lutherbibel *Sichem*), Sohn – in 4Mose 26,31 Enkel – des Manasse (Jos 17,2; der Text 1Chr 7,19 ist verderbt), d. h. Ahnherr der Bewohnerschaft der Stadt Sichem (hebr. *Sch^{e}chäm*). Nach einer anderen Überlieferung ist deren Ahnherr *Sichem* (hebr. *Sch^{e}chäm*) ein Sohn Hamors (z. B. 1Mose 34,2–26).*

Schedëur (hebr., »Schaddai leuchtet«), Rubeniter, Vater des Elizur (z. B. 4Mose 1,5; 2,10).

Scheera, Tochter Efraims (1Chr 7,24).*

Schefatja (hebr., »Jahwe hat gerichtet«), **1.** ein Sohn Davids (2Sam 3,4; 1Chr 3,3); **2.** ein Benjaminiter, Vater des Meschullam (6) (1Chr 9,8); **3.** ein Verbündeter Davids (1Chr 12,6); **4.** Anführer des Stammes Simeon unter David (1Chr 27,16); **5.** ein Sohn des Königs Joschafat, von seinem Bruder Joram (2) ermordet (2Chr 21,2); **6.** ein Israelit, Familienhaupt, dessen Söhne aus dem Exil heimkehrten (Esr 2,4; 8,8; Neh 7,9); **7.** Haupt einer Familie von Knechten Salomos, die aus dem Exil heimkehrten (Esr 2,57; Neh 7,59); **8.** Großvater des Ataja (Neh 11,4); **9.** ein Beamter des Königs Zidkija (Jer 38,1).*

Schefi, ein Enkel Seïrs (1Mose 36,23; 1Chr 1,40), d. h. eine Sippe in Edom.*

Schefufan, ein Nachkomme Benjamins (1Chr 8,5), identisch mit *Schufam* (4 Mose 26,39).*

Scheharja (hebr., »Jahwe ist recht«), ein Benjaminiter (1Chr 8,26).*

Schela (hebr., »spätgeboren«), dritter Sohn Judas, sollte Tamar (1) nicht heiraten (1Mose 38,5–26); seine Nachkommen wohnten nach dem Exil in Jerusalem (Neh 11,5).

Schelach, ein Enkel Sems (z. B. 1Mose 10,24; 11,12).

Schelef, ein Sohn des Joktan (1Mose 10,26; 1Chr 1,20), d. h. ein arab. Stamm.*

Schelemja (hebr., »Jahwe hat Ersatz gegeben«), **1.** und **2.** zwei Israeliten, die ihre ausländischen Frauen heimschickten (Esr 10,39.41); **3.** Vater des Hananja (7) (Neh 3,30); **4.** zur Zeit Nehemias ein Aufseher über die Vorräte im Tempel (Neh 13,13); **5.** ein Vorfahr des Jehudi (Jer 36,14); **6.** ein Minister am Hof des Königs Jojakim (Jer 36,26); **7.** Vater des Juchal, eines Beamten des Königs Zidkija (Jer 37,3; 38,1); **8.** Vater des Offiziers Jirija (Jer 37,13).*

Schelesch (hebr., »gehorsam, sanft«), ein Nachkomme Aschers (1Chr 7,35).*

Schelomi (hebr., »Wohlergehen, Heil«), Vater des Ahihud (1) (4Mose 34,27).*

Schelomit (hebr., »Wohlergehen, Heil«), **1.** Mutter eines Gotteslästerers (3Mose 24,11); **2.** Tochter Serubbabels (1Chr 3,19); **3.** ein Levit (1Chr 23,9); **4.** ein anderer Levit (1Chr 23,18; 24,22); **5.** ein weiterer Levit, verantwortlich für den Schatz der Opfergaben (1Chr 26,25–28); **6.** ein Sohn des Königs Rehabeam (2Chr 11,20); **7.** ein israelit. Familienhaupt, mit Esra aus dem Exil heimgekehrt (Esr 8,10).*

Schelumiël (hebr., »mein Genüge ist Gott«), ein Anführer des Stammes Simeon (z. B. 4Mose 1,6; 2,12), Ahnherr der Judit (Jdt 8,1).

Schema (hebr., »er [Gott] hat gehört«), **1.** ein Nachkomme Kalebs (1Chr 2,43 f.); **2.** ein Rubeniter (1Chr 5,8); **3.** ein Benjaminiter (1Chr 8,13), identisch mit *Schimi* (9) (1Chr 8,21); **4.** ein angesehener Laie neben Esra (Neh 8,4).*

Schemaa (hebr., »er [Gott] hat gehört«), Vater des Joasch (7), eines Verbündeten Davids (1Chr 12,3).*

Schemaja (hebr., »Jahwe hat gehört«), **1.** ein Profet zur Zeit des Königs Rehabeam (1Kön 12,22; 2Chr 11,2; 12,5–12); **2.** ein Nachkomme des Königs Jojachin (1Chr 3,22); **3.** ein Simeoniter (1Chr 4,37); **4.** ein Rubeniter (1Chr 5,4); **5.** ein Levit (1Chr 9,14; Neh 11,15); **6.** ein anderer Levit (1Chr 15,8.11); **7.** ein weiterer Levit (1Chr 24,6); **8.** ein Torwächter am Tempel in Jerusalem (1Chr 26,4.6 f.); **9.** ein Levit zur Zeit des Königs Joschafat (2Chr 17,8); **10.** und **11.** zwei Leviten zur Zeit des Königs Hiskija (2Chr 29,14; 31,15); **12.** ein Oberhaupt der Leviten zur Zeit des Königs Joschija (2Chr 35,9); **13.** ein Israelit, mit Esra aus dem Exil heimgekehrt (Esr 8,13); **14.** einer der Gesandten Esras zu Iddo (5) (Esr 8,16); **15.** und **16.** ein Priester und ein Laie, die ihre ausländischen Frauen heimschickten (Esr 10,21.31); **17.** ein Helfer beim Wiederaufbau der Mauer Jerusalems (Neh 3,29); **18.** ein Profet zur Zeit Nehemias (Neh 6,10); **19.** Haupt einer Priesterfamilie, die aus dem Exil heimkehrte (Neh 12,6.18), Mitunterzeichner der Gesetzesverpflichtung (Neh 10,9); **20.** ein Priester, Trompetenbläser bei der Mauerweihe in Jerusalem (Neh 12,34); **21.** Ahnherr des Secharja (26) (Neh 12,35); **22.** und **23.** zwei Mitwirkende bei der Mauerweihe in Jerusalem (Neh 12,36.42); **24.** Vater des Profeten Urija (5) (Jer 26,20); **25.** ein nach Babylonien Deportierter, Gegner des Profeten Jeremia (Jer 29,24; 31 f.); **26.** Vater des Ministers Delaja (5) (Jer 36,12).*

Schemarja (hebr., »Jahwe hat behütet«), **1.** ein Verbündeter Davids (1Chr 12,6); **2.** ein Sohn des Königs Rehabeam (2Chr

11,19); **3.** und **4.** zwei Israeliten, die ihre ausländischen Frauen heimschickten (Esr 10,32.41).*

Schemeber, nach der sagenhaften Überlieferung 1Mose 14,2 König von Zebojim, verbündet mit →Bera.*

Schemed, ein Benjaminiter (1Chr 8,12).*

Schemer, 1. Eigentümer des Berges, den König Omri kaufte, um auf ihm die Stadt Samaria zu erbauen (1Kön 16,24); **2.** ein Levit, Ahnherr des Sängers Etan (1) (1Chr 6,31); **3.** ein Nachkomme Aschers (1Chr 7,32.34).*

Schemida, ein Sohn – in 4Mose 26,32; 1Chr 7,19 ein Enkel – Manasses (Jos 17,2).*

Schemiramot, 1. ein Levit, Torwächter und Harfenspieler zur Zeit Davids (1Chr 15,18.20; 16,5); **2.** ein Levit zur Zeit des Königs Joschafat (2Chr 17,8).*

Schemuël (hebr., im Hebr. gleichlautend mit *Samuel*), **1.** ein Anführer des Stammes Simeon (4Mose 34,20); **2.** ein Enkel Issachars (1Chr 7,2).*

Schenazzar (babylon., »[der Gott] Sin schütze«), ein Sohn des Königs Jojachin (1Chr 3,18), vielleicht identisch mit *Scheschbazzar*.*

Scherebja, ein führender Levit, der mit Esra aus dem Exil heimkehrte (Esr 8,18.24), Mitunterzeichner der Gesetzesverpflichtung (Neh 10,13).

Scheresch (hebr., »Wurzel«), ein Sohn Machirs und Enkel Manasses (1Chr 7,16).*

Scheschai, ein Nachkomme des →Anak (4Mose 13,22; Jos 15,14; Richt 1,10).*

Scheschan, ein Nachkomme Jerachmeels, der nach 1Chr 2,31 Söhne, aber nach 1Chr 2,34 f. nur Töchter hatte.*

Scheschbazar →Scheschbazzar.

Scheschbazzar, babylon. Beamter, der um 535 v. Chr. im Auftrag des Perserkönigs Kyrus die von Nebukadnezzar geraubten Tempelgeräte nach Jerusalem zurückbrachte (Esr 1,7–11; 5,14–16).*

Schetar, ein hoher Beamter am pers. Hof (Est 1,14).*

Schetar-Bosnai, einflußreiche Persönlichkeit, die sich – wie

Tattenai – erfolglos beim Perserkönig Darius über den Wiederaufbau des Jerusalemer Tempels beschwerte (Esr 5,3.6; 6,6.13).*

Schewa, 1. ein Sekretär Davids (2Sam 20,25), identisch mit *Schischa* (1Kön 4,3) und vielleicht auch mit *Seraja* (1) (2Sam 8,17) und *Schawscha* (1Chr 18,16); **2.** ein Sohn Kalebs (1Chr 2,49).*

Schifi, ein Angehöriger des Stammes Simeon (1Chr 4,37).*

Schifra (hebr., »Schönheit«), eine der hebr. Hebammen in Ägypten (2Mose 1,15).*

Schiftan (hebr., Kurzform von *Schefatja*), ein Anführer des Stammes Efraim (4Mose 34,24).*

Schilhi, Schwiegervater des Königs Joschafat (1Kön 22,42; 2Chr 20,31).*

Schillem (hebr., Kurzform von *Schelemja*), ein Sohn Naftalis (1Mose 46,24; 4Mose 26,49), identisch mit *Schallum* (7) (1Chr 7,13; in der Lutherbibel *Schillem*).*

Schilscha (hebr., »gehorsam, sanft«), ein Nachkomme Aschers (1Chr 7,37).*

Schima, 1. ein Sohn Isais und Bruder Davids (1Sam 16,9; 17,13; 2Sam 13,3.32; 21,21; 1Chr 2,13; 20,7; in der Lutherbibel *Schamma*); **2.** ein Sohn Davids (2Sam 5,14; 1Chr 3,5; 14,4; in der Lutherbibel *Schammua*); **3.** ein Levit, Ahnherr des Asaja (3) (1Chr 6,15); **4.** ein Levit, Ahnherr des Sängers Asaf (2) (1Chr 6,24); **5.** ein Angehöriger der Familie Sauls (1Chr 8,32; 9,38).*

Schimat, Mutter des Königsmörders Sabad (4) (2Kön 12,22; 2Chr 24,26).*

Schimatiter, eine sonst unbekannte Sippe des Stammes Kaleb (1Chr 2,55).*

Schimi (hebr., Kurzform von *Simeon*), **1.** ein Enkel Levis (2Mose 6,17; 4Mose 3,18.21; 1Chr 6,2.27; 23,7.10; Sach 12,13); **2.** ein Verwandter Sauls, der David verwünschte (2Sam 16,5–13), Vergebung erlangte (2Sam 19,17–24) und von Salomo getötet wurde (1Kön 2,8–44); **3.** ein Anhänger Salomos beim Streit um die Thronfolge Davids (1Kön 1,8); **4.** ein Vogt Salomos (1Kön 4,8); **5.** ein Nachkomme des Königs Jojachin (1Chr 3,19);

6. ein Nachkomme Simeons (1Chr 4,26 f.); **7.** ein Angehöriger des Stammes Ruben (1Chr 5,4); **8.** ein Levit (1Chr 6,14); **9.** ein Benjaminiter (1Chr 8,21), identisch mit *Schema* (3) (1Chr 8,13); **10.** Leiter einer Sängerklasse (1Chr 25,3.17); **11.** Verwalter der Weinberge Davids (1Chr 27,27); **12.** und **13.** zwei Leviten zur Zeit des Königs Hiskija (2Chr 29,14; 31,12 f.); **14.–16.** drei Israeliten, die ihre ausländischen Frauen heimschickten (Esr 10,23.33.38); **17.** ein Ahnherr des Mordechai (Est 2,5); **18.** Vater des Hananja (16) und des Natan (9), zweier Bekannter des Tobit (Tob 5,14); **19.** ein Vorfahr Jesu (Lk 3,26).*

Schimon, ein Judäer (1Chr 4,20).*

Schimrat (hebr., Kurzform von *Schemarja*), ein Benjaminiter (1Chr 8,21).*

Schimri (hebr., Kurzform von *Schemarja*), **1.** ein Simeoniter (1Chr 4,32); **2.** Vater des Jediaël (2), eines Helden Davids (1Chr 11,45); **3.** ein Torwächter am Tempel in Jerusalem (1Chr 26,10); **4.** ein Levit zur Zeit des Königs Hiskija (2Chr 29,13).*

Schimron, ein Sohn Issachars (1Mose 46,13; 4Mose 26,24; 1Chr 7,1).*

Schimschai (hebr., »Sonne[nkind]«), Sekretär des Rehum (2), des Statthalters von Samaria (Esr 4,8 f.17.23).*

Schinab, nach der sagenhaften Überlieferung 1Mose 14,2 König der Stadt Adma, Verbündeter des → Bera.*

Schisa, Vater des Adina, eines Helden Davids (1Chr 11,42).*

Schischa, ein Sekretär Davids (1Kön 4,3), identisch mit *Schewa* (1) (2Sam 20,25) und vielleicht auch mit *Seraja* (1) (2Sam 8,17) und *Schawscha* (1Chr 18,16).*

Schischak, hebr. Namensform des ägypt. Königs Schoschenk I. (um 941–921 v. Chr.), zu dem Jerobeam floh (1Kön 11,40) und der später auf einem Feldzug nach Syrien-Palästina den König Rehabeam von Juda besiegte und Jerusalem plünderte (1Kön 14,25; 2Chr 12,2–9).*

Schitrai, Aufseher Davids über die Rinder in der Scharon-Ebene (1Chr 27,29).*

Schoa, vielleicht ein Nomadenstamm in der syr.-arab. Wüste (Ez 23,23).*

Schobab (hebr., »Wiederkehr, Ersatz«), **1.** ein Sohn Davids (2Sam 5,14; 1Chr 3,5; 14,4); **2.** ein Sohn Kalebs (1Chr 2,18).*

Schobach, Heerführer des aram. Königs Hadad-Eser, von David besiegt und getötet (2Sam 10,16.18; 1Chr 19,16.18).*

Schobai, Haupt einer Familie von Torwächtern, die aus dem Exil heimkehrten (Esr 2,42; Neh 7,45).*

Schobal (hebr., »Korb«), **1.** ein Sohn Seïrs und »Fürst«, d. h. Stamm in Edom (1Mose 36,20.23.29; 1Chr 1,38.40); **2.** ein Sohn Judas (1Chr 2,50–52; 4,1 f.).*

Schobek (hebr., »überragend, Sieger«), ein Mitunterzeichner der Gesetzesverpflichtung (Neh 10,25).*

Schobi, ein Mann, der David auf der Flucht vor Abschalom unterstützte (2Sam 17,27–29).*

Schoham (hebr., »Karneol«), ein Levit (1Chr 24,27).*

Schomer, Mutter des Königsmörders Josabad (1) (2Kön 12,22; 2Chr 24,26).*

Schua, 1. Schwiegervater des Juda (1Mose 38,2.12); **2.** Urenkelin Aschers (1Chr 7,32).*

Schuach, ein Sohn Abrahams und seiner Nebenfrau Ketura (1Mose 25,2; 1Chr 1,32), d. h. ein Volk oder Gebiet in Arabien.*

Schual (hebr., »Fuchs«), ein Nachkomme Aschers (1Chr 7,36).*

Schubaël, 1. ein Levit, Aufseher über die Schatzkammern des Tempels (1Chr 23,16; 24,20; 26,24); **2.** Leiter einer Sängerklasse (1Chr 25,4.20).*

Schufam, ein Sohn Benjamins (4Mose 26,39), identisch mit *Schefufan* (1Chr 8,5).*

Schuha, Bruder des Kelub (1Chr 4,11).*

Schuham, Sohn Dans (1Mose 46,23; 4Mose 26,42), in 1Chr 7,12 *Huschim.**

Schulammit, Bezeichnung oder Name eines Mädchens in Hld 7,1. Der Sinn des Wortes, das man z. B. auf → Abischag (aus dem Ort Schunem) bezog oder als Kosenamen deutete, ist dunkel.*

Schumatiter, eine Sippe des Stammes Kaleb (1Chr 2,53).*

Schuni, ein Sohn des Gad (1Mose 46,16; 4Mose 26,15).*

Schuppim, 1. nach 1Chr 7,12 (der Text ist verderbt) ein Nachkomme Benjamins; **2.** nach 1Chr 7,15 (der Text ist verderbt) ein Sohn Manasses; **3.** ein Torwächter am Tempel in Jerusalem (1Chr 26,16).*

Schutelach, ein Sohn Efraims (4Mose 26,35 f.; 1Chr 7,20); er ist auch in 1Chr 7,21 gemeint.*

Seba, ein Volk, vielleicht in Nordostafrika (1Mose 10,7; 1Chr 1,9; Ps 72,10; Jes 43,3; in der Lutherbibel auch in 45,14).*

Sebach (hebr., »am Tag des Opfers geboren«), ein Midianiterkönig, von Gideon besiegt (Richt 8,4–21; Ps 83,12).*

Sebadja (hebr., »Jahwe hat geschenkt«), **1.** und **2.** zwei Benjaminiter (1Chr 8,15.17); **3.** ein Verbündeter Davids (1Chr 12,8); **4.** ein Torwächter am Tempel in Jerusalem (1Chr 26,2); **5.** ein Heerführer Davids (1Chr 27,7); **6.** ein Levit zur Zeit des Königs Joschafat (2Chr 17,8); **7.** ein jud. Fürst mit richterlicher Funktion zur Zeit des Königs Joschafat (2Chr 19,11); **8.** ein Heimkehrer aus dem Exil (Esr 8,8); **9.** ein Priester, der seine ausländische Frau heimschickte (Esr 10,20).*

Sebina (hebr., »gekauft«), ein Israelit, der seine ausländische Frau heimschickte (Esr 10,43).*

Sebuda (hebr., »geschenkt«), Mutter des Königs Jojakim (2Kön 23,36).*

Sebul (hebr., »Fürst«), von Abimelech (2) eingesetzter Stadtvogt in Sichem, der eine Revolte gegen Abimelech unterdrücken half (Richt 9,26–41).*

Sebulon, einer der zwölf Stämme Israels. Er bewohnte ein kleines Gebiet auf den Bergen im Südwesten Galiläas, das im Westen an die von kanaan. Stadtstaaten beherrschte Küstenebene grenzte. Nach 1Mose 49,13 und 5Mose 33,19 hatte S. mit Schiffen und dem »Reichtum des Meeres« zu tun. Daher läßt sich vermuten, daß der Stamm Frondienst für die Stadtstaaten der Küstenebene leistete. – Als Ahnherr dieses Stammes gilt ein Sohn Jakobs und Leas mit Namen S. (1Mose 30,19 f.).

Secharja (hebr., »Jahwe hat sich erinnert«; im Hebr. gleichlautend mit *Sacharja*), **1.** ein König des Nordreichs Israel (747 v. Chr.), der nach sechsmonatiger Regierung ermordet wurde (2Kön 14,29; 15,8–11); **2.** Großvater des Königs Hiskija, Vater der Abi (2Kön 18,2; 2Chr 29,1); **3.** ein Angehöriger des Stammes Ruben (1Chr 5,7); **4.** ein Torhüter am Zelt und später am Tempel in Jerusalem (1Chr 9,21; 26,2.14); **5.** ein Benjaminiter (1Chr 9,37), identisch mit *Secher* (1Chr 8,31); **6.** ein Levit, Musiker bei der Überführung der Lade (1Chr 15,18.20; 16,5); **7.** ein Priester, Musiker bei der Überführung der Lade (1Chr 15,24); **8.** ein Levit (1Chr 24,25); **9.** ein Torwächter am Tempel in Jerusalem (1Chr 26,11); **10.** Vater des Anführers Jiddo im Stamm Manasse (1Chr 27,21); **11.** ein Beamter zur Zeit des Königs Joschafat (2Chr 17,7); **12.** ein Levit, Vater des Jahasiël (4) (2Chr 20,14); **13.** ein Sohn des Königs Joschafat, wurde von seinem Bruder Joram (2) ermordet (2Chr 21,1–4); **14.** ein Priester, wurde auf Befehl des Königs Joasch gesteinigt (2Chr 24,20–22), identisch mit *Zacharias* (1) (Mt 23,35; Lk 11,51; in der Lutherbibel *Secharja*); **15.** Ratgeber des Königs Usija (2Chr 26,5); **16.** ein Levit zur Zeit des Königs Hiskija (2Chr 29,13); **17.** ein Levit zur Zeit des Königs Joschija (2Chr 34,12); **18.** ein Priester zur Zeit des Königs Joschija (2Chr 35,8); **19.** und **20.** zwei Israeliten, die mit Esra aus dem Exil heimkehrten (Esr 8,3.11); **21.** ein Botschafter des Esra zu Iddo (5) (Esr 8,16), bei der Verlesung des Gesetzes neben Esra (Neh 8,4); **22.** ein Israelit, der seine ausländische Frau heimschickte (Esr 10,26); **23.** Ahnherr des Ataja (Neh 11,4); **24.** Ahnherr des Maaseja (15) (Neh 11,5); **25.** Ahnherr des Priesters Adaja (5) (Neh 11,12); **26.** und **27.** zwei Musiker bei der Mauerweihe in Jerusalem (Neh 12,35.41); **28.** ein Bekannter des Profeten Jesaja (Jes 8,2), vielleicht identisch mit S. (2); **29.** Vater des Heerführers Josef (7) (1Makk 5,18.56), vielleicht identisch mit *Zachäus* (1) (2Makk 10,19).*

Secher (hebr., Kurzform von *Secharja*), ein Benjaminiter (1Chr 8,31), identisch mit *Secharja* (5) (1Chr 9,37).*

Seeb (hebr., »Wolf«), ein Midianiterfürst, auf der Flucht von

Gideon an der »Wolfskelter« getötet (Richt 7,25; 8,3; Ps 83,12).*

Segub, 1. Sohn des Hiël, beim Wiederaufbau der Mauer Jerichos gestorben (1Kön 16,34); **2.** nach 1Chr 2,21 f. Enkel des Machir und Neffe des Gilead.*

Seïr, nach 1Mose 36,20f.; 1Chr 1,38 Ahnherr der Horiter, der Vorbewohner des Gebirges S. südwestl. und möglicherweise nordwestl. des Toten Meeres, das später Kerngebiet der Edomiter war.*

Sekundus (lat., »der zweite«), Begleiter des Paulus auf dem Rückweg von der 3. Missionsreise (Apg 20,4).*

Seled, ein Nachkomme Jerachmeels (1Chr 2,30).*

Seleukus, Seleukiden, mazedon. Dynastie, genannt nach König S. I. Nikator (312–281 v. Chr.), Gründer eines hellenist. Großreiches in der Nachfolge Alexanders d. Gr., das zur Zeit seiner größten Ausdehnung vom Hellespont bis an die ind. Grenze reichte. Die Seleukiden konnten ihren Machtbereich bis nach Ägypten ausdehnen (um 200 v. Chr.; vgl. Dan 11,5). 64 v. Chr. wurde das Reich als Provinz Syrien dem röm. Reich eingegliedert.
In der Bibel erwähnt wird S. IV. (187–175 v. Chr.), Vater des Demetrius I. (1Makk 7,1; 2Makk 14,1), machte zunächst dem Jerusalemer Tempel Geschenke und schickte dann seinen Minister Heliodor, um den Tempel auszuplündern (2Makk 3,3; 4,7; 5,18).*

Sem, Gestalt der Vorzeit, ältester Sohn Noachs. Auf S. wird in 1Mose 10,1.21–31 eine Reihe von Völkern zurückgeführt, bei denen es sich weitgehend um die *Semiten* handelt, wie die Völkergruppe seit dem Ende des 18. Jh.s genannt wird. Das Siedlungsgebiet der Semiten umfaßte im Altertum die arab. Halbinsel, von wo aus sie in mehreren Wanderungsschüben nach Mesopotamien und Syrien-Palästina kamen, das äthiop. Hochland und – durch die phöniz. Kolonisation – Randgebiete des westl. Mittelmeers. Die Urheimat der Semiten ist nicht bekannt.

Semachja (hebr., »Jahwe hat gestützt«), ein Torwächter am Tempel in Jerusalem (1Chr 26,7).*

Semira, nach 1Chr 7,8 ein Enkel Benjamins.*

Senaa, Ahnherr – wohl eher Heimatort – von Heimkehrern aus dem Exil (Esr 2,35; Neh 3,3; 7,38).*

Senua, 1. Benjaminiter, Ahnherr des Sallu (1) (1Chr 9,7); **2.** Benjaminiter, Vater des Juda (3) (Neh 11,9).*

Seorim, Leiter einer Priesterklasse (1Chr 24,8).*

Serach (hebr., Kurzform von *Serachja*), **1.** ein Enkel Esaus und »Fürst« (1Mose 36,13.17; 1Chr 1,37), d. h. ein Stamm in Edom; **2.** Vater des Edomiterkönigs Jobab (2) (1Mose 36,33; 1Chr 1,44); **3.** Sohn des Juda und seiner Schwiegertochter Tamar (1) (z. B. 1Mose 38,30); **4.** Tochter des Ascher (1Mose 46,17; 4Mose 26,46; 1Chr 7,30); **5.** ein Sohn Simeons (4Mose 26,13; 1Chr 4,24), identisch mit *Zohar* (2) (1Mose 46,10; 2Mose 6,15); **6.** ein Levit (1Chr 6,6.26); **7.** nach 1Chr 27,8 Ahnherr des Schamhut; **8.** Anführer des Stammes der Kuschiter (2) (2Chr 14,8).

Serachja (hebr., »Jahwe ist aufgeleuchtet«), **1.** ein Priester, Ahnherr des Zadok (1) (1Chr 5,32; 6,36; Esr 7,4); **2.** ein Nachkomme Issachars (1Chr 7,3; in der Lutherbibel *Jisrachja*); **3.** Vater des Eljoënai (5) (Esr 8,4).*

Serafim. In Jes 6,2.6 werden die S. als himmlische Wesen mit drei Flügelpaaren, Händen und einer menschlichen Stimme geschildert, die lobpreisend Jahwes Thron umgeben. Da das hebr. Wort *saraf* auch »feurige«, d. h. giftige Schlangen oder Drachen bezeichnet (z. B. 4Mose 21,6; Jes 14,29), stellte man sich die himmlischen S. vermutlich mit einem Schlangenleib vor.*

Seraja (hebr., »Jahwe ist Fürst«), **1.** ein Sekretär Davids (2Sam 8,17), vielleicht identisch mit *Schewa* (2Sam 20,25), *Schischa* (1Kön 4,3) und *Schawscha* (1Chr 18,16); **2.** Oberpriester zur Zeit der Einnahme Jerusalems (2Kön 25,18; Jer 52,24), wohl identisch mit **3.** einem Nachkommen des Priesters Zadok (1) (1Chr 5,40; Neh 11,11), dem Vater Esras (Esr 7,1); **4.** ein Offizier der jud. Armee (2Kön 25,23; Jer 40,8); **5.** ein Sohn des

Kenas (1Chr 4,13 f.); **6.** ein Angehöriger des Stammes Simeon (1Chr 4,35); **7.** ein Anführer der Heimkehrer aus dem Exil (Esr 2,2); **8.** Haupt einer Priesterfamilie, Mitunterzeichner der Gesetzesverpflichtung (Neh 10,3; 12,1.12); **9.** ein Mann am Hof des Königs Jojakim (Jer 36,26); **10.** Quartiermeister des Königs Zidkija (Jer 51,59).*

Sered, ein Sohn Sebulons (1Mose 46,14; 4Mose 26,26).*

Seresch (pers., »Strubbelkopf«), Frau des Haman, des obersten Ministers des Xerxes (Est 5,10.14; 6,13).*

Sergius Paulus, röm. Prokonsul (Statthalter) von Zypern um 47 n. Chr.; Barnabas und Paulus predigten vor ihm auf der 1. Missionsreise (Apg 13,6–12).*

Seron, ein syr. General (1Makk 3,13.23).*

Serubbabel (babylon., »Sproß Babels«), ein im Exil aufgewachsener Judäer, der um 520 v. Chr. von den Persern als Bevollmächtigter (»Statthalter«) mit nicht näher bekanntem Auftrag nach Juda entsandt wurde und dort neben dem Hohenpriester Jeschua (3) wirkte (z. B. Hag 1,1). Er soll mit Jeschua eine Heimkehrerschar angeführt haben (Esr 2,2; Neh 7,7). Die Profeten →Haggai (Hag 2,20–23) und →Sacharja (Sach 4,6–10) knüpften an S. während des Wiederaufbaus des Jerusalemer Tempels messianische Hoffnungen.

Serug, Gestalt der Urzeit (1Mose 11,20.22; 1Chr 1,26), im Stammbaum Jesu (Lk 3,35).*

Set, Gestalt der Urzeit, Sohn Adams und Vater des Enosch. Der Stammbaum S.s, des Erstgeborenen Adams (1Mose 5), ist in einer anderen Überlieferung (1Mose 4,17 f.25 f.) auf zwei Stammbäume verteilt worden, so daß S. als dritter Sohn Adams erscheint. Dieser Stammbaum hat große Ähnlichkeit mit einer sumer. Liste der Könige vor der Sintflut und dürfte auf eine vorisraelit. Quelle zurückgehen. – In 4Mose 24,17 werden die Moabiter als »Söhne S.s« bezeichnet.

Setam, ein Levit, Aufseher über die Tempelschätze (1Chr 23,8; 26,22).*

Setan (hebr., »der mit Ölbäumen zu tun hat«), ein Enkel Benjamins (1Chr 7,10).*

Setar, ein Beamter am pers. Hof (Est 1,10).*

Setur (hebr., »er [Gott] hat verborgen«, d. h. geschützt), ein Kundschafter des Mose (4Mose 13,13).*

Sia (hebr., »er [Gott] hat geholfen«), **1.** ein Angehöriger des Stammes Gad (1Chr 5,13); **2.** Familienhaupt von Tempeldienern, die aus dem Exil heimkehrten (Esr 2,44; Neh 7,47).*

Sibbechai, ein Krieger Davids (z. B. 2Sam 21,18; 23,27).

Sichem (in der Lutherbibel für *Schechem*), nach 1Mose 33,19; 34,2–26; Jos 24,32; Richt 9,28 Sohn Hamors, Ahnherr der Stadt S.; in 4Mose 26,31; Jos 17,2 wird er – als *Schechem* – mit Manasse verbunden.*

Sichri (hebr., Kurzform von *Secharja*), **1.** ein Nachkomme Levis (2Mose 6,21); **2.–4.** drei Angehörige des Stammes Benjamin (1Chr 8,19.23.27); **5.** ein Levit (1Chr 9,15), identisch mit *Sabdi* (4) (Neh 11,17); **6.** ein Levit, Aufseher über die Schatzkammern der Weihegeschenke (1Chr 26,25); **7.** Vater des Eliëser (5) (1Chr 27,16); **8.** Vater des Offiziers Amasja (2Chr 17,16); **9.** Vater des Elischafat (2Chr 23,1); **10.** ein efraimit. Offizier zur Zeit des Königs Ahas (2Chr 28,7); **11.** Vater des Joël (12) (Neh 11,9); **12.** Haupt einer Priesterfamilie (Neh 12,17).*

Sidon, nach 1Mose 10,15; 1Chr 1,13 ein Sohn des Kanaan, d. h. die phöniz. Hafenstadt S., die hier – und auch sonst des öfteren im AT – wegen ihrer Bedeutung für Phönizien insgesamt steht.*

Sif, nach 1Chr 2,42; 4,16 ein Nachkomme Kalebs, d. h. Repräsentant der Bewohnerschaft des gleichnamigen Ortes (z. B. Jos 15,55).*

Sifa, ein Nachkomme Kalebs (1Chr 4,16).*

Sihon, König des Stadtstaates Heschbon und des umliegenden Gebietes im Ostjordanland, nach der alttest. Überlieferung von Mose besiegt (4Mose 21,21–31). An zahlreichen Stellen erscheint er neben Og, wobei schematisch diesem das nördl., jenem das südl. Ostjordanland zugeschrieben wird (z. B. 1Kön 4,19).

Sikkut, unklares Wort in Am 5,26; wahrscheinlich handelt es sich um die entstellte Namensform eines assyr.-babylon.

Sterngottes. Die griech. Übersetzung des AT, die in Apg 7,43 zitiert wird, hatte den Ausdruck »S., euer König« fälschlich als »Hütte Molochs« gedeutet.*

Silas, aram. Variante des Namens *Saul*, latinisiert zu *Silvanus*. S. war zunächst ein führendes Glied der judenchristl. Gemeinde in Jerusalem (Apg 15,22) und gehörte der Delegation an, welche die Entscheidung des Apostelkonzils nach Antiochia überbrachte (Apg 15,27–30). Dort trat er in den Kreis der Mitarbeiter des Paulus ein und begleitete ihn auf der 2. Missionsreise (Apg 15,40; 18,5; 2Kor 1,19). In den Thessalonicherbriefen wird er als Mitabsender erwähnt (1Thess 1,1; 2Thess 1,1). Nach 1Petr 5,12 wäre er später auch Begleiter und Sekretär des Petrus gewesen, doch ist diese Angabe historisch umstritten.

Silpa, die von → Laban seiner Tochter Lea mitgegebene Sklavin, die dem → Jakob während Leas Kinderlosigkeit die Söhne Gad und Ascher gebar (1Mose 29,24; 30,9–13).

Silvanus, in 2Kor 1,19; 1Thess 1,1; 2Thess 1,1; 1Petr 5,12 für → *Silas*.*

Simeon (hebr. *Schimon* »er [Gott] hat gehört«), Stammes- und davon abgeleiteter männlicher Eigenname. Durch andere griech. Vokalisation ist daneben die Variante → *Simon* verbreitet worden. **1.** Der Stamm S. wird im AT als einer der zwölf Stämme Israels gezählt, war aber wohl in Wirklichkeit dem Stamm → Juda im Süden Palästinas angegliedert. Als sein Ahnherr gilt in der Überlieferung ein Sohn Jakobs und Leas mit Namen S. (1Mose 29,33). Er soll nach 1Mose 34 gemeinsam mit Levi einen grausamen Rachefeldzug gegen die Stadt Sichem geführt haben; aufgrund dieser Erzählung vermutet man, daß der Stamm S. früher einmal seine Wohnsitze in der Gegend um Sichem hatte. **2.** Ein Israelit, der seine ausländische Frau heimschickte (Esr 10,31). **3.** Großvater des → Mattatias (1) (1Makk 2,1). **4.** Bruder des Judas (1) Makkabäus und Führer des Freiheitskampfes der Juden gegen die syr. Fremdherrschaft, Hoherpriester und »Fürst« (Ethnarch) (143–134 v. Chr.; 1Makk 2,3; 5; 9–16; in der Lutherbibel *Simon*), Begründer der hasmonäischen Dynastie. **5.** Ein greiser Profet, der das Jesuskind bei seiner Darstellung im Tempel mit einem Lobgesang begrüßte (Lk 2,25–35). **6.** Ein Vorfahr Jesu (Lk 3,30). **7.** Ein Hoherpriester (um 200 v. Chr.), Sohn des Onias II. (Sir 50,1–21; in der Lutherbibel *Simon*). **8.** Ein schurkischer Priester (2Makk 3,4–11; 4,1–6; in der Lutherbibel *Simon*). **9.** Ein christl. Profet und Lehrer in Antiochia mit Beinamen *Niger* (Apg 13,1).

Simma, ein Levit (1Chr 6,5.27; 2Chr 29,12).*

Simon (griech. Form von hebr. *Simeon*, in der Lutherbibel für *Simeon* (4), (7) und (8)), **1.** Bruder des Andreas (Mt 4,18), genannt Barjona (»Sohn des Jona«) (Mt 16,17), Jünger Jesu, Glied und Sprecher des Zwölferkreises, bekannt unter dem Beinamen →*Petrus*; **2.** S. →Kananäus, Jünger Jesu und Glied des Zwölferkreises (z. B. Mt 10,4; Apg 1,13); **3.** Bruder Jesu (Mt 13,55; Mk 6,3); **4.** S. der Aussätzige, in dessen Haus Jesus einkehrte (Mt 26,6; Mk 14,3); **5.** S. von Zyrene, der Jesu Kreuz zur Richtstätte trug (Mt 27,32; Mk 15,21); **6.** ein Pharisäer, Gastgeber Jesu, in dessen Haus eine Sünderin Jesus huldigte (Lk 7,36–50); **7.** S. →Iskariot, Vater des Judas (4) (Joh 6,71); **8.** S. der Magier, vermutlich ein hellenist. Wundertäter und Zauberer, mit dem Philippus (8) und Petrus in Samaria in Konflikt gerieten (Apg 8,9–24); **9.** S. der Gerber, in dessen Haus in Jafo Petrus sich aufhielt (Apg 9,43; 10,6.17).

Simran, ein Sohn Abrahams und der Ketura (1Mose 25,2; 1Chr 1,32), d. h. ein Ort oder Stamm in Arabien.*

Simri, 1. ein Simeoniter, der von Pinhas wegen eines Unzuchtvergehens getötet wurde (4Mose 25,14; 1Makk 2,26); **2.** ein König des Nordreichs Israel (882/881 v. Chr.); S., der Kommandeur eines Streitwagenkorps war, kam durch Ermordung des Königs Ela auf den Thron, konnte sich aber nur sieben Tage halten, da das israelit. Heer den Omri zum König erhob, und beging, von Omri eingeschlossen, Selbstmord in den Flammen des Palastes (1Kön 16,8–20; 2Kön 9,31); **3.** ein Nachkomme Judas (1Chr 2,6), identisch mit *Sabdi* (1) (Jos 7,1.17 f.); **4.** ein Nachkomme des Königs Saul (1Chr 8,36; 9,42).*

Simson (hebr. *Schimschon* »Sonne[nkind]«), Held der Richterzeit, aus dem Stamme Dan. Die volkstümlich-sagenhaften Erzählungen über S. (Richt 14–16), denen eine Geburtsgeschichte vorangestellt ist (Richt 13), schildern S.s Frauenabenteuer und seine Krafttaten und Streiche gegen die Philister. Seine Liebe zu Delila bringt ihn in die Gewalt der Philister, die ihn blenden, aber in seinen Untergang hineingezogen werden. Das NT erwähnt ihn in Hebr 11,32.*

Siniter, ein Stamm an der phöniz. Küste, von Kanaan hergeleitet (1Mose 10,17; 1Chr 1,15).*

Sippai, ein Angehöriger der Rafaïter, der Riesen (2Sam 21,18; 1Chr 20,4; in der Lutherbibel *Saf*).*

Sirach, Vater des Eleasar (12) und Großvater des Jesus (1) (Sir 50,27; 51,30), Verfasser des Sirachbuches, einer den alttest. Apokryphen zugehörigen Schrift. Sie wurde zwischen 190 und 170 v. Chr. verfaßt und von seinem Enkel um 135 v. Chr. ins Griechische übersetzt. Unter der Bezeichnung »Ecclesiasticus« (griech.-lat., »Kirchenbuch«) wurde es Teil der lat. Bibel. Das NT enthält zahlreiche Anspielungen auf das Sirachbuch (vgl. Jak 1,19 mit Sir 5,13). Das Sirachbuch ist das wohl eindrucksvollste Beispiel für die jüd. Weisheitsliteratur. Es besteht größtenteils aus Mahnungen und Sprüchen, deren zentrales Thema die Weisheit ist. Eine eindeutige Gliederung ist nicht erkennbar. Zentrale Bedeutung kommt offensichtlich den beiden Hymnen auf die personifizierte Weisheit (Sir 24,1–21; 42,15–43,33) und dem »Lobpreis der Väter« (Sir 44,1–50,26) zu.

Sisa, 1. ein Simeoniter (1Chr 4,37); **2.** ein Levit, Sohn des Schimi (1) (1Chr 23,10f.); **3.** ein Sohn des Königs Rehabeam (2Chr 11,20).*

Sisera, 1. Anführer einer Koalition kanaan. Könige in der Richterzeit, von Debora und Barak besiegt (Richt 4–5; Ps 83,10); er wird als Feldherr des Königs Jabin von Hazor bezeichnet, war aber wohl König der Stadt Haroschet; **2.** Haupt einer Familie von Tempeldienern, die aus dem Exil heimkehrten (Esr 2,53; Neh 7,55).*

Sismai, ein Nachkomme Jerachmeels (1Chr 2,40).*

Sitri (hebr., »er [Gott] ist Schirm«), ein Levit, Sohn Usiëls (1) (2Mose 6,22).*

Skevas, jüd. Hoherpriester in Ephesus, dessen sieben als Exorzisten tätige Söhne sich des Namens Jesu zu bemächtigen versuchten, dabei aber unterlagen (Apg 19,13–16).*

Skythen, reitendes Nomadenvolk im Don-Donau-Raum (2Makk 4,47; Kol 3,11), das um 625 v. Chr. auf einem großen Plünderungszug bis nach Ägypten vorstieß. Auf diesen Zug der S. deutet man vielfach die Weissagungen Jeremias über das »Volk aus dem Norden« (Jer 4–6).*

So, nach 2Kön 17,4 ein König von Ägypten; da ein Pharao dieses Namens nicht bekannt ist, meint der Text vielleicht die ägypt. Stadt Sais.*

Sodi, ein Sebuloniter, Sohn des Gaddiël (4Mose 13,10).*

Soferet (hebr., »Schreiber«), Familienhaupt von Knechten Salomos, die aus dem Exil heimkehrten (Esr 2,55; Neh 7,57).*

Sohar → Zohar.

Sohet, ein Nachkomme Judas (1Chr 4,20).*

Sopater, Christ aus Beröa, Mitarbeiter des Paulus (Apg 20,4), vielleicht identisch mit *Sosipater* (2) (Röm 16,21).*

Sosipater, **1.** Heerführer des Judas (1) Makkabäus (2Makk 12,19.24); **2.** Mitarbeiter des Paulus (Röm 16,21), vielleicht identisch mit *Sopater* (Apg 20,4).*

Sosthenes (griech., »kräftig«), **1.** Synagogenvorsteher in Korinth (Apg 18,17); **2.** Mitarbeiter des Paulus und Mitverfasser des 1. Korintherbriefes (1Kor 1,1).*

Sostratus, Oberst der Akropolis von Jerusalem (2Makk 4,28 f.).*

Sotai, Haupt einer Familie von Knechten Salomos, die aus dem Exil heimkehrten (Esr 2,55; Neh 7,57).*

Stachys (griech., »Kornähre«), ein Christ in Rom (Röm 16,9).*

Stephanas (griech., Kurzform von *Stephanephoros* »Kranzträger«), der erstbekehrte Christ in Korinth (1Kor 1,16); sein Haus war ein gemeindlicher Mittelpunkt (1Kor 16,15–17).*

Stephanus (griech., »Kranz«), Glied des Sieben-Männer-Kolle giums, das der Gruppe der Hellenisten in der Jerusalemer Urgemeinde vorstand (Apg 6,5 f.). Seine entschiedene Kritik am Tempel und am Gesetz im Geist Jesu trug ihm den Märtyrertod durch Steinigung ein und löste die Vertreibung der Hellenisten aus Jerusalem aus (Apg 7).

Stoiker, um 300 v. Chr. gegründete griech. Philosophenschule. Sie betrachtete das Weltganze als einen einheitlichen, von der göttlichen Vernunft bestimmten Organismus. Der Stoiker soll in Übereinstimmung mit der Vernunft leben, d. h. nur nach dem Sittlich-Guten streben. Freiheit von allen Affekten und strenge Pflichterfüllung sind wesentlich (Apg 17,18).*

Suach, ein Nachkomme Aschers (1Chr 7,36).*

Suchaiter, eine Sippe, die zum Stamm Kaleb gerechnet wurde (1Chr 2,55).*

Sukkijiter, ein nicht weiter bekanntes Volk, das Truppen im Heer des Pharaos Schischak stellte (2Chr 12,3).*

Sukkot-Benot, nach 2Kön 17,30 eine – sonst nicht bekannte – Gottheit, deren Kult nach dem Fall des Nordreichs Israel (722 v. Chr.) in Samaria eingeführt wurde.*

Sulamith →Schulammit.

Susanna (von hebr. *schoschanna* »Lilie«), **1.** Titelgestalt einer zu den alttest. Apokryphen gehörenden Legende, die als Ergänzung zum Danielbuch konzipiert war; es geht in dieser spannenden Kriminalgeschichte um die Rehabilitierung der unschuldig verleumdeten S. durch Daniel; **2.** Jüngerin Jesu (Lk 8,3).

Susi, ein Manassiter, Vater des Gaddi (1) (4Mose 13,11).*

Susiter, nach 1Mose 14,5 eines der Völker, die von →Kedor-Laomer besiegt wurden.*

Syntyche, eine Christin in Philippi (Phil 4,2).*

Syrer, in Lk 4,27 Herkunftsbezeichnung des Aramäers →Naaman (2) (in der Lutherbibel »aus Syrien«).*

Syrophönizierin, Kombination eines Volks- mit einem Provinznamen: eine Phönizierin aus der Provinz Syrien (Mk 7,26; in der Lutherbibel »aus Syrophönizien«).*

T

Tabbaot, Haupt einer Familie von Tempeldienern, die aus dem Exil heimkehrten (Esr 2,43; Neh 7,46).*

Tabeal (hebr., »Gut-für-Nichts«, wohl Verballhornung von *Tabeel*), ein – sicherlich hochgestellter – Mann, der anstelle des Ahas als König von Juda eingesetzt werden sollte (Jes 7,6).*

Tabeel (aram., »Gott ist gut«), ein Beamter des pers. Königs, der einen Brief, der gegen die Juden gerichtet war, mitunterzeichnete (Esr 4,7).*

Tabita (aram., »Gazelle«), nach einer legendarischen Überlieferung von Petrus in Jafo vom Tod erweckte Christin (Apg 9,36.40); Luther gab den Namen irrtümlich als »Tabea« wieder.*

Tabrimmon, Vater des Aramäerkönigs Ben-Hadad I. (1Kön 15,18).*

Tachpenes (wahrscheinlich kein Eigenname, sondern ein ägypt. Titel: »Gemahlin des Königs«), Frau eines Pharao, deren Schwester den Edomiterfürsten Hadad (4) heiratete (1Kön 11,19f.).*

Tachrea, ein Nachkomme des Königs Saul (1Chr 8,35; 9,41).*

Tafat, Tochter Salomos, Frau eines Statthalters, der als »Sohn des Abinadab« (vgl. Abinadab (4)) bezeichnet wird (1Kön 4,11).*

Tahan, ein Sohn Efraims (4Mose 26,35), in 1Chr 7,25 ein Nachkomme Efraims und Vorfahr Josuas, identisch mit *Tahat* (2) (1Chr 7,20).*

Tahasch, ein Sohn Nahors (2) und Neffe Abrahams (1Mose 22,24).*

Tahat (hebr., »Ersatz«), **1.** ein Levit, Ahnherr Samuels (1Chr 6,9.22); **2.** ein Nachkomme Efraims (1Chr 7,20), identisch mit *Tahan* (1Chr 7,25); **3.** ein Enkel des T. (2) (1Chr 7,20).*

Talmai, 1. ein Riese aus dem Geschlecht Anaks (4Mose 13,22; Jos 15,14; Richt 1,10); **2.** ein König von Geschur, Schwiegervater Davids; zu ihm floh Abschalom (1) (2Sam 3,3; 13,37; 1Chr 3,2).*

Talmon, ein Torhüter im nachexil. Jerusalem (z. B. 1Chr 9,17; Esr 2,42).

Tamar (hebr., »Palme«), **1.** Schwiegertochter des Juda, die durch List von ihm ein Kind bekam (1Mose 38,6–24; Rut 4,12; 1Chr 2,4; Mt 1,3); **2.** Schwester Abschaloms (1), die von ihrem Halbbruder Amnon geschändet wurde (2Sam 13,1–32; 1Chr 3,9); **3.** Tochter Abschaloms (1) (2Sam 14,27).*

Tammus, assyr.-babylon. Fruchtbarkeitsgott, dessen Kult auch in Jerusalem Eingang gefunden hatte (Ez 8,14).*

Tanhumet (hebr., »Trost«), Vater des Offiziers Seraja (4) (2Kön 25,23; Jer 40,8).*

Tappuach (hebr., »Apfel«), ein Nachkomme Kalebs (1Chr 2,43), d. h. Repräsentant der Bewohnerschaft des Ortes T. (Jos 15,34) oder Bet-T. (Jos 15,33).*

Tarschisch, 1. nach 1Mose 10,4; 1Chr 1,7 ein Sohn Jawans und Enkel Jafets; mit T. ist eine Gegend weit westl. von Palästina gemeint (Jon 1,3), wahrscheinlich in Südspanien, aus der Metalle eingeführt wurden (Jer 10,9; Ez 27,12); **2.** ein Urenkel Benjamins (1Chr 7,10); **3.** ein hoher Beamter am pers. Hof (Est 1,14).*

Tarsis → Tarschisch.

Tartak, nach 2Kön 17,31 Name einer assyr. Gottheit, die von den nach 721 v. Chr. in Samaria angesiedelten Kolonisten verehrt wurde; vielleicht ist die Göttin Atargatis gemeint.*

Tartan (assyr., »Folgender«, »Zweiter« oder »General«), Titel des obersten assyr. Feldherrn (2Kön 18,17; Jes 20,1).*

Tassi, in 1Makk 2,3 Beiname des Makkabäers Simeon (4).*

Tattenai, Statthalter der pers. Satrapie Transeufrat, der 519/518 v. Chr. eine Untersuchung über den Tempelbau in Jerusalem vornahm (Esr 5,3–6,13).*

Tebach, ein Sohn Nahors (2) und Neffe Abrahams (1Mose 22,24), d. h. eine Stadt in Syrien (2Sam 8,8).*

Tebalja, ein Torwächter am Tempel in Jerusalem (1Chr 26,11).*

Tehinna (hebr., »Erbarmen«), ein Nachkomme Kelubs (1Chr 4,12).*

Telach, nach 1Chr 7,25 ein Nachkomme Efraims; der Text ist wohl verderbt und meint *Schutelach*.*

Telem, ein Torwächter, der seine ausländische Frau heimschickte (Esr 10,24).*

Tema, ein Sohn Ismaels (1Mose 25,15; 1Chr 1,30), d. h. Oase und Handelsplatz in Nordwestarabien (Ijob 6,19; Jes 21,14; Jer 25,23).*

Temach, Haupt einer Familie von Tempeldienern, die aus dem Exil heimkehrten (Esr 2,53; Neh 7,55).*

Teman (hebr., »Süden, Südgegend«), ein Enkel Esaus, »Fürst« (1Mose 36,11.15.42; 1Chr 1,36.53), d. h. ein Stamm in Edom (z. B. Jer 49,7.20; Ez 25,13).

Temni, ein Angehöriger des Stammes Kaleb (1Chr 4,6).*

Terach, Nachkomme Sems und Vater Abrahams, Nahors (2) und Harans (1) (1Mose 11,24–32; Jos 24,2; 1Chr 1,26; Lk 3,34).*

Teresch, ein Palastwächter, dessen Anschlag – mit Bigtan – auf Xerxes von Mordechai entdeckt wurde (Est 2,21; 6,2).*

Tertius (lat., »der dritte«), Christ in Korinth, Schreiber des Römerbriefes (Röm 16,22).*

Tertullus (lat., Verkleinerungsform von *Tertius*), Rechtsanwalt, den der Jerusalemer Hohe Rat mit der Anklage gegen Paulus zum Prokurator (Statthalter) Felix nach Cäsarea sandte (Apg 24,1 f.).*

Tetrarch (griech., »Vierfürst«), eigentlich Bezeichnung für den Statthalter eines viergeteilten Landes, im Römerreich daneben aber auch Titel der von Rom abhängigen Regenten in Kleinasien und Syrien. T.en waren Herodes Antipas (Mt 14,1; Lk 3,1.19; 9,7; Apg 13,1), Philippus (7) und Lysanias (Lk 3,1).*

Thaddäus, ein Glied des Zwölferkreises um Jesus (Mt 10,3; Mk 3,18).*

Tharseas, nach 2Makk 3,5 Vater des Statthalters Apollonius (1); in 2Makk 4,4.21 heißt er *Menestheus*.*

Theodotus (griech., »von Gott gegeben«), Gesandter des syr. Heerführers Nikanor (1) (2Makk 14,19).*

Theophilus (griech., »Freund Gottes, Gottlieb«), Widmungsträger des lukanischen Doppelwerkes – Lukasevangelium und Apostelgeschichte – (Lk 1,3; Apg 1,1), vermutlich ein wohlhabender Christ, der das Patronat für die Verbreitung des Werkes zu übernehmen bereit war.*

Theudas, nach Apg 5,36 Anführer eines gescheiterten jüd. Aufstandes.*

Thomas, griech. Name, vielfach gleichgesetzt mit aram. *t^eoma* »Zwilling« (griech. *Didymus*) (so Joh 11,16; 20,24; 21,2), Glied des Zwölferkreises um Jesus (Mt 10,3; Mk 3,18; Lk 6,15; Apg 1,13); Johannes schildert ihn als zur Verzagtheit neigenden (Joh 11,16; 14,5), aber von Jesus zum Glauben überwundenen Jünger (Joh 20,24–29).*

Thraker, ein Volk, das die Gegend zwischen der Nordküste der Ägäis und der Westküste des Schwarzen Meeres bewohnte (2Makk 12,35).*

Tiberius, Claudius Nero, röm. Kaiser (14–37 n. Chr.), Stiefsohn und Nachfolger des Augustus. In seine Herrschaftszeit fällt das Wirken Jesu. Nach Lk 3,1 trat Johannes (1) der Täufer im 15. Regierungsjahr des T. (28 n. Chr.) an die Öffentlichkeit.*

Tibni, Gegner des Omri im Kampf um die Herrschaft über das Nordreich Israel (1Kön 16,21 f.).*

Tidal, nach der sagenhaften Überlieferung 1Mose 14,1.9 ein mit → Amrafel verbündeter König.*

Tiglat-Pileser, Name assyr. Könige. Für die Geschichte Israels wichtig wurde T. III. (745–727 v. Chr.), den das AT auch nach seinem Thronnamen *Pul* nennt (2Kön 15,19). Er war einer der mächtigsten Organisatoren und grausamsten Kriegsherren Assyriens. Nach einem Aufstand Rezins von Damaskus und Pekachs von Israel, zu dem auch Ahas von Juda gezwungen werden sollte, eroberte T. Damaskus und reduzierte Israel auf Samaria und seine enge Umgebung (2Kön 15,29; 16,7.10; 1Chr 5,6.26; 2Chr 28,20).*

Tikwa (hebr., »Hoffnung«), **1.** Schwiegervater der Profetin Hulda (2Kön 22,14), der in 2Chr 34,22 *Tokhat* heißt; **2.** Vater des Jachseja (Esr 10,15).*

Tilon, ein Sohn Schimons (1Chr 4,20).*

Timäus, Vater des Bartimäus (Mk 10,46).*

Timna, 1. Nebenfrau des Elifas (1), eines Sohnes Esaus (1Mose 36,12), wird in 1Chr 1,36 zum Sohn des Elifas umgedeutet; **2.** Schwester des Lotan, eines Sohnes Seïrs (1Mose 36,22; 1Chr 1,39); **3.** ein »Fürst« – d. h. wohl: ein Bezirk – in Edom (1Mose 36,40).*

Timon, Glied des hellenist. Siebenerkollegiums in der Jerusalemer Urgemeinde (Apg 6,5).*

Timotheus (griech., »Fürchtegott«). **1.** Syr. Offizier, von Judas (1) Makkabäus mehrfach besiegt (1 Makk 5,6–40; 2Makk 8,30; 10,24). **2.** Enger Mitarbeiter des Paulus, Heidenchrist aus Lykaonien (Apg 16,1–3), Sohn eines griech. Vaters und einer jüd. Mutter (die in 2Tim 1,5 als Christin erwähnt wird). Die Angabe von Apg 16,3, daß Paulus ihn nach seiner Bekehrung auf der 1. Missionsreise beschnitten habe, ist historisch unsicher. T. wurde von Paulus mehrfach mit schwierigen Aufgaben betraut (1Thess 3,2f.; 1Kor 4,17; 16,10f.) und war Mitverfasser des 1. Thessalonicher- und des Philipperbriefes. Die Timotheusbriefe lassen, obwohl sie nicht von Paulus stammen, den Schluß zu, daß T. nach dem Tod des Paulus als Gemeindeleiter in Ephesus längere Zeit tätig gewesen ist. **3.** Nach Hebr 13,23 Mitarbeiter des Verfassers des Hebräerbriefes, mit T. (2) schwerlich identisch.

Tiras, ein Sohn Jafets (1Mose 10,2; 1Chr 1,5), Repräsentant eines Volkes, vielleicht der Etrusker.*

Tiratiter, eine Sippe des Stammes Kaleb (1Chr 2,55).*

Tirhaka, ägypt. König (690–664 v. Chr.), äthiop. Herkunft (daher »König von Kusch«), führte nach 2Kön 19,9; Jes 37,9 einen Feldzug gegen den assyr. König Sanherib, aber das ist unhistorisch.*

Tirhana, ein Sohn Kalebs (1Chr 2,48).*

Tirja, ein Nachkomme Kalebs (1Chr 4,16).*

Tirza, eine Tochter des Zelofhad (z. B. 4Mose 26,33).

Titius →Justus (2).

Titus. 1. T. Manius, röm. Gesandter im Orient 164 v. Chr.

(2Makk 11,34). **2.** Mitarbeiter des Paulus, Heidenchrist. T. war Glied der Delegation der antiochen. Gemeinde zum Apostelkonzil nach Jerusalem (Gal 2,1–5), wo Paulus sich demonstrativ weigerte, der Forderung der Judenchristen nach seiner Beschneidung nachzukommen. Auf der 3. Missionsreise gelang es T., in der Auseinandersetzung zwischen Paulus und der Gemeinde von Korinth zu vermitteln (2Kor 2,13; 12,17 f.); er führte auch in Korinth die Kollekte für Jerusalem zu Ende (2Kor 8,6). Nach den Angaben des Titusbriefes hat T. später als selbständiger Gemeindeleiter auf Kreta gewirkt.

Tob-Adonija, nach 2Chr 17,8 ein Levit zur Zeit des Königs Joschafat; aber der Text ist wohl fehlerhaft.*

Tobias (griech. Form von hebr. *Tobija*; in der Lutherbibel für *Tobit* und in 2Makk 3,11 für *Tobija* (5)), Sohn des Tobit (Tob 3,17; 9,5).

Tobiël (hebr., »Gott ist gut«), Vater des Tobit, Großvater des Tobias (Tob 1,1).*

Tobija (hebr., »Jahwe ist gut«), **1.** ein Levit zur Zeit des Königs Joschafat (2Chr 17,8); **2.** Stammvater einer Rückwandererfamilie, die als nur halbjüd. galt (Esr 2,60; Neh 7,62); **3.** ein Statthalter von Ammon (vielleicht verwandt mit T. (2)), der zusammen mit Sanballat, dem Statthalter von Samaria, als Gegner des Nehemia auftrat (z. B. Neh 2,10.19 f.; 3,33–35); **4.** ein Heimkehrer aus dem Exil, der sich besonders freigebig zeigte (Sach 6,10.14); **5.** von T. (3) stammte das Finanzhaus der Tobiaden ab; erwähnt wird T., der Vater eines Hyrkanus, dessen Geld auch die Tempelbank in Jerusalem verwaltete (2Makk 3,11; in der Lutherbibel *Tobias*).

Tobit (in der Lutherbibel *Tobias*), Mann der Hanna (2) und Vater des Tobias, eine der Hauptgestalten des Buches Tobit. Dieses, ein zwischen 200 und 170 v. Chr. entstandener jüd. Roman, der zu den alttest. Apokryphen gerechnet wird, erzählt die Geschichte T.s, eines frommen Juden im Exil von Ninive, der, nach manchen unheilvollen Schicksalsschlägen (u. a. Erblindung und Verarmung), auf wunderbare Weise Gottes Hilfe erfährt. Deren Vermittler ist der Engel Rafaël: Er geleitet Tobias, T.s Sohn, durch seltsame Abenteuer, aus denen sich eine glückhafte Wende für das Schicksal T.s und seiner ganzen Familie entwickelt. Das Tobitbuch gibt Einblicke in Aspekte jüd. Frömmigkeitslebens in der Zeit kurz vor der Entstehung des Christentums; es ermahnt besonders nachdrücklich zum Gebet und Almosengeben.

Togarma, ein Volk nördl. von Palästina (1Mose 10,3; 1Chr 1,6; Ez 27,14; 38,6), wahrscheinlich im Osten der heutigen Türkei.*

Tohu, ein Ahnherr Samuels (1Sam 1,1; 1Chr 6,11.19; in V. 11 in der Lutherbibel *Nahat*).*

Toï, König des aram. Staates Hamat, beglückwünschte David zum Sieg über Hadad-Eser (2Sam 8,9 f.; 1Chr 18,9 f.).*

Tokhat, Schwiegervater der Profetin Hulda (2Chr 34,22), der in 2Kön 22,14 *Tikwa* heißt.*

Tola (hebr., »Wurm«), **1.** Ahnherr einer Sippe des Stammes Issachar (1Mose 46,13; 4Mose 26,24; 1Chr 7,1 f.); **2.** ein Richter (Richt 10,1).*

Trophimus, Heidenchrist aus Ephesus, Begleiter des Paulus (Apg 20,4; 21,29; 2Tim 4,20).*

Tryphäna (griech., »die Schwelgerische«), eine Christin in Rom (Röm 16,12).*

Tryphon (griech., »der Schwelgerische«), Vormund des Antiochus IV., den er später ermorden ließ, um selber König zu werden (1Makk 13,31), kämpfte gegen Demetrius II. und Antiochus VII. und unterlag 139 v. Chr. bei Apamea (1Makk 15).

Tryphosa (griech., »die Schwelgerische«), eine Christin in Rom (Röm 16,12).*

Tubal, Name eines Volkes (z. B. 1Mose 10,2; Jes 66,19; Ez 27,13); wahrscheinlich sind die Tibarener im Südosten der heutigen Türkei gemeint.

Tubal-Kain → Tubal-Kajin.

Tubal-Kajin, Sohn Lamechs, gilt als Ahnherr aller Schmiede (1Mose 4,22).*

Tubianer, Juden, wahrscheinlich Nachkommen von Militärsiedlern (2Makk 12,17).*

Tychikus (griech., »mit dem das Glück ist«), Mitarbeiter des Paulus auf der 3. Missionsreise (Apg 20,4), wird im Epheser- und Kolosserbrief als Überbringer genannt (Eph 6,21 f.; Kol 4,7–9).

Tyrannus, Besitzer oder Hauptbenutzer des Hörsaals, den Paulus in Ephesus für seine missionarischen Vorträge mietete, als man ihn aus der Synagoge verdrängte (Apg 19,9).*

Uël, ein Israelit, der seine ausländische Frau heimschickte (Esr 10,34).*

Ulam, 1. ein Enkel des Machir (1Chr 7,16 f.); **2.** ein Nachkomme des Königs Saul (1Chr 8,39 f.).*

Ulla, ein Nachkomme Aschers (1Chr 7,39).*

Unni, 1. ein Levit, Musiker bei der Überführung der Lade (1Chr 15,18.20); **2.** ein Levit, Heimkehrer aus dem Exil (Neh 12,9).*

Urbanus (lat., »städtisch, höflich«), ein aktiver Christ in Rom (Röm 16,9).*

Uri (hebr., Kurzform von *Uriël* oder *Urija*), **1.** Vater des Werkmeisters Bezalel (1) (z. B. 2Mose 31,2); **2.** Vater des Statthalters Geber (2) (1Kön 4,19); **3.** ein Torwächter, der seine ausländische Frau heimschickte (Esr 10,24).

Uria → Urija.

Uriël (hebr., »Gott ist Licht«), **1.** ein Levit, Ahnherr Samuels (1Chr 6,9), war beteiligt an der Überführung der Lade (1Chr 15,5.11); **2.** Vater der Michaja (1), der Frau des Königs Rehabeam (2Chr 13,2).*

Urija (hebr., »Jahwe ist Licht«), **1.** ein Hetiter, mit dessen Frau Batseba David Ehebruch beging und den David mit dem »U.-Brief« in den Tod schickte (2Sam 11); **2.** ein Priester in Jerusalem (2Kön 16,10 f.15 f.), Zeitgenosse des Profeten Jesaja, der ihn zum Zeugen nahm (Jes 8,2); **3.** Vater des Priesters Meremot (1) (z. B. Esr 8,33); **4.** ein vornehmer Laie neben Esra (Neh 8,4); **5.** ein Profet, dessen Drohsprüche ihm die Verfolgung durch König Jojakim und den Tod eintrugen (Jer 26,20–23).

Usa (hebr., »er [Gott] ist Kraft«), **1.** ein Mann, der die Lade bei der Überführung nach Jerusalem berührte und dadurch starb (2Sam 6,3–8; 1Chr 12,7–11); **2.** im »Garten U.s« wurden die jud. Könige Manasse und Amon beigesetzt (2Kön 21,18.26); U. war vielleicht der Vorbesitzer; **3.** ein Levit (1Chr 6,14); **4.** ein Nachkomme Benjamins (1Chr 8,7); **5.** Haupt einer Familie von Tempeldienern, die aus dem Exil heimkehrten (Esr 2,49; Neh 7,51).*

Usai, Vater des Palal (Neh 3,25).*

Usal, ein Sohn des Joktan (1Mose 10,27; 1Chr 1,21), Stamm oder Gebiet in Südarabien.*

Usi (hebr., Kurzform von *Usiël* oder *Usija*), **1.** ein Priester, Nachkomme Aarons und Ahnherr Zadoks (1) (1Chr 5,31 f.; 6,36; Esr 7,4); **2.** ein Enkel Issachars (1Chr 7,2 f.); **3.** ein Enkel Benjamins (1Chr 7,7); **4.** ein Benjaminiter, Vater des Ela (6) (1Chr 9,8); **5.** Oberhaupt der Leviten in Jerusalem (Neh 11,22); **6.** Haupt der Priesterfamilie Jedaja (1) (Neh 12,19); **7.** ein Priester, der an der Mauerweihe in Jerusalem teilnahm (Neh 12,42).*

Usiël (hebr., »Gott ist Kraft«), **1.** ein Sohn des Levisohnes Kehat (z. B. 2Mose 6,8; 4Mose 3,19); **2.** ein Angehöriger des Stammes Simeon (1Chr 4,42); **3.** ein Enkel Benjamins (1Chr 7,7); **4.** ein Tempelsänger (1Chr 25,4), identisch mit *Asarel* (3) (V. 18); **5.** ein Levit zur Zeit des Königs Hiskija (2Chr 29,14); **6.** ein Helfer beim Wiederaufbau der Mauer Jerusalems (Neh 3,8); **7.** Ahnherr der Judit (Jdt 8,1).

Usija (hebr., »Jahwe ist Kraft«), **1.** König des Südreichs Juda (787–736 v. Chr.), der im AT auch *Asarja* genannt wird (z. B. 2Kön 14,21); da er aussätzig wurde, übernahm sein Sohn Jotam die Regentschaft (2Kön 15,1–7; 2Chr 26); **2.** ein Nachkomme des Levisohnes Kehat (1Chr 6,9); **3.** ein Krieger Davids (1Chr 11,44); **4.** Vater des Verwalters Jonatan (7) (1Chr 27,25); **5.** ein Priester, der seine ausländische Frau heimschickte (Esr 10,21); **6.** Vater des Ataja (Neh 11,4); **7.** Bürgermeister der – legendären – Stadt Betulia (z. B. Jdt 6,15–21).

Utai, 1. ein Judäer im nachexil. Jerusalem (1Chr 9,4); **2.** ein Heimkehrer aus dem Exil (Esr 8,14).*

Uz, 1. ein Sohn (1Mose 10,23) – so auch die Lutherbibel in 1Chr 1,17 – und nicht ein Bruder (1Chr 1,17) Arams (1), ein nicht identifizierbares Volk oder Land; **2.** ein Sohn Nahors (2) und Neffe Abrahams (1Mose 22,21), wahrscheinlich eine Gegend in Edom; **3.** ein Enkel des Seïr (1Mose 36,28; 1Chr 1,42), d. h. eine Sippe in Edom; beide – U. (2) und (3) – hängen mit dem Land U. (Klgl 4,21; Jer 25,20), der Heimat des Ijob (Ijob 1,1), zusammen; **4.** Großvater der Judit (Jdt 8,1).*

W

Wajesata, ein Sohn des Judenverfolgers Haman (Est 9,9).*

Wanja, ein Israelit, der seine ausländische Frau heimschickte (Esr 10,36).*

Waschti, angebliche Gemahlin des Perserköngis Xerxes, die sich weigerte, vor den Gästen des Königs zu erscheinen, und deshalb verstoßen wurde (Est 1,9–2,17).*

Wofsi, Vater des Kundschafters Nachbi (4Mose 13,14).*

X

Xenios (griech., »der Gastfreundliche«), in der Lutherbibel in 2Makk 6,2 Beiname des Zeus, des höchsten Gottes der Griechen.*

Xerxes (in der Lutherbibel *Ahasveros*), X. I. (486–465 v. Chr.), pers. König, Sohn des Darius I. Er wird in der Bibel außer in Esr 4,6 und Dan 9,1 (hier stimmen die Angaben über X. nicht) nur – und zwar als *Artaxerxes* – im legendären Esterbuch erwähnt (z. B. Est 1,1).

Z

Zacharias (griech. Form von hebr. *Secharja*), **1.** ein Priester (Mt 23,35; Lk 11,51; in der Lutherbibel *Secharja*), identisch mit *Secharja* (14); → Barachias; **2.** Vater Johannes' (1) des Täufers, Angehöriger einer der 24 Priesterklassen, die je eine Woche Tempeldienst verrichteten; er wird als gesetzestreuer Mann geschildert (Lk 1,5–67; 3,2).*

Zachäus (griech. Form von aram. *sakkaj* »der Reine«), **1.** Offizier des Judas (1) Makkabäus (2Makk 10,19); **2.** ein Oberzöllner in Jericho, in dessen Haus Jesus einkehrte (Lk 19,1–10).*

Zadok (hebr., »er [Gott] ist gerecht/Gerechtigkeit«). **1.** Oberpriester in Jerusalem unter David und Salomo. Er taucht im alttest. Bericht sehr überraschend neben dem altgedienten Ladepriester Abjatar auf und scheint diesem sogar vorgeordnet zu sein (2Sam 15,24–29). Seine Herkunft wird nicht genannt – vermutlich weil er Oberpriester des kanaan. Stadtgottes von Jerusalem gewesen, dann aber zum Jahweglauben übergetreten war. Bei den Streitigkeiten um die Thronnachfolge Davids stellte er sich – im Gegensatz zu Abjatar – auf die Seite Salomos und wurde dadurch der oberste Priester (1Kön 1; 2,35). Später galt er als Ahnherr der Jerusalemer Priesterschaft, die sich »Söhne Z.s« nannte (Ez 40,46; 44,15). Deshalb erhielt Z. nachträglich die Legitimation als echter Israelit, indem man ihn zum Sohn Ahitubs (1) und damit zum Nachkommen Elis machte (2Sam 8,17) und schließlich seinen Stammbaum auf Eleasar (1), den Sohn Aarons, zurückführte (1Chr 5,34). **2.** Vater der Jeruscha, der Mutter des Königs Jotam (2Kön 15,33; 2Chr 27,1). **3.** und **4.** Zwei Helfer beim Wiederaufbau der Mauer Jerusalems (Neh 3,4.29). **5.** Ein Mitunterzeichner der Gesetzesverpflichtung (Neh 10,22). **6.** Aufseher über die Vorräte im Tempel zur Zeit Nehemias (Neh 13,13). **7.** Ein Ahnherr Jesu (Mt 1,14).

Zafenat-Paneach (ägypt., »der Gott hat gesagt: Er wird leben«), Name, den der Pharao dem Josef beilegte (1Mose 41,45).*

Zalaf (hebr., »Kapernstrauch«), Vater des Hanun (3) (Neh 3,30).*

Zalmon, ein Krieger Davids (2Sam 23,28), der in 1Chr 11,29 *Ilai* heißt.*

Zalmunna, ein von Gideon besiegter und getöteter Fürst der Midianiter (Richt 8,5–28; Ps 83,12).*

Zebaot (in der Lutherbibel *Zebaoth*), ein hebr. Wort, das »Heere«, »Heerscharen« bedeutet und im AT sehr oft als Bestandteil einer Gottesbezeichnung – meist »Jahwe [Gott] Z.« – erscheint. Umstritten ist, ob sich dabei das Wort »Z.« auf die Heere Israels oder auf überirdische Heerscharen (Gestirne, Engel, Dämonen oder mythische Naturmächte) bezieht oder ob es hier die Sonderbedeutung »Mächtigkeit« hat (»Jahwe der Mächtigkeit«, d. h. Jahwe der Allmächtige). Der Name »Jahwe Z.«, der ursprünglich mit der Lade verbunden war (z. B. 1Sam 4,4), dient in profetischen Texten vor allem dazu, die ganze Machtfülle Jahwes herauszustellen. Das NT nimmt »Herr [Gott] Z.« in die liturgische Sprache auf.

Zebedäus (griech. Form von hebr. *Sabdiël*), Vater der sog. Zebedäussöhne (Zebedaiden) Johannes (2) und Jakobus (1), die Jünger Jesu und Glieder des Zwölferkreises waren (z. B. Mk 1,19). Die Mutter der Zebedäussöhne wird in Mt 20,20; 27,56 erwähnt; sie ist jedoch schwerlich mit der in Mk 15,40 genannten Salome identisch.

Zedekia → Zidkija.

Zefanja (hebr., »Jahwe hat geborgen«). **1.** Ein einflußreicher Priester zur Zeit des Königs Zidkija, wurde beim Fall Jerusalems von den Babyloniern gefangengenommen und später hingerichtet (2Kön 25,18–21; Jer 21,1; 29,25–29; 37,7; 52,24). **2.** Ein Levit, Ahnherr des Sängers Heman (2) (1Chr 6,21). **3.** Ein Profet, der im letzten Drittel des 7. Jh.s v. Chr. in Juda zur Zeit des Königs Joschija wirkte (Zef 1,1), und zwar wird er vor der Kultreform Joschijas aufgetreten sein, denn seine im Zefanjabuch überlieferte Verkündigung setzt voraus, daß in Juda noch die unter Joschijas Großvater Mannasse eingerissenen Mißstände herrschten. Die im Zefanjabuch gesammelten Aussprüche gehen nur z. T. auf Z. selbst zurück, so u. a. die Drohworte gegen den Götzendienst in Juda, gegen die Ausländerei am Köngishof, gegen die kaufmännische Oberschicht, gegen die satten Spötter (Zef 1,4f.8f.10f.12f.) und gegen die Beamten und Priester in Jerusalem (Zef 3,1–4). Wegen ihrer Taten, so verkündet Z., wird Jahwe Unheil über die Bewohner Jerusalems und Judas bringen; diese Unheilsverkündigung gipfelt in dem hymnischen Lied vom »Tag Jahwes« (Zef 1,14–16). Hoffnung gibt es, wie der Profet in dem Mahnwort Zef 2,1–3 verkündet, nur für die Demütigen. **4.** Vater des Joschija (2) (Sach 6,10.14).*

Zefo, ein Enkel Esaus, »Fürst«, d. h. ein Stamm in Edom (1Mose 36,11.15; 1Chr 1,36).*

Zelek, ein Krieger Davids (2Sam 23,37; 1Chr 11,39).*

Zelofhad, ein Mann der Frühzeit Israels, der nur Töchter hinterließ; diese erhielten – als Präzedenzfall für das israelit. Recht – erblichen Grundbesitz (z. B. 4Mose 27,1–11).

Zelot (griech., »Eiferer«), Beiname des Simon (2) (Lk 6,15; Apg 1,13), der in Mt 10,4; Mk 3,18 den aram. Beinamen *Kananäus* »Eiferer« trägt; er gehörte vielleicht früher zu den Z.en, einer jüd. Gruppe, die, seitdem Judäa 6 n. Chr. in eine röm. Provinz verwandelt wurde, aus religiösen Motiven zum Kampf gegen die röm. Herrschaft aufrief.*

Zemariter, Bewohner einer – nicht genau bekannten – phöniz. Stadt (1Mose 10,18; 1Chr 1,16).*

Zenas, ein Wandermissionar (Tit 3,13).*

Zeret, ein Angehöriger des Stammes Juda (1Chr 4,7).*

Zeri (hebr., »Mastixbaum«), Leiter einer Sängerklasse (1Chr 25,3.11).*

Zeror (hebr., »Kiesel«), Ahnherr des Königs Saul (1Sam 9,1).*

Zerua, Mutter des Königs Jerobeam (1Kön 11,26).*

Zeruja, Schwester Davids und Mutter Joabs (1), Abischais und Asaëls (1) (z. B. 2Sam 2,18; 1Chr 2,16).

Zeus, der höchste Gott der Griechen. Ihm weihte König Antiochus IV. den Jerusalemer Tempel und das Heiligtum der Samariter auf dem Berge Garizim (2Makk 6,2); nach Apg 14,12 f. hielten die Einwohner von Lystra den Barnabas für Z.*

Ziba (hebr., »Faser«, d. h. Kleinigkeit), Vogt über Sauls Krongut, das er später im Auftrag Davids für Sauls Sohn Merib-Baal verwaltete (2Sam 9,2–16) und danach wegen seiner Treue zu David (2Sam 16,1–4) als Lehen erhielt (2Sam 19,18.30).*

Zibja (hebr., »Gazellenweibchen«), **1.** Mutter des Königs Joasch von Juda (2Kön 12,2; 2Chr 24,1); **2.** ein Angehöriger des Stammes Benjamin (1Chr 8,9).*

Zibon (hebr., »kleine Hyäne«), Vater des Ana, Großvater der Oholibama, einer der Frauen Esaus (1Mose 36,2.14.24; 1Chr 1,40); daneben erscheint Z. als Sohn des Seïr und Bruder des Ana (1Mose 36,20.29; 1Chr 1,38); hier liegen wohl verschiedene Überlieferungen über dieselbe Gestalt vor.*

Zidkija (hebr., »Jahwe ist Gerechtigkeit«). **1.** Ein Profet am Hof des Königs Ahab, der dem Profeten Micha (10) gegenübertrat (1Kön 22,11.24). **2.** Der letzte König des Südreichs Juda (597–587 v. Chr.; 2Kön 24,18–25,21). Er wurde als Nachfolger seines Neffen Jojachin vom babylon. König Nebukadnezzar, der seinen ursprünglichen Namen *Mattanja* in Z. änderte, zum König eingesetzt. Nach einigen Regierungsjahren empörte er sich gegen Nebukadnezzar (trotz des energischen Protestes des Profeten Jeremia), vielleicht im Vertrauen auf Hilfsversprechen der Ägypter. Die Folge war, daß ein babylon. Heer Juda eroberte und Jerusalem nach zweijähriger Belagerung einnahm (587/586 v. Chr.). Z. versuchte zu fliehen, wurde aber von den Babyloniern gefangen. Nebukadnezzar bestrafte ihn hart: Er ließ ihn blenden und seine Söhne hinrichten. **3.** Ein Mitunterzeichner der Gesetzesverpflichtung (Neh 10,2). **4.** Ein falscher Profet zur Zeit Jeremias (Jer 29,21 f.). **5.** Ein Beamter des Königs Jojakim (Jer 36,12). **6.** Ein Ahnherr des Baruch (1) (Bar 1,1).

Zifjon, ein Sohn des Gad (1Mose 46,16; 4Mose 26,15).*

Ziha (ägypt., »[der Gott] Horus hat gesprochen«), **1.** Familienhaupt von Tempeldienern, die mit Serubbabel aus dem Exil heimkehrten (Esr 2,43; Neh 7,46); **2.** ein Vorsteher der Tempeldiener (Neh 11,21).*

Zilla, eine der beiden Frauen Lamechs, Mutter des Tubal-Kajin und der Naama (1) (1Mose 4,19.22 f.).*

Zilletai (hebr., »er [Gott] ist Schatten«), **1.** ein Benjaminiter (1Chr 8,20); **2.** ein Verbündeter Davids (1Chr 12,21).*

Zippor (hebr., »Vogel«), Vater des Moabiterkönigs Balak (z. B. 4Mose 22,2).

Zippora (hebr., »Vogel«), Frau des Mose, Mutter des Gerschom (1) und des Eliëser (2) (2Mose 2,21 f.; 4,25; 18,2–4).*

Zobeba, ein Angehöriger des Stammes Juda (1Chr 4,8).*

Zofach, ein Nachkomme Aschers (1Chr 7,35 f.).*

Zofar, einer der Freunde des Ijob (Ijob 2,11).

Zohar, 1. Sohn des Efron (1Mose 23,8; 25,9); **2.** ein Sohn Simeons (1Mose 46,10; 2Mose 6,15), identisch mit *Serach* (5) (4Mose 26,13; 1Chr 4,24); **3.** ein Angehöriger des Stammes Juda (1Chr 4,7; in der Lutherbibel *Sohar*).*

Zuar (hebr., »Kleiner«), aus dem Stamm Issachar, Vater des Netanel (1) (z. B. 4Mose 1,8).

Zuf, ein Ahnherr des Samuel (1Sam 1,1), Nachkomme Levis (1Chr 6,11.20).*

Zufiter, Herkunftsbezeichnung des Elkana (2), des Vaters Samuels, die sich von dem Land Zuf im Gebiet Efraims (1Sam 9,5) ableitet (1Sam 1,1 »aus Ramatajim, ein Z.«; in der Lutherbibel »von Ramatajim-Zofim«).*

Zur (hebr., »Fels«), **1.** ein midianit. Vasallenkönig des Sihon, von den Israeliten besiegt und getötet (4Mose 25,15; 31,8; Jos 13,21); **2.** ein Angehöriger des Stammes Benjamin (1Chr 8,30; 9,36).*

Zuriël (hebr., »Gott ist Fels«), ein Familienhaupt der levitischen Gruppe Merari (4Mose 3,35).*

Zurischaddai (hebr., »Schaddai ist Fels«), ein Simeoniter, Vater des Schelumiël (z. B. 4Mose 1,6).

Reclams Bibellexikon

Herausgegeben von Klaus Koch, Eckart Otto, Jürgen Roloff und Hans Schmoldt. 4., revidierte und erweiterte Auflage. 584 Seiten. Mit 138 Abbildungen und 6 Karten.

»Nicht nur in erster Linie an den historisch und theologisch vorgebildeten Fachmann wendet sich dieses Bibellexikon, sondern an einen weiteren Kreis bibellesender Gemeindemitglieder, aber auch an kirchlich fernstehende Bibelleser, sogar an Urlauber in biblische Länder. Deswegen wurden Knappheit und Klarheit der Darstellung angestrebt. Man wird dem Lexikon bestätigen, daß dies ausgezeichnet gelungen ist. Das war für die geographischen und geschichtlichen Angaben leichter. Aber mit Genugtuung stellt man fest, daß dies auch für die systematischen, theologischen Stichworte gelungen ist, und zwar ohne zu simplifizieren. Auferstehung, Entmythologisierung, Gott, Mythos, Rechtfertigung, Wunder, um nur einige zu nennen, sind mit wenigen Worten so dicht und meist so richtig dargestellt, daß man überrascht ist. Der Katholik wird manches anders sehen – groß sind die Unterschiede nicht. Die Literaturangaben weisen immer auf Werke erster Qualität hin. Rechtschreibung und Transkription richten sich nach dem ›Ökumenischen Verzeichnis der biblischen Eigennamen nach den Loccumer Richtlinien‹. Das ist zu bedenken, wenn man ein Stichwort, vor allem aus dem Alten Testament, sucht, das besonders dem Katholiken mehr in der Schreibweise der Vulgata bekannt ist. Es gehört zu den erfreulichen Zeichen des christlichen Lebens von heute, daß ein so gründliches und solides Lexikon zu erscheinen vermag, dem man ungeteilt zuzustimmen vermag.« *Rheinischer Merkur*

»Reclams Bibellexikon ist ein erfreuliches Werk. Erfreulich wegen der Weite seines Blickfelds, wegen der Ausgewogenheit seines wissenschaftlichen Standpunkts, wegen der Knappheit und Verständlichkeit seiner Darstellung.« *Bibelreport*